民宿管理与运营专业教学标准配套教材

新编21世纪
高等职业教育精品教材
旅游大类

民宿概论

主　编　李　峰　王瀚君
副主编　孙文颖　李照辉
　　　　宋亦然　王思童

中国人民大学出版社
·北京·

图书在版编目（CIP）数据

民宿概论 / 李峰，王瀚君主编. – –北京：中国人民大学出版社，2025. 8. – –（新编21世纪高等职业教育精品教材）. – –ISBN 978–7–300–34104–0

Ⅰ. F719.2

中国国家版本馆CIP数据核字第2025C3R962号

民宿管理与运营专业教学标准配套教材

新编 21 世纪高等职业教育精品教材 · 旅游大类

民宿概论

主　编　李　峰　王瀚君

副主编　孙文颖　李照辉　宋亦然　王思童

Minsu Gailun

出版发行	中国人民大学出版社		
社　　址	北京中关村大街 31 号	**邮政编码**	100080
电　　话	010－62511242（总编室）		010－62511770（质管部）
	010－82501766（邮购部）		010－62514148（门市部）
	010－62511173（发行公司）		010－62515275（盗版举报）
网　　址	http://www.crup.com.cn		
经　　销	新华书店		
印　　刷	北京溢漾印刷有限公司		
开　　本	787 mm×1092 mm　1/16	**版　　次**	2025 年 8 月第 1 版
印　　张	12.75	**印　　次**	2025 年 8 月第 1 次印刷
字　　数	290 000	**定　　价**	39.00 元

编委会名单

总 主 编： 刁洪斌

副总主编： 张晓军

编委会成员（以姓氏笔画为序）：

卫聪聪　马　磊　王子平　王光健　王思童
王瀚君　仇云龙　尹　萍　乔司同　刘　玲
刘姚欧　孙文颖　孙玓瓅　李玉华　李东旭
李芬芬　李诗瑶　李　峰　李照辉　杨轶哲
杨继秀　余　娟　冷雪艳　宋亦然　张顺心
张靖文　陈天然　金　婷　周菲菲　徐　莉
韩朝阳　粟龄慧　程莉娜　舒会芳

序

党的十八大以来，我国旅游发展步入快车道，日益成为新兴的战略性支柱产业和具有显著时代特征的民生产业、幸福产业。民宿行业作为其中的重要组成部分，已成为推动地方经济、传承文化特色、促进旅游消费的重要力量，也对专业人才培养提出了新的更高要求。为贯彻落实《关于推动现代职业教育高质量发展的意见》，深化产教融合、校企合作，推动民宿管理与运营专业的高质量发展，青岛酒店管理职业技术学院作为《民宿管理与运营专业教学标准（高等职业教育专科）》牵头制定单位，联合参与标准制定的院校及行业标杆企业，共同编写了这套对标专业教学标准的系列教材。

本套教材以《职业教育专业教学标准》为根本遵循，紧密结合行业发展趋势与人才需求，注重理论与实践深度融合，旨在为民宿管理与运营专业提供一套科学、系统、实用的教学资源。教材编写团队汇聚了国内知名院校的学术力量与行业一线企业的实战专家，确保了内容的权威性和前瞻性。同时，本套教材与民宿管理与运营专业国家教学资源库同步建设，配套包括教学视频、课件、案例库、习题及实训指导在内的数字化资源，形成了“纸质＋数字”的立体化新形态教材体系，充分满足线上线下混合式教学需求。

本套教材的编写突出三大特色：

标准引领，紧贴国标。严格对标《民宿管家国家职业标准（2024年版）》和《民宿管理与运营专业教学标准（高等职业教育专科）》，覆盖专业核心课程与技能模块，确保教学内容与行业规范、职业标准无缝衔接。

产教协同，实战赋能。引入大量真实民宿运营案例，融入智慧民宿系统、数字化营销等企业最新管理理念与技术，帮助学生掌握从民宿选址设计到运营推广的全流程技能。

技术赋能，智慧学习。通过扫码即看的微课、VR实景实训等数字化资源，打破学习时空限制，助力提供个性化、交互式学习体验。

作为总主编，我谨代表编写团队向参与本套教材编审的全体专家、学者及相关企业致以诚挚谢意。特别感谢全国旅游职业教育教学指导委员会的悉心指导以及中国旅游协会民宿客栈与精品酒店分会、各合作院校、企业的鼎力支持。我们相信，这套教材的出版将为培养“懂运营、善服务、能创新”的高素质民宿技能人才提供有力支撑，为开发优质新形态教材作出有益探索，同时也为开发生动形象、互动性强的数字教材提供范本。

未来，我们将持续关注行业动态与教学反馈，定期更新教材内容，为民宿管理与运营专业的提质增效和民宿行业的可持续发展贡献力量。

2025 年 7 月　山东青岛

前言

尊敬的读者：

欢迎您翻开《民宿概论》这本书。作为本书的主编，我深感荣幸能有机会与大家分享我在民宿管理与运营领域的多年研究成果和实践经验。本书的编写，旨在响应《民宿管理与运营专业教学标准（高等职业教育专科）》，为相关专业的学生、民宿从业者以及对民宿行业感兴趣的社会各界人士提供一本系统、全面、实用的教材。

随着旅游业的蓬勃发展和客户对旅游体验需求的日益多样化，民宿作为一种新兴的住宿业态，在全球范围内迅速崛起。它不仅为客户提供了更加丰富、多元的住宿选择，也为乡村振兴、地方经济发展和文化传承注入了新的活力。然而，民宿产业的快速发展也带来了一系列新的挑战和问题，如如何进行有效的市场定位、品牌建设、服务管理和运营管理等。因此，编写一本能够系统阐述民宿理论与实践的教材显得尤为重要。

本书的编写团队，汇聚了来自不同领域、具有丰富实践经验和深厚理论功底的专家学者。作为主编，我根据《民宿管理与运营专业教学标准（高等职业教育专科）》，深入研究民宿产业的现状和发展趋势，结合教学实践和行业需求，制定详细的教材编写框架与大纲，同时负责第一章及第七章第三节内容的编写；青岛幼儿师范高等专科学校教师王瀚君负责第二章和第四章内容的编写；青岛酒店管理职业技术学院教师孙文颖负责第三章和第六章内容的编写；《质量与认证》杂志社编辑王思童负责第五章内容的编写；通标标准技术服务有限公司高级技术经理宋亦然负责第七章第一节、第二节内容的编写；浙江久住文旅集团有限公司董事长李照辉负责第八章和第九章内容的编写。

本书为《民宿管理与运营专业教学标准（高等职业教育专科）》配套教材，其编写遵循了科学性、系统性和实用性的原则，力求做到内容全面、结构清晰、案例丰富（部分案例以假名呈现）、语言简练。希望这本书能够帮助读者深入了解民宿行业的现状和发展趋势，掌握民宿管理与运营的核心知识和技能，为未来的学习和工作打下坚实的基础。

我要感谢所有参与本书编写的专家学者和工作人员，以及为本书出版提供支持和帮助的机构和个人。希望这本书能够得到广大读者的喜爱和认可，为推动我国民宿行业的持续健康发展贡献一份力量。

青岛酒店管理职业技术学院
民宿管理与运营专业 李 峰

目录

第一章

绪论

本章导读

本章作为《民宿概论》的开篇，旨在为读者提供一个全面而深入的民宿行业概览。通过介绍民宿的概念、类型、特点，以及民宿的起源、发展与政策背景，本章将帮助读者建立对民宿行业的初步认识。同时，本章还将探讨民宿行业的标准化与规范化建设，为读者学习后续章节奠定坚实基础。

学习目标

1. 知识目标

了解民宿的概念、起源及民宿在全球范围内的发展情况。

熟悉民宿的类型及特点，包括乡村民宿、城市民宿等，以及民宿在个性化、文化体验、社区参与等方面的独特优势。

掌握民宿行业的政策背景与发展趋势，包括国内外民宿政策的主要内容和特点，以及民宿行业的标准化与规范化建设的重要性。

2. 能力目标

根据民宿的概念和类型，识别并分析不同类型的民宿及其特点，理解民宿在旅游业中的地位和作用。

熟练运用所学知识，分析民宿行业的发展趋势和市场前景，为民宿的运营管理提供决策支持。

3. 素养目标

通过了解民宿所承载的地方文化和历史，培养尊重和保护多元文化的价值观。

认识民宿在环保和可持续发展方面的作用，倡导绿色旅游理念。

通过了解民宿的服务特点和要求，提升个人的服务意识和能力。

认识到民宿运营中团队协作的重要性，培养团队协作精神和沟通能力。

通过民宿这一载体，了解并弘扬中华优秀传统文化，增强民族自豪感和归属感。

认识到民宿在促进地方经济发展、带动就业等方面的积极作用，激发为国家和地方经济发展贡献力量的热情。

明德学堂

民宿发展与乡村振兴——新时代的责任与担当

民宿作为一种新兴的旅游住宿形式，不仅为客户提供了独特的住宿体验，还在推动乡村振兴、促进地方经济发展、传承和保护地方文化等方面发挥了重要作用。作为新时代的青年，我们应当深刻理解民宿发展的社会意义，树立正确的价值观，积极参与到乡村振兴中，为实现共同富裕贡献力量。

知识导入

民宿行业是一个以个性化住宿为核心的新兴领域，与传统酒店截然不同，它更注重通过独特的地域文化、设计风格以及温馨的服务，为客户提供深度的旅行体验。通常，民宿运营者会将家庭住宅或具有地方特色的建筑进行改造，以“住家式”或“小规模”的形式为客户提供住宿服务。与大型连锁酒店相比，民宿规模较小，客房数量有限，通常由家庭或小型团队运营，强调私人空间和个性化的居住体验。此外，民宿在设计和服务上融入了当地的文化、自然景观及生活习俗，为客户带来独特的文化体验。因此，民宿不仅是旅游住宿的一部分，也成为客户深入了解地方文化、融入当地生活的重要渠道。

民宿市场正在创造新的增长，将民宿行业的规模和发展水平推向新的高度。民宿行业是一个充满活力的行业，不断受到人们旅行方式、技术进步和多变的住宿偏好的影响，如客户对独一无二住宿体验的追求、客户对远离尘嚣度假的需求、客户对宠物友好型住宿的需求。民宿行业将迎来变革，一些明显的趋势已经形成，并正在影响民宿行业各个运营主体的效益。当然，那些反应迅速的民宿已经发起了“自我革命”，它们正在重新审视民宿产品能为客户带来哪些体验、AI 能为民宿运营效率提升做些什么以及如何对客户需求变化保持敏捷反馈等，其中一些先行者已经获得了正面积极的反馈。

第一节 民宿概述

一、民宿的概念

民宿作为一种新兴的住宿形式，近年来在全球范围内迅速崛起，成为旅游住宿业的重要组成部分。从字面意义上理解，“民”指民间、民居，“宿”指住宿。因此，民宿通常被定义为利用自用住宅空闲客房，或者闲置的房屋，结合当地人文环境、自然景观、生态资源及农林渔牧等生产活动，以家庭副业方式运营（传统意义上的民宿），为客户提供乡野生活或城市生活住宿的地方。这一定义不仅涵盖了民宿的物理空间属性，还强调了其文化、生态和社区参与的多维度特征。

早期的民宿只是一种农民将自己家的部分起居室出租给客户的住宿设施。随着民宿的不断发展，其定义也逐渐得到完善，即在原有的基础上增加了许多限定条件，使其与一般的旅馆区分开来。例如，民宿必须以副业方式运营；民宿主人与客户必须有人际交流；客户得到的服务产品除了住宿，还应包括享受当地的田园风光、乡土味觉及民俗文化。此后，为了满足客户的心理、精神需求，民宿开始重视住宿氛围，尽量彰显人文关怀，给予客户“家”的感觉。不同于传统的酒店或旅馆，民宿更强调个性化、体验性和地方性。民宿主人往往通过提供独特的住宿环境、家一般的温馨服务以及丰富的当地文化体验，来吸引追求深度游、体验游和慢旅行的客户。在民宿中，客户可以近距离感受当地的生活方式，体验不同的风土人情，从而获得一种不同于标准化酒店的住宿体验。

国外关于民宿没有统一的名称和定义，Bed-and-Breakfast（B&B）和 Homestay 是两种主流的称呼。B&B 有着悠久的历史，起源于英国，广泛应用于欧美国家，起初主要为造访者提供住宿和早餐，后演变为客人间和主客间交流的场所，并增加了其他活动和服务。Homestay 出现较晚，类似于家庭旅馆、家庭寄宿式民宿，多为亚洲国家使用，主要指当地居民作为主人，为客户和当地留学生等提供住宿和膳食的地方。

国内民宿因区位不同，分为乡村民宿和城市民宿。从外观形式上看，民宿在一定程度上可以看作农家乐和家庭旅馆的升级版，但有区别。国内民宿一般有五个特点：（1）多数位于乡村旅游目的地或其周边地区；（2）由民房改造或新建，家庭式运营管理，规模不大；（3）依托于当地优美的生态环境或特色乡土文化；（4）硬件设施和服务活动体现地方特色；（5）具有一定的主题，如休闲娱乐、田园康养、地域文化等。

根据文化和旅游部发布的《旅游民宿基本要求与评价》（LB/T 065—2019），旅游民宿的定义为：利用当地民居等相关闲置资源，运营用客房不超过 4 层、建筑面积不超过 $800m^2$，主人参与接待，为客户提供体验当地自然、文化与生产生活方式的小型住宿设施。民宿的概念界定见表 1-1。

表 1-1　民宿的概念界定

侧重角度	概念
住宿接待功能	以住宅为载体，民宿运营者参与接待，客户在体验当地自然、文化与生产生活方式的同时感受到浓厚的人情味、家一般的温馨感的小型住宿场所
	利用自用或租借的住宅空闲客房，结合当地人文、自然景观、生态环境资源及农林牧副渔等生产活动，以运营方式在客户体验乡野生活时为其提供的住所
旅游属性	提供闲置客房和早餐的民居，是一种具备住宿功能的新型旅游资源
	民宿运营者作为家庭副业，通过租赁当地居民的闲置客房，依据周边的人文和生态环境，为客户提供住宿场所的新兴休闲旅游产品
闲置民居特征	借助当地居民的闲置房屋，依托良好的生态环境和独特的文化习俗，让客户体验当地的日常生活和文化氛围的新业态
	依靠特色地域文化和自然生态环境，并结合农业、农事生产活动，吸引客户住宿的居民闲置房屋

案例

英国民宿

英国是提供 B&B 的起源地。英国西南部与中部人口较稀疏的农家，为了增加收入开始运营民宿。一般来说，这样的民宿提供几间卧室，卧室里往往带有配套的独立浴室，极少会发生不同卧室的客人共享浴室的情形；同时，民宿的价格包含一顿早餐。这就是英国最早的民宿，它的性质属于家庭式的招待。

到了 20 世纪 70 年代后期，民宿运营的范围扩大至露营地、度假平房，并运用集体营销的方式，联合当地的农家组成自治会，共同推动民宿的发展。

民间设立农场假日协会，并获得农业主管部门与政府旅游观光部门的支持。农场假日协会根据规章条文将民宿应具备的水平加以分级，其会员必须是向农渔粮食部认证备案的民宿运营者，具有一定服务质量水平。

B&B 是英国一种传统的旅馆运营方式。尽管和旅馆饭店相比，B&B 提供的服务和设施有限，但是它低廉的价格对于广大的普通老百姓来说还是很有吸引力的。在夏季，多数英国客户会选择 B&B 这种住宿方式。英国的 B&B 不同于嘈杂的青年旅馆与拥挤的旅社，热心的主人通常会带客户享受采收农产品、喂食牛羊的乐趣，探索乡村的奥秘。20 世纪英国的一项休闲旅游调查发现，有约八成的英国民众每年到农村旅游至少一次，研究人员大胆预测英国在 21 世纪时最大的产业将是观光产业，因此值得政府协助推动与发展民宿行业。现在，英国大约有 40% 的客户仍然选择在民宿过夜。

二、民宿的类型

客户选择民宿不单单只是为了满足住宿的基本需求，更多的是为了体验民宿那种悠闲的生活方式和管家式的特色服务。民宿运营者需要针对不同的客户对民宿进行区分和定位，这样有助于客户根据自己的需求选择民宿，同时有助于提高经济效益。民宿的分类方式有很多。

民宿的类型与特点

（一）按发展类别分类

1. 传统民宿

传统民宿通常强调对当地文化和历史的传承，注重营造温馨、质朴的家庭氛围。它们往往利用当地传统的建筑材料和工艺，结合地方特色进行设计，让客户在住宿的同时能够深入体验当地的风土人情。

（1）设计特点。

尊重传统：传统民宿在设计上尊重并保留了当地的建筑风格和文化元素，如青瓦屋顶等。

融合自然：传统民宿往往与自然景观融为一体，利用庭院、花园等空间打造宁静、舒适的居住环境。

（2）设施配置。

古朴家具：传统民宿往往采用当地传统的手工艺家具，如木质桌椅、雕花床榻等，使民宿散发出岁月的韵味。

基础生活设施：虽然传统民宿的设施相对简单，但能满足基本生活需求，如热水供应、卫生间等。

（3）服务体验。

家庭式接待：民宿运营者通常亲自接待客户，提供热情周到的服务，让客户感受到家一般的温暖。

文化体验：民宿运营者会向客户介绍当地的历史文化、风俗习惯等，让客户在住宿的同时增长见识。

2. 现代民宿

现代民宿更加注重创新和个性化，强调设计感和舒适度，旨在为客户提供独特的住宿体验。它们通常结合现代设计理念和技术手段，打造出既时尚又舒适的居住环境。

（1）设计特点。

创新融合：现代民宿在设计上往往打破传统束缚，将现代元素与当地文化巧妙融合，创造出别具一格的住宿空间。

生态环保：现代民宿注重环保和可持续发展，采用绿色建筑材料和节能技术，减少自身对环境的消极影响。

（2）设施配置。

现代化设施：现代民宿往往配备先进的家电设备、智能家居系统等，提供便捷、舒适的住宿体验。

休闲娱乐设施：现代民宿往往提供如游泳池、健身房、SPA 中心等休闲娱乐设施，满足客户多样化的休闲需求。

（3）服务体验。

个性化服务：现代民宿提供个性化的定制服务，如特色餐饮、户外探险、手工艺制作等，让客户在住宿的同时享受独特的文化体验。

社交平台：现代民宿通常设有公共休息区、书吧等社交空间，能够促进客户之间的交流互动。

（二）按地理位置分类

1. 乡村民宿

乡村民宿主要分布在广大农村地区，具有比较浓厚的乡村气息。这些民宿依托乡村的自然环境和人文景观，为客户提供休闲度假的好去处。乡村振兴战略实施后，乡村民宿开始盛行。

2. 城市民宿

城市民宿坐落在城区，既可以是城中的古民居，也可以是城市居民以家庭副业形式开放接待客人的自家空余客房。

城市民宿是客户了解一座城市的窗口。

（三）按服务功能分类

1. 单一服务型

这类民宿主要提供住宿服务，通常紧靠大型景区、旅游综合功能区和城市。

由于单一服务型民宿所依托的区域旅游功能比较齐全，因此客户能够方便地在区域内获取除住宿以外的服务。

2. 综合服务型

综合服务型民宿除了提供住宿服务，还能满足客户的其他服务需求，如餐饮、娱乐等。

有的民宿自身就是旅游吸引物，除解决吃住外，还有观光、休闲养生等功能。综合服务型民宿一般结合民宿周边资源，打造体验慢生活、疗养身体等特色民居，提供多种参与类型的项目，如农业体验型、民俗体验型、度假休闲型等，让客户放松身心。

（四）按主题特色分类

1. 自然风光民宿

这类民宿开在具有特色的自然环境之中，可以为客户提供身临其境的居住体验。

2. 历史文化特色民宿

不管是客房的装修还是民宿提供的特色服务，历史文化特色民宿都具有浓厚的历史文化氛围，让客户有一种穿越时空的体验。

3. 名人文化民宿

名人文化民宿充分利用名人效应，对各界名人居住或停留过的地方进行改造，还原名人当年的活动和经历，满足客户对名人特殊的情感需要。

4. 艺术特色民宿

艺术特色民宿分为欧式、日式和中式等不同风格，客户在民宿中就能体验到不同的艺术特色。

欧式风格民宿：建筑外形和内部装饰都融入欧洲建筑风格，给客户以浪漫、典雅、精致的体验。

日式风格民宿：主要受日本建筑及文化影响，使用榻榻米、门帘等标志性物件，色彩多偏重原木色，形成朴素的自然风格。

中式风格民宿：多见于传统民居保存完整的自然乡村区域，装修精致，具有浓厚的中国风味。

5. 个性主题民宿

个性主题民宿是指针对某一目标市场提供的民宿，如专门为儿童设计的迪士尼主题民宿，或者异国风情主题民宿等。

阿拉伯风情民宿：整个民宿建筑风格独特，色彩斑斓的装饰和精致的图案让人仿佛穿越到了神秘的中东。客房各有特色，配备有大投影仪、室内私汤等设施。民宿还提供丰富的娱乐设施和活动区域，如 KTV 包房、台球室等。

非遗文化民宿：将非遗体验活动融入民宿中，让客户在住宿的同时也能感受到中华优秀传统文化的魅力。例如，有的民宿提供毛猴制作体验活动，有的民宿提供糖画制作体验活动。

6. 怀旧复古主题民宿

怀旧复古主题民宿通常在古老建筑的基础上进行局部创新设计，或者不改变外观，只改变内部装潢设计，营造复古风，以怀旧为主题。

（五）按运营形态分类

1. 居家散落型

居家散落型民宿是指房屋主人仍然居住在该处，将自家多余的客房或空间整理出来，用于接待客户的住宿形式。这类民宿通常保留了家庭的温馨氛围，让客户感受到家的温暖。民宿运营者可能会亲自下厨为客户准备当地特色美食，或者带领客户参观周边的风景名胜，提供更为地道的旅游体验。

（1）乡村小院民宿：在乡村地区，一些农户将自家的小院整理出来，提供几间客房供客户住宿。农户会亲自为客户准备农家菜，带领客户参观农田、果园，体验乡村生活。

（2）城市公寓民宿：在城市中，一些居民将自家的公寓或房屋的一部分出租给客户。这些民宿通常位于市中心或交通便利的区域，方便客户游览城市中的景点。民宿运营者可能会为客户提供旅游建议，或者推荐当地的美食和购物场所。

2. 单独打造型

单独打造型民宿通常是建设在特定地点，除了提供住宿服务，还提供丰富的休闲娱乐活动。这类民宿多见于交通要道旁或旅游景区附近，以提供特色餐饮为主，同时兼作住宿。民宿运营者可能会根据当地的文化特色或旅游资源，设计独特的餐饮和娱乐项目，吸引客户前来体验。

（1）特色餐饮民宿：在旅游景区附近，一些民宿运营者将自家的房屋改造成集住宿和餐饮于一体的民宿。他们提供具有当地特色的菜肴，如海鲜、烧烤等，同时提供住宿服务。客户可以在品尝美食的同时，享受民宿的舒适环境。

（2）休闲农庄民宿：在乡村地区，一些民宿运营者将自家的农庄改造成民宿，提供采摘、垂钓、烧烤等休闲娱乐活动。客户可以在这里体验乡村生活，享受大自然的宁静与美好。

3. 小簇集群型

小簇集群型民宿是指将一个村庄、一条街道或其中的一部分进行整体规划，连片打造成民宿的业态。这类民宿主要依托古村古镇、民族地区等旅游资源丰富的地区，具有规模化和特色化的特点。民宿之间通常会形成互补关系，共同提升整个区域的旅游吸引力。同时，这类民宿的管理也相对完善，能够为客户提供更好的旅游体验。

（1）古镇民宿群：在一些历史悠久的古镇中，当地政府或民宿运营者会将整个古镇或其中的一部分改造成民宿群。这些民宿保留了古镇的传统建筑和文化特色，为客户提供独特的住宿体验。客户可以在这里漫步古街小巷，感受古镇的韵味。

（2）民族村民宿群：在民族地区，一些村庄被整体规划成民宿群。这些民宿通常融合了当地的民族文化元素，为客户提供独特的住宿和餐饮体验。客户可以在这里了解当地的民族习俗和文化传统，参与各种民族活动。

4. 连片新建型

连片新建型民宿是指在一块新的土地上，有计划地建设一整片民宿的业态，这类民宿通常具有明确的主题和特色。民宿之间通常会形成集群效应，共同提升整个区域的知名度和吸引力。

（1）历史名镇再现民宿群：在一些地区，为了恢复已经消失了的历史名村名镇，当地政府或企业会在新的土地上建设一系列具有历史特色的民宿。这些民宿不仅保留了历史名村名镇的建筑风格和文化特色，还为客户提供了独特的住宿和餐饮体验。客户在这里仿佛穿越时空，回到过去。

（2）文化主题民宿小镇：在一些地区，为了打造具有特色的文化主题民宿小镇，当地政府或企业会在新的土地上建设一系列具有文化特色的民宿。这些民宿通常以某一文化主线或特色资源为基础，如茶文化、酒文化、陶瓷文化等。客户可以在这里深入了解当地的文化传统和特色资源，享受独特的旅游体验。

（六）按产权归属分类

1. 私有民宿

私有民宿是指产权完全归个体所有的民宿，通常属于民居型民宿。这类民宿的运营者通常是房屋的所有者，他们自主运营、自主管理、自负盈亏。私有民宿的运营方式灵活多样，可以根据市场需求和自身条件进行调整。由于产权清晰，私有民宿在运营过程中较少受到产权纠纷的困扰，能够更加专注于提供优质的住宿服务和旅游体验。

（1）城市公寓民宿：在城市中，一些居民将自家的公寓出租给客户作为民宿。这些民宿的产权归居民个人所有，居民负责民宿的日常运营和管理，如接待客人、清洁客房等。

（2）乡村小院民宿：在乡村地区，一些农户将自家的小院改造成民宿，提供住宿服务。这些民宿的产权归农户个人所有，农户可以根据市场需求和自身条件灵活调整民宿的运营策略，如提供特色餐饮、组织休闲娱乐活动等。

2. 集体所有民宿

集体所有民宿是指民宿产权为宗族、家族集体所有的民宿，或由农村集体所有制的民居改造而成的民宿。这类民宿的产权归集体所有，通常由集体组织或指定的负责人进行运营和管理。集体所有民宿在运营过程中，能够充分发挥集体的智慧和力量，共同推动民宿的发展。同时，由于产权归集体所有，因此这类民宿在运营过程中也较少受到产权纠纷的困扰。

（1）客家围屋民宿：在南方地区，一些客家围屋被改造成民宿，提供住宿服务。这些围屋的产权归宗族或家族集体所有，通常由宗族或家族中的长者或指定的负责人进行运营和管理。客户在入住这些民宿时，可以深入了解客家文化和传统习俗。

（2）农村集体民宿：在一些农村地区，一些农村集体所有制的民居被改造成民宿。这些民宿的产权归村集体所有，通常由村集体或指定的负责人进行运营和管理。这些民宿在运营过程中，能够充分利用农村的自然风光和人文资源，为客户提供独特的住宿体验。

3. 国有民宿

国有民宿是指由各级政府的国有企业收购的民居或新建的成片民居改造而成的民宿。这类民宿的产权归国家所有，通常由国有企业或指定的机构进行运营和管理。国有民宿能够充分发挥国有资源的优势和力量，推动民宿行业的发展。同时，由于产权归国家所有，这类民宿在运营过程中也具有较高的信誉度和保障。

（1）历史文化街区民宿：在一些历史文化街区，政府会收购一些民居并将其改造成民宿。这些民宿的产权归国家所有，由政府指定的机构进行运营和管理。这些民宿在运营过程中，能够充分保留和展示历史街区的文化特色和建筑风格，为客户提供独特的住宿体验。

（2）国有林场民宿：在一些国有林场中，政府会利用林场的资源和环境优势，新建或改造一些民居作为民宿。这些民宿的产权同样归国家所有，由政府指定的机构进行运营和管理。客户在入住这些民宿时，可以享受到大自然的宁静和美好。

4. 社会民宿

社会民宿是指由社会资本（如私营企业、企业集团等）投资建设和运营的民宿。这类民宿的产权归社会资本所有，通常由私营企业或企业集团进行运营和管理。社会民宿在运营过程中，能够充分发挥社会资本的优势和力量，推动民宿行业的创新和发展。同时，由于产权归社会资本所有，这类民宿在运营过程中也具有较高的灵活性和创新性。

（1）连锁酒店民宿：一些连锁酒店集团会投资建设和运营民宿，并将这些民宿纳入自己的连锁酒店体系中。这些民宿的产权归连锁酒店集团所有，由集团进行统一运营和管理。客户在入住这些民宿时，可以享受到连锁酒店提供的标准化服务，也有品质保障。

（2）企业集团民宿：一些企业集团会利用自身的资源和优势，投资建设和运营民宿。这些民宿的产权归企业集团所有，由企业集团进行运营和管理。这些民宿在运营过程中，能够充分发挥企业集团的优势和力量，为客户提供独特的住宿体验和服务。

（七）按目标客群分类

1. 情侣民宿

情侣民宿是指专为情侣设计的民宿。这类民宿强调浪漫氛围和私密空间，装饰风格温馨甜蜜，可能配备双人浴缸、心形床等特色设施。

2. 家庭亲子民宿

家庭亲子民宿是指适合家庭出游的民宿，提供儿童游乐设施、亲子活动空间等，注重家庭互动和儿童安全。

3. 宠物友好民宿

宠物友好民宿是指欢迎客户携带宠物的民宿，提供宠物用品、户外活动空间等，满足宠物主人的需求。

4. 企业团建民宿

企业团建民宿是指专为企业团队建设设计的民宿，提供会议室、团建活动场地等，适合开展团队培训和团队建设活动。

（八）按体验活动分类

1. 农业体验民宿

农业体验民宿通常位于传统的农业乡村中，提供农村景观和农家生活体验，以及农业生产方面的体验活动，如观光果园、观光菜园等。

（1）农场民宿：提供劳动体验，如采摘蔬菜、水果等，让客户感受大自然的馈赠和劳作的乐趣。民宿通常还配备公共区域，如茶室、客厅等，供客户休闲聊天。

（2）茶山脚下的静谧民宿：这类民宿位于茶山脚下，依山而建，古朴雅致。民宿提供多种优质茶叶供客户品鉴，并安排自制茶叶的体验活动，让客户深入了解茶文化。

2. 手工艺体验民宿

手工艺体验民宿运营者通常带领客户体验各项艺术品制作活动，包括陶艺、雕刻、绘画等，客户可以亲手创造艺术作品，体验乡村或城市的艺术文化。例如，某些民宿提供捏陶、天灯制作等艺术体验活动，客户可以在这里尽情发挥自己的创造力，享受艺术带来的乐趣。

3. 自然探险民宿

自然探险民宿位于自然保护区或探险景区附近，提供徒步、攀岩、野营等探险活动，满足探险爱好者的需求。

4. 文化沉浸民宿

文化沉浸民宿深入挖掘当地文化，提供民俗体验、语言学习、文化交流等活动，让客户深入了解当地文化。

（九）按运营模式分类

1. 自主运营型民宿

自主运营型民宿的运营者自己负责运营和管理，提供个性化的服务，注重与客户的互动和交流。

2. 连锁加盟型民宿

连锁加盟型民宿品牌通过连锁加盟的方式，统一品牌形象、服务标准和运营流程，提供标准化的住宿体验。

3. 共享型民宿

共享型民宿秉持共享经济的理念，将闲置客房或房屋通过平台出租给客户，实现资源共享和收益最大化。

4. 社区参与型民宿

社区参与型民宿与当地社区紧密结合，邀请社区居民参与民宿的运营和管理，促进社区经济发展和文化交流。

（十）按环保理念分类

1. 生态民宿

生态民宿强调生态环保，采用绿色建筑和可再生能源，减少民宿对环境的影响，提供绿色健康的住宿环境。

2. 低碳民宿

低碳民宿倡导低碳生活，减少碳排放，通过节能措施和低碳生活方式，降低民宿的碳足迹。

3. 有机民宿

有机民宿提供有机食品和农产品，强调食品的天然和健康，支持有机农业和可持续发展。

三、民宿的特点

相对于酒店这样的标准化住宿方式而言，民宿在表现在地文化、民宿运营者的个性化、主题特色及迎合客户需求等方面具有以下特点。

（一）原生态性

原生态性不仅是民宿的核心特征，也是民宿区别于其他住宿方式的重要标志。它既不同于社会学意义上的乡村性，也不同于人们在土地利用上对乡村的认识。它主要包括民宿形态、民宿生活方式和节奏在内的整体原生态景观的意识形态。

（二）文化性

一个地区的旅游资源，不仅是吸引客户进行旅游活动的客体和环境，也是反映该地区社会、历史、文化特色的载体。民宿以其特有的农业生产、人居环境和民俗文化为吸引物，不仅包含自然的田园观光，也包含深厚的传统文化和淳朴的田园生态文化，是一种带有度假性质的，具有自然享受和乡土民俗感受的复合式旅游产品。

（三）民宿运营者特征

酒店大而全，民宿小而美，虽说两者可以无限接近，但是也有不同，民宿一般围绕民宿运营者的生活而展开。民宿提供的生活方式体验，是酒店所不能完成的。民宿运营者表现出来的生活态度，是吸引客人的闪光点。

（四）需求导向性

由于民宿的主要目标客户为生活节奏快、工作压力大的城市人，他们入住民宿的动机除了有回归自然、返璞归真的心理体验，往往还包括享受种植、采摘、垂钓等田园劳作、生活的体验。

民宿最能打动客户的因素可以归结为三个：一是选址选在有好山、好水之处；二是设计融合周边环境、以人为本；三是服务用心、有亲切感。清新的室外环境、自如的居住氛围、丰富的人文色彩、独特的室内设计、丰富的主题风格、轻松的隐居生活、亲和的民宿运营者、有机的天然食材等元素都可以成为民宿吸引客户的理由。

第二节 民宿的起源与发展

一、国外民宿的起源与发展

早期发展：民宿的起源可以追溯到欧洲乡村旅行的传统，尤其是英国和美国的早期实践。在英国，早在 17 世纪就有农家提供住宿和早餐的形式；而在美国，民宿运动则起源于 20 世纪 60 年代和 70 年代的社会变革运动，强调个性化的住宿体验和地方文化。

专业化与规范化：随着时间的推移，国外的民宿逐渐发展成为一个专业化的住宿业态。各国政府开始出台相关政策来规范和支持民宿的发展。

（一）国外民宿的起源

关于民宿的起源有多种说法，但学者大体同意其起源于欧洲国家的说法。其中，以英国为代表的 B&B 运营方式被广泛认为是现代民宿业态的雏形。英国很早就开始运营民宿，主要提供“廉价但又欢快”的住宿场所。然而，民宿作为产业真正兴起的时间可以追溯至 19 世纪 60 年代。当时，英国西南部与中部人口较稀疏的农家，为了增加收入，开始利用自家房屋接待客户，提供简单的住宿和早餐服务，这就是早期的民宿形式。

（二）国外民宿的发展

1. 欧洲国家民宿的发展

欧洲国家民宿在 19 世纪 60 年代后逐渐普及，扩展到了法国、德国等地。欧洲国家的民宿多采用农庄式运营，客户能够享受农庄式田园环境。这种民宿的最大特点是客户常常能在民宿运营者的带领下，感受采摘农产品、喂养动物的乡野乐趣。在法国，民宿的发展尤为显著，政府不仅鼓励民宿保持古农庄原始、独特的建筑风貌，还成立民宿联盟，对民宿的运营、建设予以指导和支持。

随着时间的推移，欧洲民宿逐渐从乡村走向城市，从农场走向景区，成为区域性旅游品牌及核心吸引物的重要组成部分。普罗旺斯的民宿就是一个典型例子，通过一栋栋居家风格迥异的民宿，客户能很好地感受并融入周围的产业环境，领略当地历史风貌与现代产业文化相结合的魅力。

2. 美国民宿的发展

在美国，民宿主要以居家式民宿或青年旅舍的形式出现。这些民宿不刻意布置，以居家住宿为主，价格相对酒店便宜，成为客户的住宿选择。20 世纪 70 年代，美国民宿设计开始兴起。

3. 日本民宿的发展

日本民宿起源于 20 世纪 60 年代前后，最初多由登山爱好者、滑雪爱好者、游泳爱好者等租借民居衍生并发展起来，因此早期的日本民宿多位于山水奇险之地。后来，随着这些地区发展成为旅游景区，民宿的形态也更加成熟。日本民宿在运营管理上注重平民化的收费与提供自助式的服务，同时结合当地文化特色提供运动、休闲、娱乐等功能，让客户享受别样的体验。然而，日本民宿并不是随意营业的，而是需要经过官方授权的法人辅导、审核，通过认证、登记后方可营业。

4. 其他国家与地区的民宿发展

其他国家与地区也形成了各具特色的民宿文化。在发展过程中，民宿从简单的住宿和早餐服务逐渐演变为集住宿、餐饮、休闲、娱乐等多功能于一体的旅游业态。不同国家和地区的民宿在运营管理、服务特色、文化体验等方面都形成了各自的特点和优势。随着旅游呈现全球化的发展态势，民宿正向着专业化、高端化方向发展，成为旅游业的重要组成部分。

知识链接

国外民宿简介

（三）国外民宿发展的意义

1. 旅游角度

民宿迎合了客户自由体验的需求，为客户提供了更为多元化的选择。与传统酒店的标准化服务相比，民宿凭借其独特的设计、亲切的氛围以及与当地文化的深度融合，为客户带来了更加丰富的旅游体验。

2. 经济角度

民宿的发展推动了农村经济结构的转变，增加了农民的收入，并带动了整体产业链的发展。在一些地区，民宿已经成为当地经济的重要支柱。

3. 文化角度

民宿的发展有利于发掘和保护当地人文历史、自然生态。通过民宿这一载体，当地文化民俗得以延续和传承，乡村的魅力和文化竞争力也得到了提升。

4. 社会角度

民宿是携带现代城市文明基因向农村地区延伸的桥梁。民宿的发展推动生态农业与旅游的融合发展，促进农民生活方式的改变。

二、我国民宿的起源与发展

知识链接

我国民宿的起源与发展

（一）我国民宿的起源

虽然“民宿”这个词是舶来品，是从日文直接翻译过来的，但民宿在我国自古有之，较有代表性的就是客栈。客栈是古代酒店的名称，即为外出远行的人们提供住宿的酒家，相当于近现代设备较简陋的小型旅馆，在功能上兼供客商堆货并代办转运。现在，民宿和客栈并称为民宿客栈，成为旅游业新兴的“酒店”，往往指一种较为文艺、拥有当地特色和仿古特色的精品酒店。

我国历史上朝代众多，历史文化差异明显，文化背景、机构建置、生活习惯等都存在差异，每个朝代的人们对客栈的认识与理解不同，古代客栈在各个时期的称谓也不相同。例如，我国古代文献中旅馆的别称有逆旅、客栈等。

逆旅，即客舍逆旅，“逆”为“迎接”，“旅”为“旅人、行者”，“逆旅”引申为旅店。戴叔伦的《除夜宿石头驿》曾写道：“旅馆谁相问，寒灯独可亲。一年将尽夜，万里未归人。”

在近代中国，民宿这个概念尚未诞生，住宿产品主要分为三类：西式饭店、中西式饭店和招商客栈。西式饭店是19世纪外国资本进入中国后所建造和运营的饭店，这类饭店在建筑式样、设施设备、内部装潢、运营方法等方面都渗透了西方文化。中西式饭店是由民族资本投资兴建的饭店，多为楼房建筑，店内设施、服务项目和运营方式受西式饭店影响，出现在民族资本较为集中的城市。招商客栈出现于20世纪初期，随着近代铁路兴建和商业活动频繁，铁路沿线建立了供生意人歇脚的客栈，这类住宿产品沿袭传统民间客栈的运营方法。

（二）我国民宿的发展阶段

我国民宿的发展经历了多个阶段，每个阶段都有其独特的特点和背景。

1．1.0时代：萌芽期（20世纪80年代—20世纪90年代末）

（1）背景。

经济环境：改革开放初期，旅游业开始起步，但基础设施落后，住宿资源匮乏。

社会需求：国内旅游以观光为主，客户多为低预算群体，对住宿要求不高。

农村经济：农村经济落后，农民收入来源单一，部分农户尝试通过提供住宿增加收入。

（2）特点。

自发运营：民宿多为农户自发运营，缺乏统一管理和规范；以家庭为单位，利用闲置客房接待客户。

设施简陋：住宿条件简单，通常只有床铺和基本生活设施；卫生间多为公用，缺乏独立卫浴。

低价吸引：价格低廉，主要吸引预算有限的客户；以农家乐形式为主，提供简单餐饮服务。

地域局限：主要集中在热门景区周边，如黄山、丽江、桂林等；城市周边农村地区也有零星分布。

（3）市场表现。

规模小：民宿数量有限，未形成发展规模。

客源单一：以国内客户为主，且多为低消费群体。

（4）政策支持。

政策空白：政府尚未出台专门针对民宿的管理政策。

旅游扶持：国家开始重视旅游业发展，重点在景区建设和酒店行业等方面。

（5）代表性事件。

1980年左右，黄山周边农户开始接待客户，他们运营的民宿成为民宿的雏形。1990年左右，丽江古城部分居民将自家房屋改造为客栈，吸引背包客。

（6）代表地区。

黄山：景区周边的农户开始提供住宿服务。

丽江：古城内的客栈逐渐兴起，成为背包客的聚集地。

桂林：阳朔地区的农家乐开始发展。

2．2.0时代：成长期（2000—2010年）

（1）背景。

经济环境：中国经济快速增长，旅游业蓬勃发展，客户数量大幅增加。

消费升级：中产阶级崛起，客户对住宿的需求从低价转向舒适。

政策推动：政府开始重视乡村旅游，出台政策支持农村经济发展。

（2）特点。

初步规范：部分地区开始出台民宿管理规范，要求办理营业执照和卫生许可证；民宿运营者开始注重服务质量。

设施升级：住宿条件改善，部分民宿提供独立卫生间、空调、电视等设施。餐饮服务更加丰富，提供本地特色菜肴。

特色初显：一些民宿开始融入本地文化元素，如传统建筑风格、手工艺品等。部分民宿提供个性化服务，如导游、骑行等。

品牌萌芽：少数民宿开始形成品牌，民宿运营者开始注重口碑和回头客。

（3）市场表现。

规模扩大：民宿数量快速增长，尤其是在热门旅游地区。

客源多样化：以国内客户为主，开始吸引部分外国客户。

（4）政策支持。

乡村旅游政策：国家出台政策支持乡村旅游发展，民宿成为重要载体。

地方试点：部分地区开始试点民宿规范化管理。

（5）代表性事件。

部分莫干山民宿兴起，成为高端民宿的雏形。丽江古城成为国内民宿最集中的地区之一。

（6）代表地区。

湖州：以“洋家乐”为代表，成为高端民宿的发源地。

丽江：古城内的客栈数量快速增长，形成集群效应。

大理：洱海周边的民宿开始兴起，吸引文艺青年。

3．3.0 时代：爆发期（2011—2018 年）

（1）背景。

经济环境：互联网和移动支付普及，在线预订平台兴起。

消费升级：中产阶级崛起，客户更注重体验和个性化服务。

政策推动：政府大力推动乡村旅游和精准扶贫，民宿成为重要抓手。

（2）特点。

规模化发展：民宿数量爆发式增长，形成集群效应。部分地区出现民宿村，如莫干山、安吉等。

设计感增强：民宿设计更加注重美学和舒适度，许多民宿由专业设计师打造。建筑风格多样化，如现代简约风、田园风、工业风等。

服务多元化：除住宿外，民宿还提供餐饮、娱乐、文化体验等服务。部分民宿与当地旅游资源相结合，提供定制化旅游线路。

品牌化运营：出现了一批知名民宿品牌，连锁化运营模式开始出现。

政策支持：各地政府出台政策鼓励民宿发展，推动行业规范化。

（3）市场表现。

规模爆发：民宿数量快速增长，覆盖范围从景区扩展到城市周边。

客源高端化：中高端客户成为主要客源，外国客户数量增加。

（4）政策支持。

国家政策：《关于促进乡村旅游可持续发展的指导意见》印发，支持民宿发展。

地方政策：各地出台民宿管理办法，推动行业规范化。

（5）代表性事件。

Airbnb（爱彼迎）进入中国市场，推动民宿行业国际化。

（6）代表地区。

湖州：该地区的民宿成为高端民宿的代名词。

大理：洱海周边的民宿成为文艺青年的聚集地。

厦门：鼓浪屿和曾厝垵的民宿快速发展。

4．4.0 时代：升级期（2019 年至今）

（1）背景。

经济环境：民宿市场竞争加剧，客户对品质和服务的要求进一步提高。

短期假期影响：短途游、周边游兴起，民宿成为热门选择。

科技发展：智能化、数字化技术在民宿中广泛应用。

（2）特点。

高端化：高端民宿和精品民宿成为主流，注重私密性和个性化服务；价格区间上移，部分民宿每晚价格超过千元。

智能化：智能家居、无人化管理等技术广泛应用，提升用户体验；在线预订、智能门锁、语音控制等成为标配。

生态化：环保和可持续发展理念融入民宿设计，绿色建筑、低碳运营成为趋势；部分民宿采用太阳能、雨水回收等环保技术。

文化深度：民宿更加注重本地文化挖掘，提供深度文化体验；与非遗、手工艺等结合，打造文化 IP。

平台整合：民宿与旅游平台深度融合，形成完整的生态链。部分民宿与 OTA 平台合作，提供一站式服务。

（3）市场表现。

品质提升：高端民宿占比增加，市场竞争加剧。

客源细分：家庭游、亲子游、情侣游等细分市场崛起。

（4）政策支持。

规范化管理：各地出台更严格的民宿管理办法，推动民宿行业健康发展。

乡村振兴：民宿成为乡村振兴的重要抓手。

（5）代表性事件。

短途游和周边游兴起，民宿成为热门选择。

《乡村民宿服务质量规范》发布，推动行业标准化。

（6）代表地区。

湖州：继续引领高端民宿市场；以生态民宿为特色，吸引城市客户。

丽江：古城内的民宿向高端化、智能化转型。

民宿发展的每个阶段都反映了市场需求的变化和行业发展的成熟，未来民宿行业将继续朝着高品质、个性化和可持续发展的方向前进。

（三）国内民宿发展的意义

1. 满足市场需求

休闲度假需求：随着居民生活水平的提高和消费观念的转变，休闲度假已成为人们的重要生活方式。民宿以其独特的住宿体验和丰富的文化内涵，满足客户对个性化、深度化旅游体验的需求。

“逆城市化”需求：城市化的快速推进使得城市生活节奏加快，城市居民对乡村生活的向往日益增强。民宿作为连接城市和乡村的桥梁，承载着城市人对乡村文化、乡村生活的众多理想，满足了城市人“逆城市化”的诉求。

2. 推动乡村振兴

经济振兴：民宿的发展带动了乡村经济的增长，为农民提供增收渠道，促进当地就业。同时，民宿产业还带动相关产业的发展，如餐饮、交通、农产品销售等，形成产业链效应。

文化振兴：民宿作为乡村文化的重要载体，通过展示和传承当地文化，提升乡村的文化竞争力和吸引力。客户在民宿中体验乡村生活，感受乡村文化的魅力，有助于推动乡村文化的传播和发展。

生态振兴：民宿的发展注重与生态环境的协调共生。因为民宿采用绿色建筑材料和节能设备，所以降低能耗和污染。同时，民宿还通过宣传环保理念，引导客户树立环保意识，共同推动乡村生态环境的保护和改善。

3. 促进旅游产业升级

丰富旅游产品：民宿作为新型旅游住宿业态，丰富旅游产品供给，满足客户多样化的住宿需求。

提升旅游品质：民宿注重服务质量和文化内涵的提升，为客户提供高品质的住宿体验。同时，民宿还通过开发特色旅游项目，如农事体验、文化旅游等，提升旅游的整体品质。

案例

朴宿·栖澜海居——光与海的地方

提起青岛，很难不让人把这座城市与诗意、浪漫等词汇联想到一起，这座海滨城市凭借自然的山光海色和夏日的清新凉爽，自二十世纪二三十年代开始，便是我国著名的避暑胜地。许多著名的诗人、文学家都为这座美丽的城市，写下了赞美的诗歌。

朴宿文旅作为当地文化的传播者与守望者，一直在思考以下问题：

（1）如何将青岛的诗意发扬光大？

（2）如何处理生活与精致设计之间的关系？

（3）如何在现代建筑中感受自然的美好？

带着这样的问题，朴宿文旅最终决定用一座建筑来解答，这就是朴宿·栖澜海居。朴宿文旅希望用一座建筑，体现山海泉城艺术中的“海”，解读自己对海与城市的认知，将大海与诗歌融为一体，使其成为青岛精品酒店行业的地标式项目。

- 项目选址：青岛哪里的海最有诗意？

青岛漫长的海岸线展示了大海不同的风貌。民宿选址在崂山仰口，既饱含大海和故乡的韵味，又可以使客户感受到青岛独有的浪漫与历史的厚重。

- 建筑构造：第一家融合海洋景致与现代设计理念的诗歌主题设计师民宿。

朴宿·栖澜海居总占地面积约 2 520 平方

米，由两个独立建筑构成。

整体建筑以自然主义风格为主，保留了建筑周边的植物，将植物变成建筑的一部分，在建筑外立面与客房等方面进行不同处理，既有直接推拉打开的大落地玻璃窗，也有面朝大海的飘窗、浴缸、露台、吧台、餐厅和泳池。通过建筑的延伸，朴宿·栖澜海居营造出一种建筑建立在大海上的感觉，就像在海面上铺了一张床。

在内部构造中，朴宿·栖澜海居不仅要成为一家好看的酒店，更要成为一家好住的酒店，在保持天然格局下，充分尊重现代城市人在感官审美和生活功能上的双重需求。

朴宿·栖澜海居主要由独立客房、海景餐厅、室内公共活动区域、户外景观区域、屋顶露台等构成。其中客房有多种房型，可满足不同群体的需要。

- 品牌释义：光与海。

因为朴宿·栖澜海居以大海为载体、以诗歌为主题，所以采用线条来阐释大海和诗歌的韵律——曲线代表波浪，表示大海变化广和深；直线代表诗歌，表示诗歌押韵、多样、意义深刻。

在功能区的名称选定中，朴宿·栖澜海居充分发扬青岛诗歌的魅力，选取《青岛四十年代诗选》中的名字为客房命名；在客房内部，用丝印的方式将二十世纪四十年代青岛诗人为争取自由、呼唤光明的心底最强音呈现在墙面上。

第三节 民宿政策与行业管理

一、民宿发展政策

（一）国外民宿发展政策

1. 欧洲地区

政策导向：欧洲地区民宿产业起步较早，政府注重民宿的规范化和标准化发展。

法规制定：相关国家出台相关法规对民宿的设立标准、运营范围、安全要求等进行明确规定。

行业协会作用：鼓励成立民宿行业协会，加强行业自律和交流合作，提升民宿服务质量和竞争力。

2. 亚洲地区

政策导向：亚洲地区民宿产业快速发展，政府注重民宿的创新和特色化发展。

政策支持：提供税收优惠、资金补贴等政策支持，鼓励民宿创新和特色化发展。

培训指导：加强对民宿运营者的培训和指导，提升民宿的服务质量和运营管理水平。

（二）国内民宿发展政策

1. 国家层面政策

国家鼓励和支持民宿行业的发展，将其视为推动乡村旅游、促进乡村振兴的重要抓手。具体措施如下：

（1）产业融合与乡村振兴。

鼓励民宿与乡村文化、农业、旅游等产业深度融合，打造特色乡村旅游产品和线路，推动乡村振兴。民宿发展被纳入乡村振兴战略和各地区乡村旅游发展规划，作为促进乡村经济增长的重要动力。

（2）用地与规划。

在符合土地利用总体规划和城乡规划的前提下，允许利用农村闲置房屋、集体建设用地等发展民宿。鼓励和支持农民利用自有宅基地、闲置农房等资源，通过自主运营、合作运营等方式发展民宿。

（3）资金补贴与税收优惠。

对符合条件的民宿项目，给予一定的资金补贴和税收减免，以降低民宿创业和运营成本。部分地区还设立了民宿发展专项资金，用于支持民宿项目的建设、改造和运营。

（4）监管与服务。

建立健全民宿监管体系，加强民宿安全、卫生、消防等方面的监管，确保民宿服务质量。推动民宿预订、咨询等公共服务平台的建设和完善，提升民宿服务的便捷性和舒适度。

（5）品牌建设与推广。

鼓励民宿运营者加强品牌建设和推广，提升民宿知名度和美誉度。支持民宿参与旅游节庆、会展等活动，加强民宿产品的宣传和推广。

2. 地方层面政策

在民宿产业的快速发展过程中，地方政府政策的支持与引导起到了至关重要的作用。地方政府在民宿政策制定中，主要关注民宿产业的规范化、标准化、特色化和品牌化发展。地方政府旨在推动民宿产业的转型升级，出台一系列政策措施，提升民宿服务品质，打造具有地方特色的民宿品牌，从而进一步促进乡村旅游和区域经济的发展。

（1）地方政府民宿政策。

1）浙江省。

出台行动计划：《浙江省民宿高质量发展三年行动计划（2024—2026）》明确提出，到2026年底，累计创成全国甲乙级旅游民宿20家、白金宿70家、金宿200家、银宿900家、“浙韵千宿”1 000家、文化主题（非遗）民宿100家。该计划还强调了民宿与周边产业耦合加强，民宿产业链不断延伸的发展目标。

“百县千宿”工程：作为“五百五千”工程的重要组成部分，“百县千宿”旨在打造具有浙江特色的高品质民宿，通过项目化推进、标准化引领、差异化竞争和创新性发展，推动民宿产业的高质量发展。

用地保障与资金支持：浙江省多地政府出台了民宿用地保障政策。同时，政府还通过提供资金补贴、贴息贷款等方式，支持民宿的投资建设和转型升级。

2）其他地方政府。

用地规划：一些地方政府在国土空间规划中，将民宿产业纳入其中，明确民宿用地的类型和规模管控要求，为民宿的发展提供用地保障。

税收优惠：部分地方政府对民宿产业给予税收减免政策，以降低民宿运营成本，提高市场竞争力。

人才培训：地方政府还注重民宿人才的培养和引进，通过举办培训班、引进高素质人才等方式，提升民宿从业者的专业素养和服务水平。

（2）地方政府民宿政策的特点与趋势。

1）标准化与规范化：地方政府通过制定民宿评定细则和实施意见，推动民宿产业标准化和规范化发展。这有助于提升民宿服务品质，保障客户的合法权益。

2）特色化与品牌化：地方政府鼓励民宿运营者打造具有地方特色的民宿品牌，通过提供个性化的服务和体验，吸引客户的关注和消费。

3）融合化与多元化：地方政府推动民宿与周边产业融合发展，如“民宿＋露营”“民宿＋农场”等新模式，拓展民宿的多元化消费体验。

4）数字化与智能化：随着数字化技术的发展，地方政府鼓励民宿产业运用数字化手段提升服务效率和质量，打造智慧民宿。

地方政府民宿政策的实施，促进了民宿产业的快速发展和转型升级。民宿数量不断增加，服务品质不断提升，民宿品牌逐渐形成并具有一定的市场影响力。然而，地方政府民宿政策的实施也面临一些挑战，如民宿用地的获取和审批难度较大，民宿运营成本较高，民宿从业者的专业素养和服务水平有待提升等。

地方政府出台民宿政策是推动民宿产业发展的重要保障。通过制定和实施一系列政策措施，地方政府为民宿产业的发展提供了有力的支持和引导。未来，随着民宿产业的不断发展和市场需求的不断变化，地方政府应继续完善民宿政策体系，加强政策执行力度，推动民宿产业高质量发展。

（三）民宿发展政策对民宿行业的影响

1. 推动民宿产业规范化发展

民宿发展政策的出台，为民宿产业的规范化发展提供有力保障。政策明确了民宿的定义、分类、运营要求等，使得民宿在运营过程中有法可依、有章可循。同时，政策还规定了民宿的评定标准和监管措施，促进民宿服务质量的提升，保障客户的合法权益。

2. 促进民宿产业转型升级

民宿发展政策鼓励民宿产业进行转型升级，推动民宿向高质量、精品化方向发展。政策通过提供用地保障、资金支持、人才引进等措施，引导民宿运营者创新运营模式，提升服务品质，打造特色民宿品牌。这些措施不仅有助于提升民宿的竞争力，还能满足客户日益多样化的住宿需求。

3. 带动乡村旅游发展

民宿发展政策与乡村旅游政策紧密相关，通过发展民宿可以带动乡村旅游的繁荣。鼓励在乡村地区开发民宿，利用乡村的自然风光、人文景观等资源，为客户提供独特的住宿体验。这不仅有助于提升乡村地区的知名度和美誉度，还能促进乡村经济的多元化发展，增加农民收入。

4. 推动产业联动与融合发展

民宿发展政策还注重推动民宿与其他产业的联动与融合发展。政策鼓励民宿与农业、文化、旅游等相关产业进行深度融合，开发创新型民宿产品，打破传统食宿模式的局限。这种融合不仅有助于提升民宿的附加值和吸引力，还能促进相关产业的协同发展，形成产业链和产业集群。

5. 提升民宿产业的市场竞争力

民宿发展政策通过优化民宿产业的市场环境，提升民宿的市场竞争力。鼓励民宿产业进行品牌化、连锁化发展，形成规模效应和品牌效应。同时，加强对民宿产业的监管和执法力度，打击违法违规行为，维护市场的公平竞争秩序。

6. 促进民宿产业的可持续发展

民宿发展政策还注重促进民宿产业的可持续发展。鼓励民宿产业秉持环保、节能、低碳等可持续发展理念，推动民宿产业的绿色转型。同时，加强对民宿产业的教育和培训力度，提升民宿从业者的专业素养和服务水平，为民宿产业的可持续发展提供人才保障。

民宿发展政策对民宿产业的影响是多方面的，不仅推动民宿产业规范化发展、转型升级和促进乡村旅游发展，还提升民宿产业的市场竞争力和可持续发展能力。未来，随着民宿产业的不断发展和市场需求的不断变化，民宿发展政策也将继续完善和调整，以适应新的市场环境和需求。

二、民宿行业协会与组织的作用

民宿行业协会与组织在推动民宿行业的健康、有序发展中扮演着至关重要的角色。作为由从事民宿服务行业及相关企事业单位、在本行业有重要影响的单位自愿组成的行业性、地方性、非营利性社会组织，民宿行业协会致力于促进民宿产业、旅游产业和文化产业的繁荣与发展。

（一）搭建平台，整合资源

民宿行业协会的最大作用之一在于搭建平台，将各地分散的民宿集聚起来，加强宣传和推广，促进民宿行业资源的整合与共赢发展。这些协会通过组织各种交流与合作活动，如专题研讨、行业交流、专业培训等，推动民宿运营者之间的信息共享与经验交流，共同打造具有地方特色的民宿产业产品和品牌。这不仅有助于提升民宿的整体品质，还能促进当地民宿进入良性健康发展的轨道。

（二）参与制定行业标准

民宿行业协会通常参与民宿行业标准的制定，并通过贯彻实施，促进行业发展。这些标准涵盖民宿的合法运营、安全保障、整体外观、基本设施、卫生管理、餐饮管理、民俗文化等方面。通过与相关专业机构合作，民宿行业协会能够制定更加专业的民宿发展办法，助力当地民宿行业的发展。同时，这些标准也为民宿行业的规范化发展提供依据，提高民宿的规范化与创新化水平，增强区域民宿市场的竞争力。

（三）维护会员权益，提供政策解读

民宿行业协会作为政府与民宿运营者之间的桥梁，承担着为民宿运营者发声、维护其合法权益的职责。这些协会及时提供信息和政策解读，帮助民宿运营者了解行业动态和政策导向，以便更好地把握市场机遇。同时，民宿行业协会还积极协调会员之间的关系，解决会员之间的纠纷，为会员提供一个和谐、有序的运营环境。

（四）推动学术研究与交流合作

民宿行业协会还致力于推动非标住宿领域的学术研究，通过组织相关培训、咨询、考察等活动，提升民宿运营者的专业素养和管理能力。同时，民宿行业协会还积极开展交流与合作，借鉴国内外的先进经验和技术，推动民宿行业的创新发展。通过创立民宿营销网站、形成策略联盟等方式，民宿逐渐成为住宿行业的重要组成部分。

（五）建立行业自律机制

民宿行业协会通过建立和完善行业自律公约，规范成员行为标准，提升行业形象。这些公约对内部成员的行为具有一定的约束力，对违规行为能够起到有效的警示作用。同时，民宿行业协会还积极配合监管部门对市场秩序进行管理，对违规行为进行内部监管并给予相应惩处，维护行业的公平竞争和健康发展。

民宿行业协会在推动民宿行业的健康、有序发展中发挥着不可替代的作用，为民宿行业的繁荣与发展提供了有力的支持。

知识链接

浙江莫干山——中国民宿发展的典范

三、民宿行业的标准化与规范化建设

民宿行业的标准化与规范化建设是推动民宿行业健康、有序发展的关键举措。随着民宿行业的快速发展，越来越多的客户将民宿作为旅行住宿的首选，这对民宿的服务质量、管理水平以及安全保障等方面提出了更高的要求。因此，加强民宿行业的标准化与规范化建设，不仅有助于提升民宿的整体品质，还能增强客户的满意度和信任度，进一步推动民宿行业的可持续发展。

（一）民宿行业标准化建设的意义

民宿行业标准化建设在推动民宿行业健康、有序发展的过程中具有深远意义。它不仅关乎民宿行业的整体提升，更直接影响客户的住宿体验、民宿的运营效益以及地方旅游经济的繁荣。

1. 提升服务质量，增强客户满意度

标准化建设要求民宿在接待、客房、餐饮等方面提供统一、规范的服务。这意味着民宿运营者需要遵循一定的服务流程和标准，确保客户在入住期间得到专业、细致、周

到的服务。这不仅有助于提升客户的住宿体验，还能增强客户对民宿的满意度和忠诚度，为民宿赢得良好的口碑和回头客。

2. 保障安全卫生，降低运营风险

安全卫生是民宿行业的生命线。标准化建设要求民宿在卫生、安全等方面达到一定的标准，如定期清洁消毒、配备必要的消防设施等。这不仅有助于保障客户的人身安全和健康，还能降低民宿的运营风险，避免因安全卫生问题引发纠纷和赔偿。

3. 推动行业规范化发展，提升整体形象

民宿行业的标准化建设有助于推动整个行业的规范化发展。通过制定和执行统一的标准，可以规范民宿的运营行为，减少无序竞争和恶意压价等不正当竞争行为。同时，标准化建设还能提升民宿行业的整体形象和竞争力，使民宿成为旅游市场中的一道亮丽风景线。

4. 促进产业升级，提高经济效益

标准化建设有助于推动民宿产业升级和转型。通过引入先进的运营理念和管理模式，提升民宿的服务品质和管理水平，可以吸引更多的客户前来入住，从而增加民宿的收入。同时，标准化建设还能促进民宿行业的多元化发展，如开发特色民宿、主题民宿等，进一步拓宽民宿的市场空间和提高经济效益。

5. 助力地方旅游经济发展，推动乡村振兴

民宿作为乡村旅游的重要组成部分，其标准化建设有助于推动地方旅游经济的发展。通过提升民宿的服务质量和管理水平，可以吸引更多的客户前来旅游观光，从而带动当地餐饮、交通等相关产业的发展。同时，民宿的标准化建设还能促进乡村文化的传承和创新，推动乡村振兴和城乡融合发展。

民宿运营者应积极响应标准化建设的号召，加强自身的规范化管理和提升服务水平，为客户提供更加优质、安全、舒适的住宿体验。

（二）民宿行业标准化建设的内容

民宿行业标准化建设涉及多个方面，旨在确保民宿服务的统一性、规范性和高质量。

1. 服务标准

服务标准是民宿行业标准化建设的核心之一，它涵盖接待服务、客房服务、餐饮服务等多个环节。

接待服务：民宿应提供热情周到的接待服务，包括预订确认、入住登记、行李寄存、旅游咨询等。接待人员应具备良好的职业素养和沟通能力，能够准确、快速地解答客户的疑问，并提供个性化的服务建议。

客房服务：客房服务应注重细节，提供干净、整洁、舒适的住宿环境。民宿应定期清洁客房，更换床上用品和毛巾，检查设施设备是否完好可用。同时，民宿还应提供必要的客房用品，如洗漱用品、拖鞋、电吹风等，以满足客户的基本需求。

餐饮服务：提供餐饮服务的民宿，应确保食品的安全、卫生和美味。这类民宿应遵守国家食品安全法律法规，采购新鲜、优质的食材，合理搭配营养，提供多样化的餐品。同时，民宿还应注重餐饮服务的细节，如提供餐具、餐巾纸等，为客户营造愉悦的用餐氛围。

2. 管理标准

管理标准是民宿行业标准化建设的重要保障，它涵盖民宿的日常管理、人员管理、财务管理等多个方面。

日常管理：民宿应建立健全日常管理制度，包括卫生管理、安全管理、设施设备管理等内容。民宿应定期进行卫生清洁和安全检查，确保卫生和安全状况良好。同时，民宿还应加强对设施设备的维护和保养，确保设施设备的正常运行和客户的住宿体验。

人员管理：民宿应注重员工队伍的建设和管理，提高员工的专业素养和服务意识。民宿应定期对员工进行培训和考核，激励员工积极工作，提高工作效率和服务质量。同时，民宿还应建立良好的员工激励机制和晋升机制，激发员工的工作积极性和创造力。

财务管理：民宿应规范财务管理流程，建立健全财务制度和账目体系。民宿应准确记录各项收入和支出，合理控制成本，提高经济效益。同时，民宿还应加强对财务风险的防范和控制，确保稳健运营。

3. 设施标准

设施标准是民宿行业标准化建设的基础支撑，它涵盖民宿的硬件设施和软件设施两个方面。

硬件设施：民宿的硬件设施应满足客户的基本需求和舒适度要求。民宿应提供舒适的床铺、整洁的卫生间、便捷的交通设施等。同时，民宿还应注重客房的布局和设计，营造温馨、舒适的住宿环境。提供餐饮服务的民宿，还应配备齐全的厨房设备和餐具等。

软件设施：民宿的软件设施应体现个性化、人性化的服务理念。民宿可以提供免费的 Wi-Fi、旅游咨询、行李寄存等服务，方便客户的出行和生活。同时，民宿还可以提供特色文化活动、亲子互动等增值服务，提升客户的住宿体验和满意度。

这些标准的制定和执行有助于提升民宿的服务质量和管理水平，增强客户的满意度和忠诚度，推动民宿行业的健康、有序发展。

（三）民宿规范化建设的实施路径

民宿规范化建设的实施路径是确保民宿行业健康、有序发展的关键。

1. 制定和完善相关标准

政府相关部门或行业协会应制定和完善民宿行业服务标准、管理标准和设施标准。这些标准应涵盖民宿的各个方面，包括接待服务、客房服务、餐饮服务、日常管理、人员管理、财务管理、硬件设施和软件设施等。标准可以为民宿的规范化建设提供明确的指导和依据。

2. 加强宣传和推广

民宿行业通过媒体宣传、行业交流等方式，加强规范化建设的宣传和推广，这有助于提升民宿运营者的规范化意识，推动他们自觉遵守相关标准和规定；同时，提高客户对民宿规范化建设的认知度和信任度，为民宿行业的健康、有序发展营造良好的社会氛围。

3. 开展培训和教育

加强对民宿运营者的培训和教育，提高他们的专业素养和服务意识。培训内容包括民宿服务标准、管理标准、设施标准等方面，以及服务技巧、沟通技巧等实用技能。通过培训和教育，民宿运营者可以更好地理解规范化建设的意义和要求，提升服务质量和管理水平。

4. 强化监管和检查

政府相关部门或行业协会应加强对民宿的监管和检查力度。通过定期检查、随机抽查等方式，确保民宿按照相关标准和规定进行运营。对于不符合标准的民宿，应及时进行整改或取缔，以维护民宿行业的秩序和客户的权益。

5. 推动行业自律和协作

鼓励民宿运营者成立行业自律组织，如民宿协会等。通过行业自律组织，民宿运营者之间可以加强交流和协作，共同推动行业的规范化建设。同时，行业自律组织还可以为民宿运营者提供信息咨询、产品推广、培训交流等服务，促进民宿行业的健康发展。

6. 引入第三方评估和认证机构

引入第三方评估和认证机构，对民宿的服务质量和管理水平进行评估和认证。通过评估和认证，民宿行业协会可以客观、公正地评价民宿的规范化建设成果，为客户提供更加可靠的选择依据；同时，能激励民宿运营者不断提升自身的服务质量和管理水平，推动行业的持续进步。

> **知识链接**
>
> 提升民宿品质，规范民宿行业发展

7. 建立反馈和投诉机制

建立有效的反馈和投诉机制，鼓励客户对民宿的服务质量和管理水平进行反馈和投诉。通过收集和分析客户的反馈和投诉信息，民宿行业协会可以及时发现民宿存在的问题和不足，并进行有针对性的改进和提升；同时，能提升客户对民宿行业的信任度和满意度。

这些路径的实施将有助于推动民宿行业的规范化建设进程，提升民宿的服务质量和管理水平，为客户提供更加优质、安全、舒适的住宿体验。

本章小结

民宿是近年来新兴的一个概念，想要了解民宿，就要先了解国外民宿的历史和发展历程。我国现代酒店和民宿行业较其他国家起步晚，但我国的民间住宿历史久远。随着旅游方式的不断扩展、旅游内容的不断丰富以及人们旅游观念的更新，民宿作为一种较为新颖、特殊的旅游接待设施，也必然会不断地改变方式和内容，不断地寻求最优的方式来满足客户的需求，使之不仅是一种旅游接待设施，更成为一种重要而独具特色的旅游吸引物。

实训活动

- 活动目标

增强对民宿行业的宏观认识和市场洞察力。

培养政策分析能力和市场调研能力。

提升数据分析和报告撰写能力。

● 活动内容

政策分析：分组调研国家和地方关于民宿行业的政策法规，分析政策对民宿行业发展的影响。

市场调研：选择一处民宿市场进行调研，分析该市场的客源结构、消费习惯、竞争格局和发展趋势。

报告撰写：每组撰写一份政策与市场分析报告，内容包括政策解读、市场分析、竞争策略和发展建议。

课堂展示与答辩：每组在课堂上展示分析报告，并进行答辩，回答老师和同学的提问。

● 活动要求

每组提交一份政策与市场分析报告，内容包括政策解读、市场分析、竞争策略和发展建议。

每组制作一份 PPT，用于课堂展示，分享分析成果和建议。

课后习题

一、判断题

1. 民宿的起源可以追溯到欧洲乡村旅行的传统，尤其是英国和美国的早期实践。(　　)

2. 日本民宿起源于 20 世纪 60 年代前后，最初多由登山爱好者、滑雪爱好者、游泳爱好者等租借民居衍生并发展起来。(　　)

3. 民宿的定义在全球范围内是统一的，各国对民宿的称呼和定义完全一致。(　　)

4. 民宿的兴起主要是为了满足客户对标准化住宿的需求。(　　)

5. 民宿的标准化建设有助于提升服务质量、保障安全卫生、推动行业规范化发展。(　　)

6. 民宿的兴起对地方经济发展没有显著影响。(　　)

7. 民宿的兴起有助于推动乡村旅游和乡村振兴。(　　)

8. 民宿的标准化建设只涉及硬件设施，不涉及服务和管理。(　　)

9. 民宿的兴起主要是为了满足城市居民对乡村生活的向往。(　　)

10. 民宿的兴起对地方文化的传承和保护没有积极作用。(　　)

二、单选题

1. 民宿起源于哪个国家？(　　)

A. 中国　　B. 英国

C. 日本　　D. 美国

2. 日本民宿的起源主要与哪些活动相关？(　　)

A. 登山、滑雪、游泳　　B. 商务旅行

C. 宗教朝圣　　D. 农业体验

3. 民宿的标准化建设不包括以下哪项内容？（　　）
A. 服务标准　　B. 管理标准
C. 设施标准　　D. 价格标准
4. 民宿的兴起对地方经济的影响主要体现在哪方面？（　　）
A. 增加农民收入　　B. 减少就业机会
C. 降低旅游吸引力　　D. 减少地方文化传承
5. 民宿的兴起主要是为了满足客户的哪种需求？（　　）
A. 标准化住宿　　B. 个性化体验
C. 豪华住宿　　D. 商务出行
6. 民宿行业的标准化建设对客户的影响主要体现在哪方面？（　　）
A. 降低住宿费用　　B. 提升服务质量和安全性
C. 减少住宿选择　　D. 增加住宿时间
7. 民宿的兴起对地方文化的传承和保护有何作用？（　　）
A. 没有作用　　B. 破坏地方文化
C. 促进地方文化传承　　D. 减少地方文化多样性
8. 民宿行业的标准化建设对民宿运营者的影响主要体现在哪方面？（　　）
A. 增加运营成本　　B. 降低服务质量
C. 提升管理水平和竞争力　　D. 减少客户数量
9. 民宿的兴起对乡村旅游的影响主要体现在哪方面？（　　）
A. 减少乡村旅游吸引力　　B. 增加乡村旅游收入
C. 降低乡村旅游质量　　D. 减少乡村旅游机会
10. 民宿行业的标准化建设对地方经济的影响主要体现在哪方面？（　　）
A. 减少地方经济收入　　B. 增加地方经济收入
C. 降低地方经济竞争力　　D. 减少地方就业机会

三、多选题

1. 民宿的兴起对地方经济的影响主要体现在哪些方面？（　　）
A. 增加农民收入　　B. 带动相关产业发展
C. 促进地方文化传承　　D. 减少地方就业机会
2. 民宿行业的标准化建设包括哪些内容？（　　）
A. 服务标准　　B. 管理标准
C. 设施标准　　D. 价格标准
3. 民宿的兴起对地方文化的传承和保护有何作用？（　　）
A. 促进地方文化传承　　B. 增加地方文化多样性
C. 破坏地方文化　　D. 减少地方文化传承
4. 民宿的兴起对乡村旅游的影响主要体现在哪些方面？（　　）
A. 增加乡村旅游收入　　B. 提升乡村旅游质量
C. 减少乡村旅游机会　　D. 降低乡村旅游吸引力
5. 民宿行业的标准化建设对客户的影响主要体现在哪些方面？（　　）
A. 提升服务质量　　B. 保障安全卫生
C. 增加住宿费用　　D. 减少住宿选择

四、简答题

1. 简述民宿的起源及在全球范围内的发展历程。
2. 民宿行业的标准化建设对其发展有何重要意义？
3. 民宿的兴起对地方经济和文化的影响有哪些？
4. 民宿行业的标准化建设主要包括哪些内容？
5. 民宿的兴起对乡村旅游和乡村振兴有何积极作用？

五、案例分析题

案例：莫干山民宿的发展。

莫干山民宿近年来在中国民宿行业中脱颖而出，成为高端民宿的代表。请结合本章内容，分析莫干山民宿成功的原因，并探讨其对其他地区民宿发展的启示。

第二章

民宿市场

本章导读

近年来，随着客户对个性化体验的追求以及乡村旅游的兴起，民宿行业在我国得到了快速发展。旅游市场需求的多元化和国家政策的支持，特别是在乡村振兴战略的推动下，乡村民宿迎来了广阔的发展空间。在线平台的普及，使得民宿预订更加便捷和标准化，得到了更多客户的青睐。此外，城市民宿也在旅游热点地区不断涌现，满足了短期出行和差旅人群的需求。总体而言，民宿行业的快速崛起，反映了消费升级和旅游多样化的发展趋势，成为旅游住宿市场中的重要组成部分。

要想成功管理和运营一家民宿，民宿运营者必须清楚地了解当地的民宿市场，把握行业趋势，掌握市场需求，懂得如何进行市场细分，恰当选取目标市场，进而合理地进行市场定位。

学习目标

1. 知识目标

了解民宿市场概况和民宿市场发展。

了解民宿消费市场，包括民宿消费市场概况、民宿消费市场的具体特征与未来发展趋势。

掌握民宿市场定位，包括民宿市场的细分标准、目标市场选择，以及民宿市场定位策略。

2. 能力目标

给各种不同类型的民宿进行市场定位。

熟练判断民宿目标市场，根据不同目标市场的消费特征，提供相应的民宿服务。

3. 素养目标

培养创新意识，激发创业热情和动力。

深入了解民宿市场，从创新创业角度，培养科学调研和实践分析能力。

掌握因地制宜的方法论。

培养实事求是、科学严谨的工作作风。

明德学堂

中央一号文件鼓励发展民宿经济

2025 年中央一号文件提到“引导农民发展适合家庭运营的产业项目，因地制宜发展庭院经济、林下经济、民宿经济。”乡村发展民宿经济，一方面，应以客户需求为导向，主客共建共享乡村民宿数字平台，加强城乡要素流动，扩大城市客源市场；另一方面，应进一步完善城乡交通基础设施建设，改善乡村地区公共服务设施，整合乡村各类农林、文化等资源，延长乡村民宿产业链条，提升乡村民宿服务体系质量。

知识导入

随着中国经济的快速发展和国民生活质量的提升，旅游休闲已经成为驱动消费增长的重要引擎。2024 年上半年，国内出游人次达到 27.25 亿，同比增长 14.3%。这一系列数据表明，中国旅游市场正在展现出强劲的活力。

在这样的背景下，民宿行业作为旅游住宿领域的新兴力量，正迎来前所未有的发展机遇。随着客户对个性化和差异化住宿体验需求的日益增长，民宿市场规模持续攀升，展现出惊人的增长速度。民宿以其独特的文化韵味、个性化服务体验以及与自然的亲密接触，迅速吸引了广大客户的关注，成为旅游住宿市场中的重要组成部分。

不仅如此，民宿的覆盖范围也在不断扩大，不再局限于传统的旅游热点城市，而是向中小城市和乡村地区迅速延伸。特别是乡村民宿的崛起，不仅为农村地区创造了大量的就业机会，还有效促进了农村经济的多元化发展，带动了乡村旅游的繁荣。

从用户画像来看，民宿市场的受众非常广泛。中年人和中高收入群体成为民宿市场的主力消费群体，体现了市场消费结构的多元化和层次性。

展望未来，民宿行业将继续高速发展，主要在品质提升、品牌建设、个性化定制、主题化创新等方面发力。同时，数字化与智能化的融合、绿色旅游的可持续发展，以及产业链上下游的协同共进也将成为推动民宿行业发展的关键因素。这些趋势不仅将推动民宿行业向更高层次迈进，还为投资者和创业者开辟了广阔的蓝海市场。

第一节 民宿市场概述

一、民宿市场概况

共享经济的兴起带动民宿发展。民宿和个人业主的短租业务有重叠的部分，但是从两者定位上来说，民宿更多面向旅游需求，因此也更注重地方特色的打造和舒适氛围的营造，是短租房的升级版。客户可以在民宿中体验当地生活，与当地居民交流，感受人文情怀。民宿和酒店最主要的区别在于民宿具有由“主人文化”带来的当地特色化体验，住宿空间高度个性化、体量小而美。民宿与个人短租、酒店的区别见表 2-1。

旅游对乡村振兴的带动与促进效用明显，乡村旅游发展成为乡村振兴的重要抓手，已经成为各界共识。民宿作为乡村旅游发展的新兴业态，一直受到国家和各部委的重视。不止一年的中央一号文件明确提出要鼓励、支持和引导民宿发展。民宿正在以“有温度的生活”这一特有方式，向乡村传递生活和发展的温度，并通过温度的传递来使乡村振兴增温，推进乡村振兴战略的实施。

表 2-1 民宿与个人短租、酒店的区别

类别	运营方式	使用空间	建筑体量	硬件设施	服务人员	配套服务
民宿	副业	自用或租用民宅内的闲置空间	小	条件较好、标准化程度较低	主人或当地人	较少
个人短租	副业	自用或租用民宅内的闲置空间	小	条件普通、高度非标准化	主人	较少
酒店	专业	专用营业空间	具有一定体量	条件较好、高度标准化	专业员工	美容、健身、洗衣等配套服务齐全

随着 2018 年我国乡村振兴专项债的发布，乡村旅游快速发展，民宿以盘活大量乡村闲置资产为突破口，迎来新风口。2018 年，浙江安吉召开了全国发展乡村民宿推进全域旅游现场会。此后，民宿表现出非常强的韧性。

近年来，我国旅游业展现出蓬勃的生命力，民宿市场也得到迅猛发展。2024 年我国民宿相关企业注册量为 9 万多家。

根据市场调研与分析可以发现，民宿具有韧性的原因有三个：

第一，在中国旅游市场结构改变等因素的影响下，微度假游成为市场主流，本地旅游、乡村旅游快速增长。

第二，旅游产品越来越看重一站式目的地度假功能。

第三，政策集中出台，规范和鼓励民宿发展。

知识链接

山居美宿 绝不辜负——浙江“丽水山居”从闲置民居到增收金居

二、民宿市场发展

民宿行业是一个以个性化住宿为核心的新兴领域，与传统酒店截然不同。它更注重通过独特的地域文化、设计风格以及温馨的服务，为客户提供深度的旅行体验。通常，民宿运营者会将家庭住宅或具有地方特色的建筑进行改造，以住家式或小规模的形式为客户提供住宿服务。与大型连锁酒店相比，民宿规模较小，客房数量有限，通常由家庭或小型团队运营，强调私人空间和个性化的居住体验。此外，民宿在设计和服务上融入了当地的文化、自然景观及生活习俗，为客户带来独特的文化体验。因此，民宿不仅是旅游住宿的一部分，也成了客户深入了解地方文化、融入当地生活的重要渠道。

我国民宿行业的蓬勃发展可以追溯到 2010 年前后，伴随着国内旅游市场的迅速扩大和客户偏好的变化，民宿作为一种区别于传统酒店的新型住宿方式，逐渐受到市场的关注。在早期阶段，民宿行业多以个体运营者为主，规模较小且分布零散。这一时期的民宿多集中在自然风景优美或文化底蕴深厚的旅游热点地区，如云南大理、福建厦门等。这些地区的民宿以当地特色为卖点，结合独特的建筑风格和个性化服务，逐步吸引了注重深度体验的客户。与传统酒店的标准化服务相比，民宿凭借其独特的设计、亲切的氛围以及与当地文化的深度融合，为客户提供了更为多元化的选择。

随着市场需求的不断增长，民宿行业逐步进入了规范化、平台化发展的阶段。途家、小猪短租、Airbnb 等在线平台的崛起，推动了民宿的在线预订与管理逐步实现标准化。这不仅降低了运营者的进入门槛，还大幅提升了客户的预订体验。2014—2019 年，民宿行业迎来了高速发展，市场持续扩张，逐渐形成了覆盖乡村、城市以及热门旅游目的地的广泛布局。与此同时，政府对乡村旅游的大力支持，以及“全域旅游”理念的提出，也为民宿行业的发展提供了良好的外部环境。这些因素促使行业逐渐从零散、个体化向规模化、品牌化方向迈进。

进入 2020 年，民宿行业进一步呈现出多元化发展的趋势。除了传统的乡村民宿，城市民宿、度假型民宿等新兴业态也逐渐占据市场份额，形成了较为完善的行业生态。这一时期，民宿不再仅仅局限于提供简单的住宿功能，更多地与休闲度假、文化体验等多种元素相结合，为客户提供更加丰富的选择。尤其在周边游和乡村游的带动下，民宿成为众多客户短途出行的首选。总体来看，民宿行业的发展历程经历了从初步探索、市场扩展到如今的规模化、标准化发展阶段，逐步成为旅游住宿市场的重要组成部分。

近年来，乡村民宿成为行业增长的重要动力。受乡村振兴战略和政府政策支持的推动，许多乡村地区的旅游资源得到开发，民宿成为推动当地经济发展的重要引擎。浙江、福建、云南等地的乡村民宿项目在全国范围内迅速扩展，不仅带动了当地旅游业的发展，还形成了独具特色的民宿产业集群。同时，城市民宿市场在一线、二线城市也表现出强劲的增长势头，特别是在旅游资源丰富、消费能力较强的城市，如成都、重庆、西安等，城市民宿逐渐成为中短途客户的重要选择。城市民宿的兴起，不仅满足了差旅、短租等细分市场需求，还通过与当地文化、社区生活的结合，进一步增强了市场竞争力。2024 年我国民宿规模达到 422.7 亿元。

尽管传统的乡村民宿仍占据重要市场份额，但高端精品民宿、主题民宿等新兴业态也在逐步崛起，吸引了更多高端消费群体的关注。同时，行业的整合与标准化发展趋势愈加明显，品牌化、连锁化的民宿企业逐步涌现，大型平台通过并购、整合不断增强市场影响力。整体来看，经过多年的发展，我国民宿行业已经形成了以在线预订平台为依托，乡村、城市民宿并行发展的市场结构，并且在未来几年内，随着客户对个性化旅游体验的需求持续上升，民宿行业有望继续保持较高的增长率。

三、民宿消费市场

（一）民宿消费市场概况

民宿的市场

我国早期的民宿以家庭出租多余的客房供客户留宿为主，因此带有鲜明的个人化、散漫化特征，低价格、低品质是大众对其最初的印象。大众旅游时代的到来催生了越来越多个性化、高端化的旅游消费需求，体现在民宿上，就是对服务专业化、产品品质化、体验多元化等服务的需求。

从客户的年龄结构来看，“90 后”的年轻群体占比最高，接近 60%；其次是 1985—1989 年出生的客户，占比 23.1%；1980—1984 年出生的客户，占比 14.5%；1980 年前出生的客户仅占 2.4%。这表明，民宿的主要客户群体涵盖了中青年，尤其是那些追求个性化和独特体验的客户。在收入方面，中国民宿市场呈现出“穷游”与“富游”并存的局面。

月均高收入群体占比高达 48%，而低收入群体约占 30%。这一现象导致民宿市场的单日定价范围极为广泛，从百元的普通民宅到万元的独栋别墅不等，各种类型的民宿，如普通公寓、特色木屋、海景房、复式别墅等，满足了不同收入水平客户的需求。

在影响客户选择民宿的因素中，价格和主题环境是关键的因素。这表明，民宿运营者在制定价格策略和打造独特主题时，需要充分考虑客户的偏好和需求，以提升市场竞争力。

（二）民宿消费市场的具体特征

近年来，我国民宿消费市场呈现出量升价平的趋势，年轻人成为主要消费群体。2024 年，民宿市场的整体规模继续扩大，尽管面临激烈的市场竞争，但中高端化升级趋势明显。主力消费价格区间集中在 150 ～ 250 元，300 ～ 500 元的民宿也占据一定市场份额。总体来讲，民宿消费市场有以下特征。

1. 民宿市场规模和增长趋势

2024 年，我国民宿市场规模进一步扩大，虽然面临激烈的市场竞争，但整体呈现量升价平的趋势。民宿预订平台如途家、美团等也在不断优化服务，提升客户体验。

2. 民宿客户行为和偏好

年轻人成为民宿消费的主要群体。客户越来越注重住宿体验的质量，包括卫生、安全和餐饮等方面。随着消费升级和技术发展，客户对生活品质的要求不断提高，也更倾向于使用线上预订和支付。

3. 宏观政策环境

国家和地方政府出台一系列鼓励民宿行业发展的政策，如《关于促进服务消费高质量发展的意见》，明确提到："提升住宿服务品质和涉外服务水平，培育一批中高端酒店品牌和民宿品牌，支持住宿业与旅游、康养、研学等业态融合发展。依法依规盘活农村闲置房屋、集体建设用地，发展乡村酒店、客栈民宿服务。"这些政策为民宿行业的规范化发展提供了有力保障。

（三）未来发展趋势

未来，民宿市场将继续与旅游、文化等产业深度融合，创造多元化的旅游体验。民宿将通过差异化竞争、品牌塑造和线上线下融合等方式提高市场竞争力。此外，移动民宿作为一种新兴形式，凭借其个性化的特点，也将成为越来越多人的选择。

第二节　民宿市场定位

市场定位是民宿营销中至关重要的一环，它决定了民宿在竞争激烈的市场中如何确定自己的位置和目标客户群体。在对民宿进行市场定位之前，要先对整个民宿市场进行细分，然后选定准备进入的子市场或准备服务的目标客户群体，进而在选定的目标市场中，为其产品或服务确定一个独特的位置或形象。

一、民宿的市场细分

市场细分就是指企业按照某种标准将市场上的客户划分成若干个客户群，每一个客户群体构成一个子市场，不同子市场之间，需求存在明显的差别。市场细分是选择目标市场的基础工作。企业的市场营销活动包括细分一个市场并把它作为企业的目标市场，设计正确的产品、服务、价格、促销和分销系统组合，从而满足细分市场内客户的需要和欲望。

民宿的市场细分

民宿市场可以根据不同的标准来进行细分，主要包括以下几个方面。

（1）消费能力：民宿市场可以细分为低端民宿、中端民宿和高端民宿。低端民宿主要面向预算有限的客户，如年轻的背包客、学生等，注重价格优势和基本服务；中端民宿提供中等档次的设施和服务，满足中等收入客户的需求，注重性价比和文化体验的平衡；高端民宿提供豪华设施和服务，满足高端客户的需求，注重隐私性、服务和设施的舒适度。

（2）旅行动机：民宿市场还可以根据旅行动机进行细分，面向情侣、闺蜜、家庭等不同群体。例如，情侣客户和闺蜜客户可能更希望享受轻松、浪漫的旅行，而家庭客户则更希望能够有儿童娱乐设施。

（3）地理位置：民宿的地理位置也会影响其市场定位。例如，城市民宿主要吸引背包客和短期客户，而乡村民宿则吸引寻求自然和宁静的客户。此外，还有一些特殊类型的民宿，如带露台、阁楼或花园的精品民宿，以及适合轰趴、聚会的大型别墅。

（4）旅游偏好：民宿市场还可以根据客户的旅游偏好进行细分。例如，疗愈客户可能更注重环境的宁静和舒适度，而网红打卡客户则更注重拍照效果和社交媒体的分享。

（5）节假日和日常客户：民宿的节假日和日常所接待的客户可能不同。节假日，如寒暑假、国庆节、春节等，民宿接待的多是假期客户，而日常则可能更多服务于本地客户和周边游客户。

二、民宿的目标市场

目标市场选择是企业在经过市场细分后，选择其要进入的子市场或要服务的目标客户群体的过程。企业需要评估每个细分市场的潜在价值、竞争状况以及自身的资源和能力，选择与其产品或服务相匹配的细分市场。企业通常会选择一个或多个细分市场作为其目标市场，并确定进入策略。这有助于企业专注于能够带来最大利益和最有可能成功的领域，并分配有限的资源。

民宿的目标市场可细分为以下几种。

（一）针对个人旅行者的市场

个人旅行者通常是一个人或者少数几个人独自旅行，他们喜欢更加独立自由的住宿方式，可以根据自己的喜好和需要选择居住环境和设施条件，而不受酒店的限制。

（二）针对情侣和夫妻的市场

情侣和夫妻通常是为了度假或者旅行而选择住宿，他们追求的是浪漫、舒适、温馨的环境，可以在这里享受到二人世界的安静和温暖。

（三）针对小团体客户的市场

几个朋友或者家庭成员一同旅行，他们也许会租用整套民宿，享受更加私密和独立的住宿环境，大家可以在一起玩耍、烹饪，共享快乐时光。

（四）针对长期租客的市场

除了短期旅游住宿，民宿也吸引那些需要长期住宿的人群，如因为工作原因需要暂时搬迁的人员、游学和交流的学生以及一些追求生活品质的人士等。

（五）针对商务旅行者的市场

商务旅行者通常是为了公务而外出，他们对住宿的要求相对比较简单，重点是方便、干净、安全等。民宿可以提供相对便宜的价格和灵活的入住时间，迎合商务旅行者的需求。

（六）针对文艺青年的市场

民宿通常具有独特的风格和设计，可以吸引一些追求文艺和创意的人群。他们通常希望住宿的地方能够带给他们灵感和创造力。民宿有时也可以作为他们举办一些文艺活动或者艺术展览的地点。

（七）针对自驾客户的市场

自驾客户通常具有一定的经济实力和时间自由度，他们喜欢自驾旅行，根据自己的喜好和路线选择住宿，民宿提供了更多的灵活性和个性化选择。

民宿的目标市场具有一些共同的特点，如追求独特和个性化的住宿环境、更加灵活的服务时间和方式、更优惠的价格等。同时，针对不同的目标市场，民宿也可以根据不同的需求提供相应的服务和配套设施，如针对情侣和夫妻提供布置服务，针对小团体客户提供独立的空间和活动设施，针对商务旅行者提供便捷的入住服务等，从而吸引更多的客户使用民宿住宿。

三、民宿的市场定位

市场定位是指企业在选定的目标市场中，为其产品或服务确定一个独特的位置或形象。这涉及企业如何在其目标市场中区分其产品或服务与其他竞争对手的差异。企业需要根据目标客户的需求和偏好，确定其产品或服务的特色和优势，并通过产品质量、价格、服务、品牌形象等多个方面来体现。成功的市场定位策略需要深入分析竞争对手的定位，以确保自身的定位策略能够更好地满足目标客户的需求。

民宿的市场定位主要包括以下几个关键步骤和考虑因素。

（一）市场调研和竞争分析

民宿运营者首先需要对市场进行深入调研，了解目标客户的需求和偏好，以及竞争对手的情况。这包括分析竞争对手的定位状况、目标客户对产品的评价标准、潜在的市场竞争优势等。

（二）目标市场细分

根据客户的消费能力、旅行动机和旅游偏好，民宿市场可以细分为多个群体，每个群体的需求和期望都不尽相同，民宿运营者需要深入了解这些群体的特征，提供个性化的服务。

（三）竞争优势识别

民宿运营者需要发现和识别自身的竞争优势，通过差异化策略来提升市场定位。这包括产品差异化（如民宿产品的内容和特色）和服务差异化（如提供与竞争对手不同的优异服务）。

（四）具体市场定位

（1）大学城附近：目标客户是备考的学生和需要团建的大学生。民宿需要确保有环境安静、适合备考的客房，同时有满足团建需求的客房。

（2）高端酒店和景区附近：目标客户是来旅游的家庭或自驾游的客户。民宿可以提供车位、套房、影音产品和儿童玩具，增加趣味性。

（3）交通枢纽或会展中心附近：目标客户是商务旅居的客户。民宿需要确保环境安静且出行便捷。

（4）低端市场：目标客户是预算有限的客户，如年轻的背包客、学生等。民宿需要在价格上具有竞争力，同时确保基础设施和服务质量良好。

（5）中端市场：目标客户是追求性价比的客户。民宿需要在提供优质服务的同时，保持合理的价格，提供文化体验和个性化服务。

（五）品牌建设和营销

通过互联网和社交媒体进行品牌传播和营销。利用 OTA 平台（如携程）和社交媒体（如微博、微信、抖音、小红书）发布高质量的内容，可以提高曝光率和预订转化率。此外，通过内容营销、口碑传播和精准定位与关系维护，增强客户忠诚度和复购率。

案例

杭州汐遇民宿：文化 IP+ 场景体验，亲子文旅营销新趋势

杭州汐遇民宿，一个让城市的大朋友和小朋友们可以回到自然，享受山野乐趣的基地。杭州汐遇民宿临近天目山，周围有奇特的自然生态资源，还有多家农场。

汐遇民宿的定位是高品质的亲子度假民宿，为度假别墅，分设大床房、双床房、亲子间、家庭套间等。合理利用空间，设置多样化的公共区域。书室内有若干儿童图书，可供小朋友们阅读。玩室是个多功能室，可以用作活动室、会议室，也是给小朋友们提供手工体验和上自然教育课的地方。

客房内设施品质优良，每间房均配备品牌软装内饰。室外院子设置了露营区、露天电影区、烧烤区、露营天幕、秋千、迷你高尔夫、科普菜园等。

杭州汐遇民宿的主理人是一名从公司辞职回乡的年轻人，同时他也是领队、导游、摄影师、老师、司机、管家，是启发小朋友们对自然产生兴趣的玩伴和朋友。他坚持在自然撒野中实现高质量的自然教育和亲子陪伴。

杭州汐遇民宿模式总结：

（1）文旅定位：以亲子家庭为目标客户，以“汐遇天目、童知自然”为自然文化教育主题，开展沉浸式山野自然体验活动。

（2）文旅产品：主营 2 天 1 晚和 3 天 2 晚的“亲子撒野计划”，套餐包含民宿、部分餐饮、农场采摘体验（任选水果 2 斤）、自营品牌伴手礼。

（3）运营模式：

活动内容与接待：与专业的亲子教育机构合作，共同打造有天目山地域特色的自然教育课程。主理人亲自接待，依据不同时间和天气为参与的客户提供个性化定制活动，包括讲解自然知识、提供摄影服务等。

餐饮：自营。由主理人亲自配餐，以当地农家菜为主，家人协助完成。

住宿：客房卫生及布草由专业团队负责，主理人负责复查。

品牌营销：将当地农副产品以自营品牌伴手礼的形式分享给客户，传承乡村传统文化，搭建多元化销售渠道，以良好的民宿业态带动相关文创产品的运营。

除开展亲子旅游之外，杭州汐遇民宿还联合周边民宿、农场、餐馆和手艺人，成立乡村共富联盟。汐遇民宿挖掘更多乡村旅游资源，将农文旅结合起来，把产业串联起来，开展一站式多元化联合活动，宣传当地文化特色，旨在共同谋划、共同发展，让更多人来阅遍天目山的好山好水好物，为当地的乡村振兴发挥更大的作用。

本章小结

本章通过民宿市场的阐述，让读者了解民宿市场的概念，熟悉我国民宿发展的背景和市场消费现状，在掌握民宿市场细分原则与方法的同时，能够熟练判断民宿目标市场，进行市场定位；引导读者深入了解民宿市场现状，从创新创业的角度，培养科学调研和实践分析能力，养成实事求是、科学严谨的工作作风，为将来因地制宜地开展实践工作打下良好基础。

实训活动

实地调研所在地区的 3 ～ 5 家民宿，考察了解调研民宿所属的市场细分，对比各家民宿的目标市场，分析其市场定位依据并汇总，进行小组汇报展示。

课后习题

一、判断题

1. 民宿指的是由个人业主、房源承租者或商业机构利用空闲客房，提供旅客住宿的地方。(　　)

2. 民宿和酒店最主要的区别在于，民宿具有由“主人文化”带来的当地特色化体验。(　　)

3. 城市民宿，主要分布在一线和二线城市，适合短期出差、城市度假、探亲访友的客户。(　　)

4. 乡村民宿，通常以地域文化和自然景观为卖点，吸引希望远离城市喧嚣、体验乡村生活的客户。(　　)

5. 精品民宿和度假别墅适合追求高端生活的消费群体，常见于热门景区和高端度假区。(　　)

6. 在民宿行业发展的早期阶段，多以集体运营为主，规模较小且分布零散。(　　)

7. 低端民宿的服务通常注重性价比和文化体验的平衡，满足中等收入客户的需求。(　　)

8. 市场细分是选择目标市场的基础工作。(　　)

9. 目标市场选择是企业在经过市场细分后，选择其要进入的子市场或目标客户群体的过程。(　　)

10. 成功的市场定位策略需要深入分析竞争对手的定位，以确保自身的定位能够更好地满足目标客户的需求。(　　)

二、单选题

1.（　　）是较早出现的民宿形式，集中在乡村地区，通常结合农家餐饮、采摘和垂钓等活动，吸引亲近自然的客户。

A. 农家乐　　B. 乡村民宿　　C. 城市民宿　　D. 客栈

2. 市场定位是民宿营销中至关重要的一环，在对民宿进行市场定位之前，要先对整个民宿市场进行（　　）。

A. 市场选择　　B. 市场细分　　C. 价格判断　　D. 服务确定

3. 民宿的地理位置也会影响其市场定位，（　　）吸引寻求自然和宁静的客户。

A. 大型别墅　　B. 城市民宿　　C. 乡村民宿　　D. 农家乐

4.（　　）选择是企业在经过市场细分后，选择其要进入的子市场或目标客户群体的过程。

A. 消费客户　　B. 目标市场　　C. 潜在市场　　D. 细分市场

5.（　　）面向追求性价比的客户。民宿需要在提供优质服务的同时，保持合理的价格，提供文化体验和个性化服务。

A. 低端市场　　B. 中端市场　　C. 高端市场　　D. 景区市场

三、多选题

1. 下列哪些属于高端精品民宿的特点？（　　）

A. 以精致设计和高品质服务为卖点　　B. 适合追求高端生活的消费群体

C. 常见于热门景区和度假区　　D. 主要面向年轻旅行者和背包客

2. 与传统酒店相比，民宿具有哪些特点？（　　）

A. 以标准化服务为特征　　B. 客房的风格设计独特

C. 营造亲切的住宿氛围　　D. 与当地文化深度融合

3. 民宿的在线预订平台主要有哪些？（　　）

A. 途家　　B. 小猪短租　　C. Airbnb　　D. 去哪儿网

4. 中国民宿行业的发展趋势有哪些？（　　）

A. 以在线预订平台为依托发展　　B. 乡村、城市民宿同步并行发展

C. 行业的整合与标准化趋势加强　　D. 品牌化和连锁化趋势愈加凸显

5. 伴随大众旅游时代的到来，乡村民宿有哪些表现？（　　）

A. 服务专业化　　B. 产品品质化　　C. 体验多元化　　D. 节假日热潮

四、简答题

1. 简述我国民宿市场的特点。

2. 我国民宿消费市场的具体特征有哪些？

3. 简述如何利用 STP 营销战略对民宿进行市场定位。

第三章

民宿品牌与营销管理

本章导读

在经济与数字化转型的双重驱动下，民宿品牌已从简单的名称标识演变为传递文化价值、引起情感共鸣与提供多种生活方式的核心载体。本章聚焦民宿品牌管理与营销管理，系统解析如何通过精准品牌定位、差异化形象塑造及多元化营销策略，在激烈的市场竞争中构建客户认知与忠诚度。内容涵盖品牌价值体系的构建逻辑以及数字时代营销管理的创新实践。本章强调品牌与营销的协同效应，探讨如何以客户为中心整合线上线下资源，将民宿的空间体验转化为可传播、可裂变的品牌资产，并最终实现从流量获取到品牌溢价的商业价值跃升，为民宿可持续发展提供系统性解决方案。

学习目标

1. 知识目标

掌握民宿品牌构建的核心要素与理论框架。

熟悉数字时代民宿营销的核心策略。

掌握品牌视觉识别系统的设计原则，以及社交媒体营销等在民宿营销中的应用方法与策略。

2. 能力目标

基于市场调研与文化洞察，独立完成民宿品牌策划方案。

具备制订并执行营销计划的能力。

3. 素养目标

培养文化敏感度与品牌责任感，在品牌建设中注重地域文化表达、社区关系维护与商业价值的平衡。

强化客户中心思维与数据驱动意识，在营销实践中关注客户体验、情感联结与品牌忠诚度。

树立商业伦理与可持续发展观，在品牌传播中践行真实性、生态友好与社会责任，推动行业良性发展。

明德学堂

民宿品牌与营销——实现民宿发展的“天时地利人和”

2025 年中央一号文件为乡村民宿经济描绘了广阔前景。然而，在激烈的市场竞争中，乡村民宿如何避免同质化，实现从“有住处”到“优体验”的跨越，并最终形成可持续的“民宿经济”呢？成功的民宿品牌与营销，本质上是将政策的“天时”、乡村资源的“地利”与主客共享的“人和”完美结合。它要求经营者既是热情好客的主人，也是独具慧眼的产品经理，更是乡村文化的传播者。唯有如此，绿水青山间才能有熠熠生辉的民宿“金字招牌”，真正实现民宿经济的繁荣。

知识导入

随着现代生活节奏的加快和人们对个性化、特色化生活体验的追求，民宿作为一种新兴的住宿形式，逐渐成为旅游市场的重要组成部分。民宿不仅提供一个临时的居住场所，更展现一种文化体验和生活态度。因此，民宿品牌与营销管理在提升民宿竞争力、吸引客户、增加收益等方面扮演着至关重要的角色。

品牌是民宿区别于其他住宿形式的核心标识，它包含民宿的名称、标志、设计、文化内涵以及客户对民宿的整体感知和体验。一个成功的民宿品牌能够传递出独特的价值主张，使客户建立对民宿的信任感和忠诚度，从而在激烈的市场竞争中脱颖而出。营销管理则是民宿品牌建设和推广的重要手段。有效的营销管理能够帮助民宿精准地找到目标市场，满足客户需求，提升品牌知名度和市场份额。

第一节　民宿品牌管理

一、民宿品牌定位与差异化策略

民宿品牌管理

（一）民宿品牌定位

民宿品牌定位是通过对目标市场、目标客户群体及竞争环境的系统分析，确定其在市场中的独特位置和形象，使品牌在客户心目中形成与众不同的认知和印象。其内涵主要体现在以下几个方面：

1. 目标客户画像刻画

我们可从年龄结构与消费习惯、收入水平与消费能力、兴趣爱好与生活方式三个方面[①]精准定义目标客户群体。根据年龄结构与消费习惯，不同年龄段的客户有不同的消费习惯和需求。例如，年轻情侣可能更注重浪漫和时尚的氛围，而中老年人则更倾向于安静和舒适的环境。民宿品牌需要根据目标客户的年龄来提供服务和设施。收入水平直接影响客户的消费能力和消费偏好，高端民宿可以提供私人管家、定制化旅游线路等服务，吸引高收入群体；中低端民宿则可以通过提供实惠的套餐和特色 DIY 活动来吸引中低收入群体。了解目标客户的兴趣爱好有助于民宿提供符合他们期望的服务。例如，针对户外运动爱好者的民宿可以提供装备租赁和运动课程；对于文化爱好者，可以举办文化讲座和艺术展览。

生成目标用户画像还需要对民宿市场进行细分与定位，其中涉及两个关键方面，即地理区域细分和消费场景细分。在地理区域细分方面，民宿根据所处地理位置来定位目标客户。例如，海边民宿吸引喜欢海滨度假的客户，提供冲浪、沙滩排球等水上活动；山间民宿则适合向往宁静自然、喜欢徒步旅行的客户。在消费场景细分方面，不同的场

① 孙喜红，贾乐耀，陆卫明．乡村振兴的文化发展困境及路径选择 [J]. 山东大学学报（哲学社会科学版），2019（5）：135-144.

景需求各异，商务旅行者需要高效的网络和舒适的办公空间，而家庭客户则更关注亲子设施和娱乐活动。通过综合考虑地理区域和消费场景，民宿能够更精准地满足不同客户的需求，实现有效的市场定位。

2. 品牌核心价值提炼

品牌核心价值是民宿品牌在市场中立足的根本，是其区别于其他竞争对手的独特且不可替代的一点。它涵盖民宿在产品特色、服务质量、文化内涵、情感体验等多个维度所呈现出的综合价值，既是客户选择该民宿品牌的核心驱动力，也是民宿品牌长期发展的战略基石。

（1）民宿品牌核心价值的构成要素。

1）产品与服务特色。产品特色包括民宿的建筑设计风格、客房布局、装修装饰、设施设备等硬件要素有特色。例如，有些民宿以复古风为特色，从家具选择到色彩搭配都展现出浓厚的复古韵味；还有些民宿则注重智能化设施的应用，为客户提供便捷的科技化居住体验。此外，民宿的地理位置也是产品特色的重要组成部分，靠近海边、山间、古镇等不同地段的民宿会为客人带来截然不同的景观与享受。服务特色涵盖前台接待、客房服务、餐饮服务、活动组织等多方面的服务内容与服务品质。个性化服务是民宿区别于酒店的重要标志，如定制化旅游攻略的提供、庆祝生日或纪念日的特殊安排、当地特色的文化体验活动组织等。高效、贴心、专业且富有情感的服务能够给客人留下深刻印象。

2）文化内涵与情感体验。通过对当地文化的挖掘、整理与呈现，民宿能够让客户在居住期间深入感受当地独特的文化魅力。例如，徽派建筑风格的民宿将徽州文化元素融入其中，客户在住宿过程中置身于徽州文化的鲜活场景之中，这种文化内涵的传递成为民宿品牌吸引文化爱好者的重要方面。舒适的居住环境、热情友好的服务氛围能够让客户在远离家乡的情况下感受到温暖与关怀。例如，民宿运营者与客户之间的深度交流，以及民宿如同家庭般的温馨氛围，都能使客户在情感上对民宿品牌产生依赖与忠诚度。

（2）民宿品牌核心价值的提炼方法。

1）深入进行市场调研与竞品分析。通过对目标市场的需求分析、客户行为研究以及市场趋势洞察，了解客户对于民宿品牌的期望、需求痛点以及消费偏好。例如，调研背包客群体会发现他们更加注重民宿的社交属性、新奇体验以及性价比；调研商务旅行者会发现他们对隐私性、高效便捷的服务以及高品质的居住环境更为关注。市场调研的结果能够为民宿品牌核心价值的提炼提供方向指引，确保民宿品牌价值定位符合市场需求。对同区域、同类型或目标客户群体相似的竞争对手进行全面分析，包括产品特点、服务内容、价格策略、品牌形象、客户评价等方面。通过竞品分析，找出竞争对手的优势与劣势，以及市场空白点或未被充分满足的需求点，从而确定本民宿品牌的差异化核心价值。例如，若某民宿运营者发现周边精品民宿以中式风格为主，且缺乏对年轻时尚群体的针对性服务，那么就可以考虑将自身民宿打造成现代时尚风格，注重社交与娱乐功能的融合，以吸引年轻客户。

2）挖掘地域文化与自身特色资源。深入研究民宿所在地的地域文化特色，包括历史遗迹、民俗风情、传统技艺、特色美食等方面，并将这些文化元素巧妙地融入民宿的品牌建设之中。例如，将传统手工艺品作为民宿的装饰品、以地方传说故事为背景设计主题客房、开发具有当地特色的美食套餐等，使民宿成为地域文化的展示窗口与传承载体，为品牌注入深厚的文化价值。对民宿自身的建筑资源、自然环境资源、人力资源等进行盘点与梳理，挖掘独特的卖点与优势。例如，拥有宽敞庭院的民宿可以打造户外休闲娱乐区，提供烧烤、露天电影等特色服务；地处风景优美山区的民宿可以利用自然环境开展徒步旅行、观星等活动；民宿运营者若具有特殊的技能或爱好（如摄影、烹饪等），可以将其转化为民宿的特色服务项目，如开设摄影讲座、烹饪课程等，丰富民宿的品牌内涵与价值体验。

3. 品牌定位与价值主张构建

综合市场调研、竞品分析以及自身特色资源挖掘的结果，结合民宿的长远发展战略目标，确定品牌定位。品牌定位要清晰、精准且具有独特性，能够明确传达民宿品牌的核心价值与个性特征。例如，×× 背包十年青年旅舍定位为活力社交型城市青年旅社，强调社交互动、新奇有趣的住宿体验以及高性价比的城市旅游服务。基于品牌定位，构建具体的价值主张，即向客户清晰地阐述选择该品牌民宿能够获得哪些独特且有价值的产品、服务与体验。价值主张应简洁明了、富有吸引力且能够切实满足目标客户群体的需求。例如，×× 背包十年青年旅舍的价值主张是结识世界各地朋友，参与丰富有趣的社交活动，以超值价格畅游城市，感受充满活力与激情的旅行生活。

（二）民宿品牌差异化策略

在竞争激烈的民宿市场中，实施品牌差异化策略是民宿脱颖而出、实现可持续发展的关键。下面将系统阐述民宿品牌差异化策略的理论框架、实践方法以及成功案例，为民宿从业者提供全面的指导。

1. 产品差异化策略

（1）精准定位目标客户群体。

深入了解目标客户群体的需求、偏好与行为特征，是产品形成差异化的基础。例如，针对年轻背包客群体，民宿可以提供具有冒险与探索元素的环境；而对于商务旅行者，则注重打造私密、高效且舒适的居住环境，提供高速网络、智能办公设备以及高端卫浴产品等。

（2）创新住宿形式与特色产品。

设计主题房型。民宿可以根据不同的文化、客户兴趣或节日主题，设计独特的房型。例如，以动漫为主题的家庭房，充满热门动漫元素，提供动漫周边产品租赁服务；以复古风格为主题的套房，从家具选择到色彩搭配都营造出浓厚的复古氛围，让客户仿佛回到过去。

引入高科技元素。民宿可以运用智能家居技术，如智能灯光控制系统、自动窗帘、智能温控设备等，提升客户的体验。例如，客户可以通过手机 App 远程控制客房内的各种设备，实现个性化设置。

关注可持续发展。绿色民宿会采用环保建材、节能设备，实施垃圾分类与资源回收计划；在客房内提供可重复使用的毛巾、床单等，减少一次性用品的使用，吸引环保意识强的客户消费。

2. 服务差异化策略

（1）提供个性化服务。

入住前服务：根据客户预订时提供的信息，如旅游目的、特殊需求等，提前准备个性化的欢迎礼物或服务。例如，民宿可以为蜜月情侣准备用玫瑰花瓣装饰的客房。

入住期间服务：密切关注客户的需求，及时提供贴心的服务。例如，民宿可以为喜欢运动的客户提供周边徒步线路推荐服务、运动装备租赁服务；为带孩子的家庭提供儿童看护服务。

离店后服务：建立客户关系管理系统，定期回访，收集反馈意见，并为客户提供后续的增值服务。例如，民宿可以为客户提供当地特色纪念品邮寄服务、旅游纪念册制作服务等。

（2）加强员工培训与服务文化建设。

民宿运营者要对员工进行服务意识、沟通技巧、应急处理等方面的培训，提高员工的服务水平与综合素质。例如，民宿运营者可以开展服务礼仪培训，让员工以微笑、热情、专业的态度迎接客户；进行安全知识培训，确保员工能够应对各种突发情况。民宿运营者要营造以客户为中心的服务文化氛围，让员工从内心认同并积极践行品牌的服务理念。例如，民宿运营者可以通过内部奖励机制，表彰优秀员工，激励员工不断追求卓越服务。

3. 营销差异化策略

（1）创新营销渠道与方式。

社交媒体营销：民宿运营者可以利用微博、微信、抖音等社交媒体平台，发布民宿的精美图片、视频、客户的评价以及有趣的活动内容，吸引大量粉丝关注。民宿运营者可以与粉丝互动，通过举办线上抽奖、话题讨论等活动，提高品牌知名度与美誉度。

内容营销：民宿运营者可以与旅游博主、自媒体人合作，创作高质量的民宿体验文章、攻略视频等，通过他们的影响力吸引目标客户群体。同时，民宿自身也可以建立官方博客或网站，分享民宿的故事、当地旅游资讯等内容，提升品牌的专业性与吸引力。

线下活动营销：民宿运营者可以举办各类线下活动，如民宿开放日、主题活动、文化讲座等，邀请当地居民、客户以及潜在客户参与，增加品牌的曝光度与亲和力。

（2）打造独特的品牌故事与形象。

品牌故事创作：民宿运营者可以讲述民宿品牌背后的故事，如创立初衷、发展历程、家族传承等，融入情感元素与人文关怀，引发客户的共鸣。例如，民宿运营者讲述放弃城市生活，回到乡村将老宅改造为民宿，旨在传承家族文化、守护乡愁的故事，能够触动客户内心深处的情感。

品牌形象塑造：通过品牌标识、宣传口号设计等，民宿可以塑造出具有辨识度的品牌形象。例如，设计独特的品牌标志，选择与品牌定位相符的色彩、字体等视觉元素，并在所有营销渠道中保持一致，强化品牌记忆点。

4. 文化差异化策略

将民宿所在地的地域文化元素融入民宿的设计、服务与营销中，打造具有地方特色的文化民宿。①例如，云南的民宿可以让客户在住宿期间充分感受当地独特的民族风情。除了地域文化，民宿还可以融合其他多元文化元素，如历史文化、艺术文化等，丰富民宿的文化内涵。例如，在民宿中设置历史文化展示区，展示当地的文物古迹、历史故事；举办艺术展览、文化体验活动等，吸引具有不同文化兴趣的客户。

5. 成本差异化策略

优化供应链管理。民宿运营者可以与供应商建立长期稳定的合作关系，争取更优惠的采购价格与服务条件。例如，民宿运营者与当地的建材供应商、家具制造商等合作，降低采购成本；同时，优化采购流程，减少库存积压与浪费。

采用节能环保技术。民宿运营者可以使用节能环保设备与技术，降低运营成本。例如，民宿运营者可以安装太阳能热水器、节能灯具等设备，减少能源消耗；采用雨水收集系统等，节约成本。

> 知识链接
>
> 民宿品牌介绍

二、品牌形象设计与视觉传达

在竞争激烈的民宿市场中，品牌形象设计与视觉传达是民宿品牌建设的关键环节，它们不仅关乎民宿的市场认知度与美誉度，更直接影响客户的入住决策。下面将为民宿从业者提供全面系统的指导。

（一）品牌形象的内涵与构成要素

品牌形象是客户对一个品牌在认知、情感和行为层面上的整体印象与评价，它由多个要素共同构成，包括品牌名称、标志、色彩、字体、图形元素、品牌故事、核心价值等。②对于民宿品牌而言，这些要素相互关联、相互作用，共同塑造出独特的品牌形象。

品牌名称：品牌给人的第一印象，应简洁易记、富有特色且与品牌定位相契合，能够准确传达品牌的个性与价值。例如，“泊心云舍”“墅家”等名称，各具特色，让人过目不忘。

标志：品牌形象的核心视觉元素，应具有简洁性、独特性、易识别性与延展性，能够以图形、文字或图文结合的方式，直观地表达民宿的特色、定位与价值观。

色彩：色彩具有强大的情感传递与心理暗示作用，不同的色彩搭配能够营造出不同的氛围与情感体验，从而影响客户对品牌的认知与感受。例如，原生态风格的民宿常选用绿色、棕色等色调，给人以宁静和放松的感觉；而现代风格的民宿则可能选择蓝色、灰色等色调，展现出简洁、时尚的品牌形象。

字体：字体的选择应与品牌的定位、风格和文化内涵相匹配，能够增强品牌的辨识度与专业性。例如，书法字体常见于具有历史文化底蕴的民宿品牌，展现出庄重和高雅的感觉；而简洁的无衬线字体则适用于现代风格的民宿，给人一种清新和现代的感觉。

图形元素：除了标志，其他图形元素，如图案、插画、照片等也可以丰富品牌形

---

① 张欣. 地域特色文化在民宿装饰中的应用 [J]. 社会科学家，2023(6)：62–69.

② 张锐，张燚，周敏. 论品牌的内涵与外延 [J]. 管理学报，2010, 7(1)：147–158.

象，增强品牌的视觉吸引力与文化内涵。例如，在民宿的品牌设计中，民宿运营者可以运用当地的自然景观、人文风情、传统纹样等图形元素，打造出具有地域特色的品牌形象。

品牌故事：赋予品牌情感与灵魂的重要手段，讲述民宿品牌背后的故事能够引发客户的情感共鸣，增强品牌的亲和力与客户忠诚度。

核心价值：品牌的灵魂所在，它体现了民宿的品牌定位、服务理念与独特卖点，是客户选择该品牌的核心驱动力。例如，某高端度假民宿的核心价值是提供极致的私人定制化度假体验，让客户在亲近自然的同时享受奢华的品质服务。

（二）视觉传达的核心策略

1. 统一性策略

统一性是品牌形象设计与视觉传达的基本原则，它要求在所有与品牌形象相关的视觉触点上，保持一致的设计风格、色彩搭配等，以强化品牌的认知度与记忆度，让客户在不同的接触场景中都能迅速识别并联想到某一品牌。在网站、社交媒体、宣传册、广告牌、客房布置、服务用品等线上线下的各种渠道中，都应严格遵循品牌形象设计与视觉传达的统一性原则，确保品牌形象各元素统一呈现。例如，民宿 A 在其网站、宣传册、客房装饰等都采用了柔和的浅绿色和淡黄色调，以及流畅的手写体，强化了温馨、自然的品牌形象。

品牌形象的统一性不仅体现在空间上的多渠道传播，还应贯穿于品牌发展的不同阶段，避免因品牌形象的频繁变动而导致客户的认知混乱。在品牌发展的过程中，应根据市场变化与客户需求进行适度的品牌形象升级与优化，但核心的视觉元素与品牌价值应保持相对稳定，以维护品牌的长期价值与忠诚度。

2. 差异化策略

在竞争激烈的民宿市场中，差异化是品牌形象设计与视觉传达的关键策略之一。与竞争对手的品牌形象形成鲜明的视觉差异，能够使民宿在市场中脱颖而出，吸引目标客户的关注与选择。民宿可以在标志设计、色彩选择、字体运用、图形元素等方面，寻求独特的创意与表现手法，避免与竞争对手的雷同或相似。例如，某海边民宿采用了独特的海鸥图形作为标志，并以明亮的蓝色和柔和的黄色作为主色调，与同区域的其他民宿形成了显著的视觉差异，突出了其海边度假的品牌特色。民宿要明确独特的品牌定位与价值主张，并通过视觉传达手段将其准确地传递给客户。例如，一家主打“生态环保”理念的民宿，可以通过绿色的主色调、自然的材质纹理、手绘的自然风光图案等视觉元素，以及“亲近自然，享受可持续的度假生活”的品牌口号，与传统的度假民宿形成差异，吸引具有环保意识的客户。

3. 情感化策略

情感化的视觉传达能够拉近品牌与客户之间的距离，引发客户的情感共鸣，增强品牌的亲和力与忠诚度。通过运用温暖的色彩等，营造温馨、愉悦等积极的情感氛围，使客户在情感上对品牌产生认同与依赖。

情感化的视觉元素。例如，运用柔和的色彩、圆润的图形、温馨的照片、手绘的插画等视觉元素，营造亲切、舒适、温馨的情感氛围；或者通过具有地域特色、文化内涵的视觉元素，激发客户对当地文化的热爱与向往，增强品牌的情感吸引力。

情感化的文案撰写。在品牌的宣传文案中，运用富有情感色彩的语言、故事化的表达方式，传递品牌的价值观与情感诉求。例如，“在我们的民宿，您将感受到家的温暖与关怀，每一处细节都为您精心打造，让您在异乡也能找到心灵的归宿。”这样的文案能够触动客户内心的情感需求，增强品牌的感染力。

4. 创新性策略

随着市场的不断变化与客户审美水平的日益提高，创新性的视觉传达策略是民宿品牌保持竞争力与吸引力的重要手段。通过引入新的设计理念、表现手法、技术应用等，为品牌形象注入新的活力与魅力，满足客户对新鲜感与个性化的需求。例如，将跨界设计思维引入民宿品牌形象设计中，融合艺术、科技等不同领域的设计理念与元素，打造具有创新性与独特魅力的品牌形象。例如，某科技主题民宿，借鉴科幻电影的视觉风格，运用大量金属质感、有光影效果的元素，营造独特的科技氛围，吸引众多科技爱好者与年轻客户入住。随着数字技术、智能技术的不断发展，民宿品牌可以利用这些新技术进行视觉传达的创新。例如，通过虚拟现实技术、增强现实技术，为客户提供沉浸式的品牌体验；或者运用智能灯光、智能互动装置等技术，增强品牌的趣味性与互动性，提升客户的参与度与满意度。

（三）品牌形象设计与视觉传达的实践步骤

1. 市场调研与竞品分析

民宿运营者可以通过问卷调查、访谈、焦点小组等方式，深入了解目标市场的需求、趋势、客户偏好以及竞争对手的品牌形象与市场表现，为品牌定位与视觉传达策略的制定提供依据。对同区域、同类型或目标客户群体相似的竞争对手进行全面分析，包括品牌名称、标志、色彩、字体、图形元素、品牌故事、宣传渠道、服务特色等方面，找出优势与不足，以及市场空白点或差异化竞争的机会点。

2. 品牌定位与价值主张确定

根据市场调研与竞品分析的结果，结合自身资源与优势，明确民宿的品牌定位与价值主张，为品牌形象设计与视觉传达提供方向指引。品牌定位应清晰、精准且具有独特性，能够突出民宿的个性与差异化竞争优势；价值主张应简洁明了、富有吸引力地阐述选择该民宿品牌能够获得的独特价值与体验。

3. 视觉识别系统（VIS）设计

标志设计：根据品牌定位与价值主张，设计独特、简洁、易识别且具有延展性的标志，确保标志在各种应用场景下都能保持良好的视觉效果。

色彩系统设计：选择与品牌定位、目标受众、文化内涵相匹配的色彩搭配，建立品牌的主色调与辅助色调体系，并制定色彩使用规范，确保在所有视觉触点上的一致性。

字体系统设计：选择或设计具有品牌特色的字体，包括中文字体与英文字体（如有需要），并制定字体使用规范，包括字号、字距、行距、颜色等，以保证品牌在文字传达上的一致性与专业性。

图形元素设计：设计与品牌相关的其他图形元素，如图案、插画、照片、图标等，并制定图形元素使用规范，包括尺寸、颜色、应用场景等，以丰富品牌形象的表达，增强品牌的视觉吸引力与文化内涵。

品牌故事与文案撰写：创作富有情感与感染力的品牌故事，讲述民宿品牌背后的历史、文化、理念、人物故事等，并撰写简洁有力、富有吸引力的宣传文案，用于品牌的各种宣传渠道，传递品牌的价值观与情感诉求。

4. 视觉传达应用设计

线上渠道界面设计：根据品牌视觉识别系统，设计民宿的官方网站、社交媒体、在线预订平台等线上渠道的界面，确保品牌形象的统一呈现。官方网站设计应注重页面布局、色彩搭配、字体运用、图片选择、导航栏设置等方面，以提高网站的美观性、易用性与信息传达效率；社交媒体界面设计应结合不同线上平台的特点与客户习惯，打造具有吸引力与互动性的品牌展示空间。

宣传材料设计：设计民宿的宣传册、海报、宣传单页、名片、信纸、信封等宣传材料，确保它们在视觉上与品牌整体形象保持一致，并能够准确传达品牌的信息与价值。宣传材料的设计应注重创意性、实用性并注意印刷质量，以提升品牌的形象与专业性。

室内空间设计：将品牌视觉元素巧妙地融入民宿的室内设计中，如大堂、走廊、客房、餐厅、休闲区等各个空间，通过色彩、材质、灯光、装饰品等，营造具有品牌特色的室内氛围与空间体验。例如，在客房内摆放带有品牌标志的洗漱用品、毛巾、床品等；在大堂内设置品牌文化展示墙、艺术装置等，让客户在入住期间全方位感受品牌的独特魅力。

员工制服与标识设计：设计统一的员工制服与工作标识，确保员工在形象上与品牌保持一致，展现品牌的团队精神与专业形象。员工制服的设计应注重舒适性、实用性与美观性，体现品牌的定位与文化特色；工作标识应清晰、简洁地表明员工的身份与岗位，方便客户识别与沟通。

第二节 民宿营销管理

一、民宿营销策略组合

民宿营销管理

（一）产品策略

民宿产品的核心是提供超越住宿的功能性价值，需从硬件设施、服务设计与文化附加值三方面构建竞争力。

1. 空间与功能设计

（1）主题化客房设计。

亲子房的设计应充分考虑儿童的需求和家长的陪伴需求，营造安全、舒适、有趣的居住环境。客房内设置小型滑梯、积木区、儿童帐篷等游乐设施，可以满足儿童玩耍的需求，让儿童在住宿期间能够尽情享受欢乐时光；设计亲子互动区，提供亲子游戏、绘本阅读等服务，促进家长与儿童之间的交流和互动，增强亲子关系。装修材料和设施注重安全性，采用圆角设计、防滑地面等，确保儿童在客房内的安全。

情侣房的设计应突出浪漫氛围，为情侣提供私密而温馨的住宿体验；采用柔和的灯光布局，如烛光晚餐区、星空顶装饰等，营造浪漫的氛围，让情侣在温馨的灯光下共度美好时光。

家庭房应考虑家庭成员的多样化需求，提供宽敞的居住空间和齐全的设施；设计宽敞的客厅、卧室和卫生间，满足家庭成员的活动和休息需求；设置家庭影院、家庭聚餐区等，增强家庭成员之间的互动和交流；提供厨房、洗衣房、儿童游乐区等设施，方便家庭成员在住宿期间的生活；注重舒适性，选择舒适的床垫、柔软的毛巾等，提升家庭成员的居住体验。

商务房的设计应注重高效性和便利性，满足商务旅行者的工作需求；提供宽敞的工作空间，配备办公桌、椅子、电脑支架等，方便商务旅行者在客房内处理工作事务；提供高速网络、打印复印设备等，满足商务旅行者对网络和办公设备的需求；提供商务正装、商务早餐、会议室预订等服务，提升商务旅行者的住宿体验。

（2）功能布局优化。

1）公共空间设计。公共空间是交流、休闲娱乐的重要场所，设计合理的公共空间可以提升客户的满意度和住宿体验。

共享客厅：设置共享客厅，提供舒适的沙发、茶几等家具，让客户在共享客厅内交流、休闲，增进彼此之间的友谊。

阅读区：在公共空间内设置阅读区，提供丰富的书籍、杂志等，让客户在阅读区享受阅读的乐趣。

娱乐区：设置娱乐区，提供电视、投影仪、桌游等娱乐设施，让客户在娱乐区内放松身心。

2）私人空间设计。私人空间是客人休息、放松的重要场所，设计合理的私人空间可以提升客户的舒适度和保护隐私。

睡眠区：注重睡眠区的舒适性设计，选择舒适的床垫、柔软的枕头等，让客户在睡眠区里享受舒适的睡眠；设置独立的衣柜、保险箱等，满足客户的储物和安全需求。

卫生间：设计宽敞、明亮的卫生间，配备淋浴、浴缸、马桶等设施，满足客户的卫生需求；采用隔音材料和独立的通风系统，确保卫生间的隐私性和舒适度。

阳台：可在客房内设置阳台，提供桌椅、遮阳伞等家具，让客户在阳台上欣赏风景、享受阳光。

休息区（若有）：在客房内设置休息区，提供舒适的沙发、茶几等家具，让客户在休息区内放松身心。

工作区（若有）：在客房内设置工作区，提供办公桌、椅子等家具，方便客户在住宿期间处理工作事务。

2. 在地文化融入

在地文化融入是民宿设计中不可或缺的一部分，通过利用本土材料和文化元素，可以打造具有地方特色的民宿，增强品牌的吸引力和竞争力。

在民宿的装修中，可以大量使用本土材料，如夯土墙、木雕工艺、竹编家具等，这些材料不仅具有独特的视觉效果，还能传递出浓厚的地方文化气息。例如，某乡村民宿在墙体建设中采用了当地的夯土技术，既体现了地方特色，又具有环保和保温的双重优势。

除了在装修中融入本土文化元素，民宿还可以开发一系列文化体验项目，让客户在住宿期间能够深度体验当地的文化魅力。例如，某民宿组织客户参与当地的节气农耕活动，体验种植和收获的乐趣；或者开设非遗手作课程，让客户亲手制作具有地方特色的工艺品，如剪纸、刺绣等。

每个地方都有自己的故事和历史，民宿可以通过故事性设计来传递地方文化。例如，通过摆设的物品来“讲述”当地的历史和传说。

（二）价格策略

在竞争激烈的民宿市场中，价格策略是影响民宿运营效益的关键因素之一。合理的定价不仅能够吸引目标客户，还能确保民宿的盈利能力和市场竞争力。下面将深入探讨民宿的价格策略，为民宿从业者提供全面的指导。

1. 定价原则

成本导向原则：民宿的定价应首先考虑成本因素，确保价格能够覆盖成本并实现盈利。成本包括房租、装修费用、设施设备采购、人员工资、水电费、清洁费等。例如，某民宿前期装修成本为 3 万元，每月租金为 3 000 元，预计 6 个月内回本，每月净利润需达到 8 000 元左右，加上水电、清洁费、平台抽成等，每月订单总额应在 12 000 元左右，房费定价每晚 500 元，入住率达到 80% 左右即可实现目标。

市场需求导向原则：民宿的定价应充分考虑市场需求和目标客户群体的消费能力。市场需求决定了民宿的定价，同时也决定了民宿的发展方向。例如，针对不同目标客户群体，可以采用差异化定价策略，将客房分为多个等级，以满足不同客户的需求。

竞争导向原则：民宿的定价应参考周边竞争对手的价格水平，制定具有竞争力的价格策略。在价格竞争激烈的市场中，可以采用渗透定价法，以较低的价格抢占市场份额；而在市场知名度还没打开之前，不太适合用撇脂定价法，毕竟大多客户都比较理性，在没有任何入住体验之前，不太愿意以高价去为新民宿品牌买单。

2. 定价方法

成本加成定价法：将民宿的运营成本加上一定的利润来确定价格。用这个方法定价，价格一般应为每日运营成本的 1.5 ～ 3 倍。例如，月成本为 3 000 元，出租率按照 20 天折算，基础价格建议设定在 225 ～ 450 元。

需求导向定价法：根据客户对民宿的需求和价值感知来定价。民宿可以通过分析客户评价、入住感受等因素来适当提高价格。针对不同的目标客户群体，可以采用不同的定价策略。如果是平价民宿，价格要适当低一点以吸引对价格敏感的客户。

差别定价法：根据细分市场来定价，既可以针对男性、女性、老年人、年轻人、大学生等群体分别定价，也可以根据客房的房型、朝向、风景等来分别定价。

3. 动态定价策略

（1）淡旺季定价策略。

民宿的入住需求在不同季节可能存在差异，应根据需求变化进行动态定价。在旅游旺季，民宿可以适度提高价格以获取更多收益；而在淡季，为吸引客户，可以采取降价或推出特价优惠等策略。例如，旺季根据情况上涨房价，淡季则可以推出特价房、长租优惠等活动。

（2）实时调整价格。

实时调整价格是指根据民宿的预订情况和市场供需关系，灵活调整价格。例如，通过对运营统计的分析，得出基本能实现盈亏平衡时所需的平均入住率，然后查看当前的订单数据，根据不同时间段的不同预订率，采取不同的价格策略。

（三）渠道策略

1. 线上渠道

（1）旅游平台预订。

民宿运营者应综合考虑旅游平台的流量、目标客户群体特征、佣金比例等因素，选择适合自身定位的在线旅游平台合作。例如，携程等平台拥有庞大的用户基础和广泛的市场影响力，途家、木鸟等民宿预订平台能够为民宿带来大量潜在客户。在平台上，民宿需精心打造房源信息，以吸引客户预订。第一，高质量的图片是关键，民宿应从不同角度展示外观、公共区域、客房细节以及周边环境，确保图片清晰、美观、真实，能够突出特色与优势。第二，房源描述要准确、详细且富有吸引力，包括房屋面积、客房布局、设施配备、可容纳人数等基本信息，同时还要阐述民宿的独特卖点，如海景房的海景视野、复古民宿的年代装饰元素等。第三，合理设置价格，并根据季节、节假日、特殊活动等因素灵活调整价格，以满足不同客户的需求并提高竞争力。

（2）社交媒体营销。

利用社交媒体平台（如微信、微博、抖音、小红书等）创建官方账号，定期发布高质量的内容，如民宿的精美图片、短视频介绍、客户的体验分享、当地的风土人情与旅游攻略等，以此来塑造民宿的品牌形象，向目标客户传递独特的品牌价值与文化内涵。例如，一家以田园风格为特色的民宿可以在社交媒体上分享民宿周边的田园风光、农产品种植过程以及农家乐活动等，吸引那些热爱乡村生活、追求宁静自然的旅客关注。社交媒体的优势在于能够实现民宿从业者与客户的实时互动。民宿从业者应积极回复评论、私信，解答疑问，倾听意见与建议，增强客户的参与感与归属感。此外，民宿还可以通过举办线上活动（如抽奖、摄影比赛、主题分享会等）吸引客户参与，提高账号的活跃度与粉丝黏性，进一步拓展目标客户群体，并将线上流量转化为实际的预订量。

（3）自建官方网站。

建立专业的官方网站，界面设计应简洁美观、易于操作，具备完善的房源展示、在线预订、支付确认等功能。要注重网站内容的优化，包括搜索引擎优化。通过合理选择关键词、优化网站结构与内容，提高网站在搜索引擎结果页面的排名，增加网站的自然流量。例如，在网站中合理融入当地的旅游景点名称、热门关键词等，使客户在搜索相关信息时更容易找到官方网站。为了鼓励客户通过官网直接预订，民宿可以提供一些优惠政策，如官方网站预订专享折扣、客户特权（如免费升级房型、赠送早餐等），或者客户可积累积分，积分可兑换相应的住宿优惠或其他服务，以此提高客户直接预订的积极性，降低平台佣金成本，同时也有助于民宿建立与客户的直接联系，便于进行后续的关系维护与营销。

2. 线下渠道

（1）地推与社区合作。

民宿可以针对周边社区、旅游景区、交通枢纽等目标市场区域，开展地推活动。例如，民宿可以在旅游景区入口、客户服务中心等人流量较大的地方设置宣传展台，发放精心设计的民宿宣传资料，向过往客户介绍民宿的特色与优势，并提供预订优惠或赠品，吸引客户关注与预订。同时，民宿可以与周边社区的便利店、超市、咖啡馆等商家合作，将宣传资料放置在店内显眼位置，借助商家的客流量进行推广，拓宽渠道。民宿还可以与当地的旅游业商家（如旅行社、景区票务点、租车公司等）建立合作关系，互相推荐，实现资源共享与互利共赢。例如，民宿与旅行社合作推出"民宿＋景点门票＋交通"的套餐，通过旅行社的渠道进行销售，为客户提供一站式服务，提高自身的吸引力与竞争力；与景区票务点合作，在客户购买门票时进行推荐，并给予一定的预订折扣或优惠券，吸引客户入住；与租车公司合作，为自驾客户提供便利的租车服务，同时在租车公司门店展示宣传资料，增加曝光度。

（2）参加旅游展会与活动。

积极参加各类旅游展会、民宿展会、地方文化节活动等，这些活动汇聚了大量的旅游从业者、投资人以及其他潜在客户，为民宿提供了一个展示自身特色与品牌形象的绝佳平台。在展会上，民宿运营者可以通过精心布置的展位展示民宿的特色装饰、文化元素、设施设备等，同时准备丰富的宣传资料和精彩的演讲或分享活动，向参会者详细介绍民宿的运营理念、服务特色以及周边旅游资源，吸引他们的关注与兴趣，拓展业务合作机会与目标客户群体。民宿运营者与活动组织方合作，在活动现场设置体验环节或互动活动，如民宿文化体验、特色美食制作展示、民宿预订优惠等活动，增加参会者对民宿的直观感受与体验，提高他们对民宿的认知与好感度。此外，民宿运营者还可以利用展会与活动的机会与其他参展商、旅游行业专家、媒体记者等建立联系与合作，共同推广民宿品牌，扩大市场影响力。

（四）促销策略

1. 折扣促销

（1）季节性折扣。

在旅游淡季，民宿的入住率通常较低，此时可推出大幅度的折扣优惠，吸引客户前来入住。例如，某民宿推出"冬季温暖之旅"活动，推出价格优惠并赠送早餐或当地特色小吃券的活动；同时，与当地景点、餐厅合作，推出"民宿＋景点门票＋餐饮"套票，以超值的优惠吸引客户。为了吸引更多能够接受高价和长期入住的客户，民宿可以推出一些针对特定人群的折扣，如情侣折扣、家庭折扣、商务折扣等。

（2）提前预订折扣。

为了鼓励客户提前预订，民宿可以提供提前预订折扣。例如，提前 30 天预订可享受八折优惠，提前 60 天预订可享受七折优惠。这种折扣方式不仅可以帮助民宿提前了解入住情况，合理安排客房，还可以吸引那些有提前规划习惯的客户。对于长期预订的客户，民宿可以提供更大的折扣优惠，如六折或更低；同时，可以提供一些额外的福利，如免费的清洁服务、每周一次的厨房用品补充等，以提高客户的满意度和忠诚度。

（3）特殊人群折扣。

学生和教师是一个庞大的消费群体，民宿可以针对他们推出特殊的折扣优惠。例如，在寒暑假和教师节期间，推出学生和教师专享折扣，学生和教师凭有效证件可享受优惠。此外，民宿还可以与学校、教育机构合作，推出研学旅行、教育实习等项目，为学生和教师提供住宿服务。

老年人和军人是社会的特殊群体，民宿可以为他们提供特殊的折扣优惠，以表达对他们的尊重和关爱。例如，老年人凭身份证可享受九折优惠。此外，民宿还可以为老年人和军人提供一些特殊的服务，如优先入住等。

2. 满减促销

（1）消费满减。

民宿可以根据自身的成本和利润情况，设置不同的满减门槛。为了提高套餐的销售量，民宿可以将满减与套餐相结合。例如，浪漫情侣套餐包括住宿、早餐、玫瑰花瓣、香槟等，价格为 800 元，满减后只需 600 元。这种满减方式不仅可以提高套餐的附加值，还可以吸引情侣客户。

（2）连住满减。

为了延长客户的停留时间，民宿可以推出连住满减优惠。为了丰富客户的连住体验，民宿可以将连住与当地的活动相结合。例如，连住 3 天的客户可以参加当地文化体验活动，如手工艺制作、民俗表演等；连住 5 天的客户可以参加周边游活动，如登山、漂流等。

3. 赠品促销

（1）入住赠品。

为了给客户留下良好的第一印象，民宿可以在客户入住时赠送一份欢迎礼包。礼包可以包括当地特色小吃、水果、饮料、民宿自制的纪念品等。例如，一家位于海边的民宿向入住的客户赠送一份海鲜大礼包，让客户在入住时就能品尝到当地的美食。为了增加客房的温馨感和惊喜感，民宿可以在客房布置上做文章，如在床头放置一朵鲜花、在浴室放置一瓶香水、在客厅放置一套茶具等。这些小赠品可以让客户感受到民宿的用心和关怀。

（2）消费赠品。

民宿可以根据客户的消费金额，赠送相应的物品。例如，客户消费满 500 元赠送一份当地特色纪念品，客户消费满 1 000 元赠送一份护肤品等。这种赠品方式可以鼓励客户消费，提高民宿客单价。民宿可以在举办活动时，赠送一些特别的物品。例如，在儿童节期间，民宿可以赠送儿童一份玩具或一本绘本等。这种消费赠品方式可以增加活动的吸引力和趣味性，吸引更多客户参与。

4. 会员促销

（1）会员制度。

民宿可以建立自己的会员制度，为会员提供多种权益，如会员可以享受优先入住、房价折扣、积分兑换、生日优惠、专属活动等权益。这些权益可以让客户感受到成为会员的价值和优越感，从而提高忠诚度。为了激励会员消费升级，民宿可以设置不同的会员等级，如普通会员、银卡会员、金卡会员、白金卡会员等。不同等级的会员享受不同的权益，如金卡会员可以享受更高的房价折扣、更多的积分兑换、优先预订等权益。这种等级划分可以让会员有明确的升级目标，从而增加消费频次和金额。

（2）会员活动。

民宿可以为会员举办一些专享活动，如会员日活动、会员旅行活动、会员交流活动等。这些活动可以让会员感受到特别的待遇和关怀，增强互动和交流，提高黏性和忠诚度。民宿可以针对会员推出一些优惠活动，如会员专属折扣、会员满减、会员赠品等。这些优惠活动可以让会员在消费时享受到更多的实惠和惊喜，从而提高消费意愿和满意度。

二、数字化营销和新技术应用

（一）数字化营销的核心策略

1. 社交媒体精准营销

结合目标客户特征，选择微信、抖音、小红书等社交平台进行差异化内容输出。例如，民宿通过短视频展示开展的体验活动，与关键意见领袖（KOL）合作提升品牌曝光度。民宿管理者通过线上平台评论区互动、粉丝社群运营增强用户黏性，结合限时折扣、会员专属活动等激励机制提升客户复购率，深化用户互动与私域流量构建。

2. 搜索引擎优化与在线预订平台管理

民宿要优化官方网站的关键词布局，提升搜索引擎排名；同时在美团等平台维护高评分，通过高质量图片、视频和用户评价吸引流量。民宿要基于历史数据与市场需求，采用动态定价工具实时调整房价，平衡入住率与收益。

3. 数据驱动的用户画像与精准推送

在当今竞争激烈的旅游市场中，民宿想要脱颖而出，必须深入了解客户需求，精准定位目标客户群体。通过行为数据分析，利用 CRM（Customer Relationship Management）系统全面整合客户预订记录、浏览偏好、消费能力等多维度数据，深度剖析客户行为特征，精准构建客户细分模型，将客户细致划分为家庭客户、情侣客户、商务旅行者等不同类型；在此基础上，使个性化营销触达客户，借助邮件营销、短信推送等先进技术手段，针对不同客户量身定制差异化推广内容，如向家庭客户重点推荐亲子套餐，满足家庭出行的多样化需求，提升营销效果，从而提高客户满意度和忠诚度，为民宿带来持续稳定的客源和良好的口碑。

（二）新技术在民宿运营中的应用实践

1. 人工智能（AI）与自动化服务运用

在数字化时代，人工智能与自动化服务在民宿行业的应用正逐渐普及，为民宿运营者和住客带来了诸多便利与创新体验。一方面，智能客服与语音助手成为提升服务效率和住客满意度的重要工具。民宿通过部署基于自然语言处理的 AI 聊天机器人，能够快速准确地理解客户需求并提供精准回答，实现 24 小时在线解答、周边景点查询等基础服务，大大提高了客户的满意度。此外，智能音箱（如天猫精灵）的应用，为客户提供了客房控制、语音导览等功能，使得客户可以通过语音指令轻松控制客房内的灯光、窗帘、空调等设备，进一步提升了住宿的便捷性和科技感。另一方面，图像识别与安全监控技术的应用，使民宿的安全管理和运营效率显著提升。利用人脸识别技术，民宿可以简化入住流程，客户无须携带钥匙或门卡，通过人脸识别即可快速办理入住和退房手续；同时，AI 摄像头可以监测异常行为，如监测到未登记人员出入等异常情况，及时发出警报，有效降低了安全管理成本，保障了客户的人身和财产安全。这些人工智能与自动化服务的应用，不仅为民宿行业带来服务模式的创新，还推动民宿行业的智能化、个性化发展，为客户提供更加优质、便捷、安全的住宿体验。

2. 虚拟现实（VR）与增强现实（AR）技术运用

使用 VR 全景技术生成民宿三维空间模型，将其嵌入民宿官方网站或社交媒体平台，帮助客户提前感知民宿的客房布局、景观视野等。例如，VR 全景技术可以让客户在预订前预览客房或环境，提高预订转化率。AR 增强交互技术通过开发 AR 导航应用，引导客户快速定位民宿位置；设计 AR 趣味互动模块（如扫描客房装饰触发历史故事讲解），提升住宿趣味性。

3. 物联网（IoT）与智慧化场景构建

民宿可以通过智能设备联动，如智能门锁、温湿度传感器、照明控制系统等物联网设备，实现远程客房管理；预设睡眠模式、观影模式等场景化方案，提升客户体验。同时，利用 IoT 监测水电使用数据，结合 AI 技术优化能源消耗，降低运营成本的同时强化绿色民宿品牌形象。例如，民宿运营者可以通过手机远程控制客房内的灯光、空调、窗帘等设备，为客户提供个性化的服务。此外，民宿可以通过智能电表和水表实时监测能源消耗，及时发现并解决能源浪费问题，实现可持续发展。这些物联网技术的应用，不仅提高了民宿的管理效率和服务质量，还为客户创造了更加舒适、便捷、环保的住宿环境。

4. 区块链技术与信任机制创新

民宿可以通过去中心化评价系统，基于区块链的不可篡改性，构建透明化的用户评价体系，减少虚假评论干扰。例如，共享住宿平台通过区块链技术记录房源信息和用户评价，确保信息的真实和可靠，从而提升用户对平台的信任度。同时，智能合约的应用，如自动执行预订押金退还、分账结算等流程，可以提升交易效率与可信度。例如，当入住结束后，系统会根据智能合约内容自动执行合约，确保押金的及时退还和费用的准确结算，避免人为干预可能带来的纠纷和延误。这些区块链技术的应用，不仅提高了民宿的管理效率和服务质量，还为客户创造了更加安全、便捷、可信的住宿环境。

本章小结

本章系统阐述了民宿品牌与营销管理的核心要点，从品牌塑造到营销策略，为读者提供全面的指导。在品牌管理部分，本章深入讲解品牌定位与差异化策略、品牌形象设计与视觉传达，读者可掌握打造独特、具有魅力的品牌形象的技巧，使民宿在市场中脱颖而出。营销管理部分则聚焦民宿营销策略组合、数字化营销和新技术应用，读者能学习到制订有效营销计划的方法，吸引目标客户群体，提高民宿的市场占有率。通过理论与实践相结合，本章为读者提供了宝贵的实践经验，助力民宿在激烈的市场竞争中取得优势，实现可持续发展。

实训活动

- 实训任务

学生分成若干小组，每组 4 ～ 5 人，推选一名组长负责组织协调工作。

每个小组的任务：根据给定的背景，为民宿打造一个具有吸引力的品牌形象，并制定一套全面的营销策划方案。要求品牌定位准确、品牌形象鲜明、营销方案具有创新性和可操作性，能够有效提升民宿的市场竞争力。各小组在任务完成过程中，要充分考虑素养元素，如诚信运营、文化传承等，将这些元素融入品牌与营销管理的各个环节，树立良好的品牌形象和企业价值观。

- 展示与答辩

每个小组选派一名代表，用 PPT 的形式向全班展示策划的民宿品牌形象和营销方案，重点阐述品牌定位、品牌形象设计、营销目标、营销组合策略以及素养元素的融入情况。时间控制在 8 ～ 10 分钟。

展示结束后，进入答辩环节。其他小组的学生可以针对展示内容提出疑问、建议或进行评价，提问小组进行回应，时间为 5 ～ 7 分钟。

- 总结与评价

教师根据各小组在品牌形象设计、营销方案策划、展示答辩等环节的表现，结合各小组提交的书面报告，进行综合评价。评价指标包括品牌定位的准确性、品牌形象的创新性、营销方案的可行性、市场分析的深入程度、团队协作能力以及素养元素的融入程度等方面。

教师对本次实训课进行总结，回顾民宿品牌与营销管理的重点知识和技能要点，强调在实际工作中运用这些知识和技能，以及在专业实践中践行社会主义核心价值观，树立正确的就业观和职业观。

课后习题

一、判断题

1. 民宿品牌核心价值是民宿品牌在市场中立足的根本。(　　)
2. 民宿品牌核心价值只包括产品特色和服务质量两个维度。(　　)
3. 民宿产品差异化策略不包括关注可持续发展。(　　)
4. 民宿服务差异化策略的重点在于降低员工工资以降低成本。(　　)
5. 民宿营销差异化策略包括创新营销渠道与方式和打造独特的品牌故事与形象。(　　)
6. 民宿在旅游淡季时，不应推出折扣优惠。(　　)
7. 民宿可以通过提前预订享优惠来吸引那些有提前规划习惯的客户。(　　)
8. 民宿的满减促销只适用于住宿费用。(　　)
9. 民宿的会员制度中，不同等级的会员享受相同的权益。(　　)

10. 社交媒体精准营销对于民宿来说并不重要。(　　)

二、单选题

1. 民宿品牌核心价值不包括以下哪个要素?(　　)
A. 服务质量　B. 独特的产品　C. 服务特色　D. 情感体验
2. 民宿品牌核心价值提炼的第一步是(　　)。
A. 确定品牌定位　B. 挖掘地域文化与自身特色资源
C. 深入进行市场调研与竞品分析　D. 构建价值主张
3. 以下哪项不属于民宿产品差异化策略?(　　)
A. 精准定位目标客户群体　B. 创新住宿形式与特色产品
C. 降低价格　D. 关注可持续发展
4. 民宿服务差异化策略不包括(　　)。
A. 提供个性化定制服务　B. 降低员工工资
C. 加强员工培训与服务文化建设　D. 入住前、中、后期服务
5. 以下哪项不属于民宿营销差异化策略?(　　)
A. 创新营销渠道与方式　B. 打造独特的品牌故事与形象
C. 频繁打折促销　D. 文化差异化策略
6. 民宿在旅游淡季为了吸引客户,通常会推出什么活动?(　　)
A. 涨价活动　B. 折扣优惠　C. 免费入住　D. 无特别活动
7. 以下哪种方式不属于民宿的赠品促销?(　　)
A. 入住赠品　B. 消费赠品　C. 折扣优惠　D. 节日赠品
8. 民宿在进行搜索引擎优化时,主要优化的是哪个平台?(　　)
A. 电商平台　B. 社交媒体平台　C. 民宿官方网站　D. 短视频平台
9. 以下哪项不属于人工智能在民宿中的应用?(　　)
A. 智能客服　B. 语音助手
C. 人工登记入住　D. 图像识别与安全监控
10. 民宿通过哪种技术可以构建透明化的用户评价体系?(　　)
A. 物联网　B. 虚拟现实　C. 区块链　D. 增强现实

三、多选题

1. 民宿品牌核心价值的构成要素包括(　　)。
A. 产品特色　B. 服务特色　C. 文化内涵　D. 广告宣传
2. 民宿品牌核心价值提炼方法包括(　　)。
A. 深入进行市场调研与竞品分析　B. 挖掘地域文化与自身特色资源
C. 降低运营成本　D. 品牌定位与价值主张构建
3. 民宿产品差异化策略包括(　　)。
A. 精准定位目标客户群体　B. 创新住宿形式与特色产品
C. 关注可持续发展　D. 提供个性化服务
4. 民宿服务差异化策略包括(　　)。
A. 提供个性化服务　B. 加强员工培训与服务文化建设
C. 创新住宿形式与特色产品　D. 入住前、中、后期服务

5. 民宿营销差异化策略包括（　　）。

A. 创新营销渠道与方式　　B. 打造独特的品牌故事与形象

C. 社交媒体营销　　D. 内容营销

6. 民宿在旺季时，可以推出哪些针对特定人群的折扣？（　　）

A. 情侣折扣　　B. 家庭折扣　　C. 学生折扣　　D. 商务折扣

7. 民宿的满减促销可以与哪些内容相结合？（　　）

A. 套餐　　B. 景点门票　　C. 餐饮　　D. 当地特色小吃

8. 民宿的会员可以享受哪些权益？（　　）

A. 优先入住　　B. 房价折扣　　C. 免费早餐　　D. 生日优惠

9. 以下哪些新技术在民宿运营中得到了应用？（　　）

A. 人工智能（AI）　　B. 虚拟现实（VR）

C. 增强现实（AR）　　D. 5G 通信

10. 物联网在民宿中的应用包括（　　）。

A. 远程客房管理　　B. 场景化方案预设

C. 能源消耗监测　　D. 安全监控

四、简答题

1. 民宿在旅游淡季时通常会采取什么策略来吸引客户？

2. 民宿如何通过社交媒体进行精准营销？

3. 简述区块链技术在民宿中的应用。

五、案例分析题

1. 某民宿在旅游淡季推出了“冬季温暖之旅”活动——房价打折并赠送早餐或当地特色小吃券。请分析该活动的优点和可能存在的问题。

2. 一家位于海边的民宿在客户入住时会赠送一份海鲜大礼包。请分析该赠品的优点和可能存在的问题。

第四章

民宿选址与规划设计

本章导读

随着人们旅游深度和频次的增加，越来越多的人开始入住民宿，民宿逐渐成为热门旅游项目，吸引了许多人参与其中。然而，部分运营者在投资民宿的时候盲目跟风，看到有个地方风景不错就下手，然后赔得一塌糊涂。其实，出现这种情况是因为选址错了。一个好的民宿选址不仅是指周边风景好，还包括其他因素，如人文环境、交通便利性、周边人群的消费能力等。

作为融合发展中的服务配套，民宿选址极为重要，如果投资者前期未考虑好民宿选址的问题，会导致民宿项目运营风险系数直线上升。好的民宿选址不仅可以体现民宿产品的独特性，给予客户舒适便捷的体验，而且还可以大幅降低民宿的前期投入及运营成本，带来可观的运营收益。

学习目标

1. 知识目标

了解民宿选址的意义，明确良好的选址对民宿成功运营的重要作用。

熟悉民宿选址的关键影响因素。

掌握民宿选址调研的内容。

掌握民宿规划设计的原则与流程。

2. 能力目标

熟练掌握民宿选址和规划设计的方法，为新建民宿合理恰当地选址。

掌握民宿定位的方法，有效提升民宿的盈利能力。

掌握和运用不同的方法对新建民宿进行设计。

3. 素养目标

培养以市场为基础的民宿规划能力。

培养民宿设计能力和综合审美素养。

培养良好的职业素养。

明德学堂

人无信不立，业无信不兴

诚信是中华民族的传统美德。所谓诚，是指真诚、诚实；所谓信，是指信用、守信、信任。国有国法，家有家规。没有规矩不成方圆。法律是社会安定和谐的基础。守法是每一个公民应有的基本素质，是做人的基本要求。民宿运营者选址时要充分考虑民宿有无违建房屋，有无房屋产权租赁、交易等方面的法律风险，租赁农村房屋开设民宿的，不但要有规范的合同，还要熟知村规民约。

知识导入

决定一个民宿成功的因素有很多，选址是其中之一，基本上选址一经确定，市场方向就大致确立了；选址不理想，后期其他方面做得再成熟也会事倍功半。成熟的民宿及民宿集聚区无不具备极佳的地理条件。

随着旅游业的快速发展和客户需求的日益多样化，民宿数量迅猛增长，如雨后春笋般在各地出现。这些民宿有的隐匿于青山绿水之间，有的坐落在古镇之中，有的处于繁华的现代都市。当前，民宿选址主要结合区域经济、客源市场、交通便利性、旅游资源禀赋、周边环境、基础设施配套等因素进行综合考虑。需要注意的是，这些因素似乎都是影响竞争的因素，也就是说，民宿运营者是从经济的视角思考民宿的选址问题。随着客户对于休闲度假个性化需求的日益增长，民宿的选址与运营策略也发生了显著变化，民宿运营者开始注重对生态环境和特色化场景的追求，进而为客户创造新奇的体验。

关于民宿的设计，近些年也有很大的转变。最初民宿的概念是居住在当地人的房子里，除了民宿文化有地域代表性，客户还能体会到家的感觉和亲人般的温暖关怀。从这两个方面来看，民宿的居住体验明显不同于传统的酒店、客栈，它需要在保密和安全的基础上，体现出地域特色和民族风格。因此，民宿的设计并不局限于内部装饰，还包括当地的文化体验和风土人情的展示。民宿对于客户来说不仅是一个休息睡觉的地方，有时也是为了暂时逃离城市的压力，欣赏大自然的景色和放松、怡情。

第一节　民宿选址

合理选址是民宿成功运营的前提；选址不当，后期会事倍功半。

民宿选址

一、民宿选址的意义

（一）良好的民宿选址是客户独特体验的重要来源

独特的入住体验是客户判断民宿品质的重要标准之一，这种独特体验大多源于客户物理空间转换或是文化差异而获得的不同感受，如城市居民在乡村旅行、东部沿海居民在新疆、云南等地区旅行等。

（二）良好的民宿选址可以有效体现民宿产品的差异性

民宿产品不仅指一张床、一间屋那么简单，还包括环境。民宿产品的差异性主要体现在周边环境的不同。浙江莫干山民宿的成功运营主要基于当地优美的自然环境，安徽徽州民宿的成功运营主要基于当地古建筑，云南丽江民宿的成功运营则融合了当地的特色文化。

（三）良好的民宿选址可以减少前期资金投入和降低后期运营成本

酒店行业内有句话叫“位置、位置，还是位置”，这句话同样适用于民宿行业。良好的选址既可减少前期的资金投入，也可使民宿在将来的运营中降低成本。

二、民宿选址的关键影响因素

（一）交通

民宿的选址要考虑通达性，一般来说 1 ～ 3 小时的行程时间较为适宜。如果行程时间少于 1 小时，客户会失去新鲜感以及仪式感；如果多于 3 小时，客户可能会失去耐心。

（二）流量

民宿宜选在成熟的旅游度假市场周边，建在有风景名胜的地方更好。如果民宿在热门景区周边，就可以节约很多前期推广费用。

（三）成本

租金成本：租金一直在民宿运营成本里占比较大，在一个小众的地方建设民宿，租金肯定低，但宣传推广费用高。

建设成本：建设成本因民宿类型不同而异。改扩建民宿的建设成本相对低，新建民宿的建设成本相对高。有些民宿为了追求极致的自然风光，往往选址在险远之地，如海岛、山顶，材料运输极其不方便，建设成本相对较高。

（四）故事

这些故事既可以是当地的人文历史，也可以是民宿运营者自己的传奇经历，还可以是民宿运营者对民宿的理解。很多生活中不经意的小喜悦，都可以作为故事分享。

（五）市场成熟度

民宿依托成熟的旅游市场运营较容易成功；而选址在旅游市场未开发区或待开发区，运营起来会很吃力。民宿运营者要在“半生熟”、有政府扶持的地方，找处于上升期的项目。什么叫“半生熟”、有政府扶持的地方？这个地方要具有比较强的消费能力，而且这个地区已经有了类似的民宿、客栈、酒店、农庄等项目，大众对这类项目有一定的认知，不会排斥，并且政府会鼓励支持民宿发展，能提供保障与帮助。选址时，投资者不妨多搜索，了解当地民宿的发展史，判断当地民宿市场所处的阶段。

（六）配套设施

民宿最好位于道路、水电、排污等基础设施完备的地方，这样可以节省大量的资金、时间成本。在互补圈做民宿更容易成功，即在一个形成气候的地方和其他人一起做民宿，满足不同客户的消费需求，形成一个互补的体验链。例如，在民宿竞争激烈的莫干山，几家民宿根据各自的特色，联合开发特色体验项目，只要入住这几家民宿，就可以报名享受联合体验活动。

（七）政策风险

投资者看上一座房子、一块地，需要研读一下当地与民宿相关的政策，政策的支持是民宿资金投入的最大保障。

三、民宿选址调研

（一）区位和市场总量调研

区位的选择即市场的选择，从一定程度上说，区位决定市场总量、竞争情况、客源构成等。例如，市场需求大、淡旺季不明显，说明盈利上限高；竞争压力大，代表行业交替速度快；休闲度假旅游发展好，代表高端民宿发展的土壤好。这样的市场适合有成熟运作经验的进入者。只有硬件与设计等方面都完善，才可能在产业升级阶段分到一块蛋糕。

投资者应该从宏观和微观两个方面去调查市场总量。宏观方面，可以从经济形势和民宿行业发展趋势入手进行分析；微观方面，可以从所在地的民宿市场需求以及行业竞争形势入手进行分析。投资者可以从官方发布的信息中获得以下数据：

（1）区域内年客流量、月客流量等情况；

（2）与往年同期相比较，客流量的变化情况；

（3）客源地及客户逗留天数等情况。

市场情况的不同决定了民宿定位的不同。打造何种类型的民宿与市场总量有很大关系，投资者需要认真调研，分析区域的经济发展水平和旅游资源条件。

（二）交通系统调研

作为需要客户实际到达消费的行业，交通的便利性对于民宿的发展尤为重要。随着我国交通网络的完善，特别是高铁和机场建设的推进，时间距离成为和物理距离同样重要的影响客户消费的因素。如果行程的时间在 1 ～ 3 小时，就会使客户产生新鲜感和仪式感；要是超过 3 小时，有些客户就会失去耐心，从而对民宿发展产生阻碍。

投资者可以从以下几个方面入手来做好民宿区域内交通系统的调研工作。

（1）民宿周边是否有机场？如有机场，可以直飞哪些城市？

（2）民宿周边是否有火车站？

（3）民宿周边是否有高速公路？

（4）从各个周边城市到民宿所在城市需要几个小时的车程（火车 / 汽车）？火车可直达民宿所在城市还是需要换乘？

（5）与民宿配套的交通网络及交通体系是否完善？

（三）自然环境调研

自然环境是指民宿所在地的生态环境，由水土、地域、气候等构成。

投资者选址前应重点做好区域内以下几个方面的自然环境调查工作。

1. 生态环境

因为民宿旅游属于休闲旅游的范畴，客户大多来自城市，一定意义上，他们希望转换生活方式。因此，民宿所处区域的生态环境是客户选择时的重要参考项。空气、水质好，周遭环境无破坏，无过多违和建筑，保持原生态，是理想的民宿生态环境。

气候是一个重要条件。在所有影响因素中，气候是相对稳定的一个因素，因为气候在短时间内不会发生大的变化。如果气候适宜，民宿可以延长运营时间。如果四季分明，投资者就要考虑民宿淡季运营的问题。

2. 景观独特性

民宿所处区域内景观的独特性也很重要，景观独特可以吸引更多客户。

（四）投资环境调研

影响和决定投资环境的因素有很多，具体包括以下几个方面。

1. 当地政策

民宿所在地政府的态度决定民宿能否健康持续发展。因不同地方政府对民宿行业所持的态度不一样，运营所需证件办理的难易程度、政策的利好或利空，都有可能对民宿建设造成巨大影响。由于每个地区的政策不同，因此民宿建设前期就应对当地政策做好调研，如当地政府有无民宿管理条例、关于办理各种证照的流程及难度等。

2. 配套设施

民宿周边区域内的配套设施情况，包括水电网、道路、路灯、排污、防灾等基础设施是否完善，周边交通、银行、派出所、医院等配套的公共设施是否齐全，超市、饭店等商业设施是否运营良好等。

如果民宿所在地基础设施不全，就会导致整体的建设运营成本偏高，特别是在一些风景区内的民宿。

（五）当地民宿业态调研

由于民宿大部分的客源是周边城市的客户，因此，投资者应调研以下几个方面。

（1）民宿所在区域周边城市的数量有多少？周边城市客户的经济水平如何？周边城市的客户是否有旅游的习惯？周边城市的客户出行频次是多少？

（2）当地的旅游业态，是以传统观光为主还是以休闲度假游为主？

（3）民宿市场及客户的构成情况。

（4）民宿所在区域内吸引客户的资源条件有哪些？

（5）如果开展传统观光游，民宿周边的景区品质如何？

对区域内民宿竞争态势进行调研，可以从以下几个方面入手。

（1）主流在线旅游服务机构（Online Travel Agency，OTA）查询。主流 OTA 平台中可以查询某区域内民宿的数量，了解中、高、低端民宿数量及价格情况。

（2）入住体验调查。通过客户的反馈，民宿可以了解有哪些地方是可以改进的，哪些问题是要规避的，以及全年的运营情况、日常管理方法、营销方法等。

（六）文化氛围与民情调研

除了具有投资属性，民宿还带有文化属性。由于民宿目标客户群体，是冲着某种生活方式而来的，因此文化氛围是非常重要的影响因素，也是一个地方能否吸引很多志趣相投之人来投资民宿，从而形成集群的重要影响因素。民宿所在地的民情，是一种无形的力量，无论是对于民宿运营者还是客户来说，都是影响选择的重要因素。

案例

民宿升级　乡村焕新

沿着浙江省安吉县报福镇山间公路行走，只见一幢幢现代建筑风格的民宿依溪而建，四周竹林环抱，上空云雾缭绕，宛若仙境。

返乡青年丁某某投资改建的民宿尤为引人注目。该民宿设计古朴典雅，与周围的山水融为一体，夜晚在灯光的映衬下，如一颗山中明珠。

“随着家乡旅游热度越来越高，镇里又为青年返乡提供强有力的政策支持，我决定辞去城里的工作。”丁某某说。回乡后，丁某某将一家农家乐升级为配备智能设备、汤池的高端民宿，并推出特色服务，包括提供当地地道土菜和手工磨制的咖啡。随着软硬件服务升级，客房单价从 100 元升至 1 200 元，成为当地民宿转型升级的代表。

报福镇是长三角地区最早开始运营农家乐、民宿的乡镇之一，随着乡村旅游发展，众多乡镇相继加入，农家乐趋于同质化。报福镇召集民宿运营者商议，提出引进和培育青年人才、发展新民宿、以高端民宿产业推动乡村全面振兴、探索乡村多业态发展新模式。

除本地青年外，外地青年也加入创业行列，多名大学生到报福镇担任民宿管家，知名旅游运营团队进驻。报福镇已掀起农家乐改造提升热潮，大部分民宿面貌焕新。

在青年人才带动下，报福镇还探索“民宿 +”生活综合体发展模式，包括“景区 + 民宿”“文化 + 民宿”“美食 + 民宿”等模式。客户入住民宿可以享受周边漂流景区等门票优惠，体验挖笋、挖野菜等活动，优惠购买土特产。同时，当地建成多处营地、漂流项目，为客户提供更丰富的旅游体验。

案例点评：

报福镇四周被郁郁葱葱的竹林和清澈的小溪环绕，环境优美，素有“天然氧吧”之称。报福镇周边拥有丰富的旅游资源，客户可以在周边体验徒步、骑行等户外活动。附近有景点，客户可以感受到独特的地质文化魅力。此外，报福镇还拥有国家级旅游景区，进一步丰富了客户的旅游选择。民宿借助独特的资源优势和地理位置进行改造升级，并取得良好运营成效，这份经验值得民宿运营者借鉴学习。

资料来源：竺彦利. 浙江安吉报福镇：民宿升级 乡村焕新 [N]. 人民日报海外版，2024－08－19（12）.

四、民宿定位

民宿定位

（一）市场定位

市场定位是指企业根据目标市场需求和竞争对手状况，为自己的产品或品牌在客户心中塑造一个独特、清晰、有吸引力的形象的过程。对于民宿来说，市场定位的目的，就是通过市场细分，来选择适合自己条件的目标市场，制定有效的市场战略，集中优势赢得目标客户。

1. 地域定位

地域定位即为民宿投资地域的选择。在地域定位中，有大地域定位和小区域定位两种。大地域定位是指某一个省份、城市、县镇、乡村的定位。小区域定位是指在这些大地域里的某一个位置的定位。

2. 档次定位

民宿运营者要清楚，只有对客户市场的细分有了清晰明确的定位，才能在民宿建设、运营、营销推广过程中做到有的放矢。要明确是面向低端市场、中端市场还是高端市场。

3. 环境定位

民宿对周边的自然环境依赖度非常高，区域及环境不同，发展空间、市场、资源等都不同。民宿贴近自然、贴近乡野，周边有河流、湖泊、温泉、高山、森林，可以满足客户内心深层次的消费需求。

（二）目标客户定位

目标客户定位是对市场的一个细分，在细分市场里找蓝海市场（即未知的市场空间）。进行目标客户定位，能够精确知道客户是谁，这一类客户有什么特征，他们的消费习惯是什么样的。如果目标客户精确，民宿沉淀后就会形成自己的客户圈层。例如，主题类民宿的目标客户是喜欢某种主题的人群，如动漫主题、摄影主题等。

只有定位目标客户，民宿才能更好地对房型、价格、营销策略、渠道等进行定位梳理。民宿只有知道了客户是谁、客户有什么行为爱好，才能够更好地为客户进行有针对性的服务。

1. 描摹用户画像

描摹用户画像是对客户标签化及整体化的一个系统性概括，用户画像的构成如图 4－1 所示。

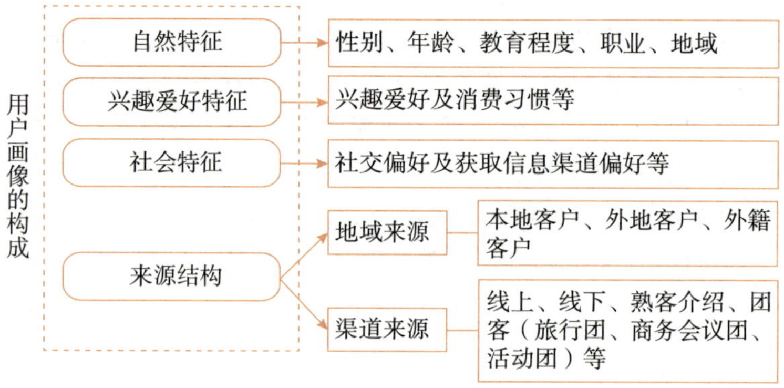

图 4－1　用户画像的构成

［例］一些改建修缮而成的具有历史文化的老建筑民宿的用户画像如下：

- 35 岁以上，受教育程度较高，有一定消费能力的人。
- 男性可能居多。
- 对历史文化及当地人文层面的东西比较感兴趣。
- 2 ~ 3 天。

2. 目标客户群细分

民宿的客户可以粗略分为假期度假人群和周末休闲人群两大类。

例如，以大理、丽江为旅游目的地的客户一般是假期度假人群。而以莫干山为旅游目的地的客户一般是来自长三角地区的周末休闲人群。

在假期度假人群中，又可以细分为好多类，如图 4 - 2 所示。

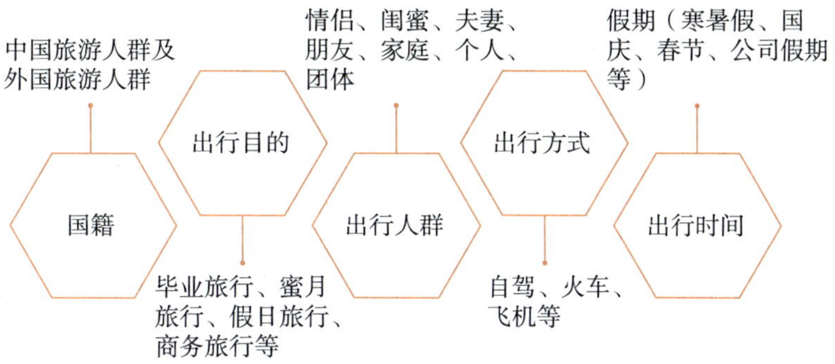

图 4 - 2　假期度假人群细分

不同于酒店，商务旅行者在民宿消费中占比很小，不过这也是一个细分人群市场。

3. 精准目标客户群细分

民宿是个性化很强的住宿形态，并且带有强烈的主人色彩，在设计、运营上有浓烈的主人特征。例如，民宿运营者是一位“60 后”，那么在他的店中，会有很强的属于那个年代的印记；如果民宿运营者是一个“文物迷”，他可能会把收藏的文物放在民宿内，喜欢这样民宿的人也是同样喜欢文物的人。

物以类聚，人以群分。并不是每一个人都会接受、认同、喜欢民宿所体现的形式及状态。如果二者相互不匹配，客户不认同民宿，民宿不认同客户，就会造成隔阂。可能造成两极分化，喜欢的人特别喜欢，不喜欢的人特别不喜欢，这就需要民宿运营者做好需求匹配工作，如图 4 - 3 所示。

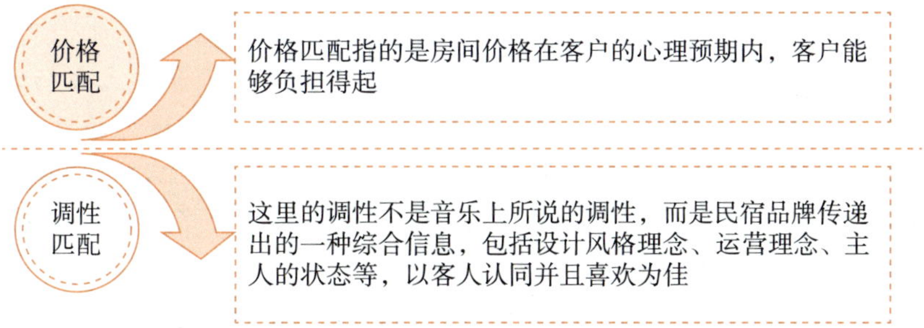

图 4 - 3　需求匹配

4. 关联性需求延伸

对目标客户精准细分后，有利于民宿后期挖掘更多价值。民宿可以目标客户为核心，围绕目标客户的特征及行为爱好、消费习惯、消费需求，展开多元化场景需求刺激并满足他们的需求。

以某连锁品牌民宿为例，它们在确定了目标客户之后，后续策划举行小众婚礼等活动时，把婚礼举办地和蜜月旅游地相结合延后客户入住时间。再如茶文化主题民宿，可以拓展多种功能，如举办茶会、茶文化培训等。

（三）房型定位

民宿在确定了目标客户群后，设置什么样的房型及各种房型的比例就比较清楚了，可以明确总客房数量。

民宿房型一般包括大床房、圆床房、双床房、家庭房、亲子房、套房。如果以接待团体客户为主，那么房型设置应以双床房为主；如果主打亲子游，应以亲子房为主。

（四）价格定位

民宿运营者在确定目标客户后，要对他们的经济基础进行分析，对他们的心理预期做出评估，在此基础上，进行定价，做出一个价格系统。

比如，某民宿的目标客户以学生为主，价格可定位在 100 ～ 200 元。

（五）营销策略定位

1. 目标客户在哪

目标客户在哪，营销就去哪，这是对流量的一个判断。例如，如果目标客户集中在马蜂窝这一类旅游攻略网站，那么就去旅游攻略网站做内容营销；如果目标客户喜欢动漫，那么就去哔哩哔哩等视频网站做内容营销。

2. 目标客户喜欢什么

熟悉目标客户兴趣，选择和目标客户兴趣相对应的营销策略。

案例

民宿选址太重要！

民宿作为旅游六要素中“住”这一要素的选择之一，以合适的价格、舒适的居住环境、温暖的服务吸引了很多人。

城市依托型民宿

城市依托型民宿“离尘不离城”，顾名思义，“离尘”是远离尘土飞扬的城市中心，选择在空气质量好的山水之间，以达到忘却生活带来的浮躁和压力的目的；“不离城”是民宿的位置最好选在从城市出发一两个小时就能到达的近郊。城市依托型民宿最主要的形成原因在于其临近庞大的城市消费市场，目标客户群体大多是周末休闲人群，这类人的旅行需求可能是放松身心。

莫干山民宿群地处自然资源和人文资源丰富的莫干山风景区，区位优势十分明显。莫干山民宿群在如此优越的地理位置上，为人气的汇集提供了无限可能。

景区依托型民宿

周边或者自身具有一定旅游属性，自然资源或人文资源丰富，能够对客户产生较强的吸引力，这类民宿就是典型的景区依托型民宿，它们主要依托景区、景点，借助客户先天的旅游住宿需求发展而成。景区依托型民宿既可以通过旅游资源吸引很多前来观光的人，又可以与周边娱乐、餐饮等旅游配套设施共同形成旅游服务体系。

大部分中国民宿都属于景区依托型民宿，如大理、九寨沟等地的民宿。

景观依托型民宿

景观依托型民宿所选区域的景观要具有稀缺性。在民宿所针对的市场环境范围内，景观越具有稀缺性、唯一性，民宿的价值就越大。

农旅依托型民宿

“旅游＋文创＋生态建筑”的农旅发展模式将成为推动乡村民宿发展的重大契机。在政策、资源和乡情、乡愁的作用下，不少人怀着振兴家乡的决心回到农村，从事旅游行业、民宿行业。农旅依托型民宿应运而生，这也是未来民宿发展的重要方向。新一代的民宿群注定成为乡村振兴的发展抓手，它与田园综合体、特色小镇的结合渐成趋势。

决定一家民宿好坏的因素有很多，其他因素都可以靠后天控制，但地理位置具有很强的先天性。基本上选址一经确定，市场方向就大致确立了。

第二节　民宿规划设计

一、民宿规划设计的原则

民宿规划设计是指根据特定客户需求和场地条件，在实践基础上灵活运用现代设计技术和手段，打造一个具有文化内涵和艺术感染力的、让人流连忘返的住宿场所的活动。遵循下面五大民宿规划设计原则，有助于打造一个独特且吸引人的民宿。

（一）人性化设计原则

优秀的民宿设计应该注重体现人文关怀和人性化需求。例如，设计师在设计起居空间时，应该深入了解民宿目标客户的生活习惯、兴趣爱好及家庭结构等，以此为基础进行空间规划和装饰设计。例如，阅读主题民宿的客户热爱阅读，设计师可以在起居室中设置一个舒适的阅读角，放置书架和书桌，满足他们爱书的需求，打造一个舒适、宜人的居住环境。

（二）风景优先原则

优秀的民宿应该注重利用自然景观和人文景观资源，打造舒适、宜人的居住环境。设计师可以通过优化空间布局和选用透明材料等方式，实现室内外自然景观的融合，提升民宿目标客户的居住体验。例如，某个民宿位于山水风景秀丽的地区，设计师可以在室内设置大面积的玻璃窗，让客户可以随时欣赏外面美丽的风景，增加居住舒适感。

（三）环保与可持续发展原则

在当今社会，环保与可持续发展已经成为一个无法忽视的话题。优秀的民宿设计应注重节能减排，利用环保材料，实现资源的有效利用。例如，设计师可以选用可再生资源材料，如竹子、石材等，既美观又环保。另外，设计师可以设置节能灯具和智能家居系统，实现绿色低碳生活。通过这些方式，民宿不仅可以提升形象，还可以保护环境，实现可持续发展。

（四）本土文化表达原则

每个地方都有独特的本土文化，民宿设计应该充分挖掘和表达本土文化内涵，使民宿富有地方特色和文化韵味。例如，某个民宿位于西南地区，设计师可以融入当地的手工艺品和传统建筑元素，给整个空间增添浓厚的地方特色，吸引更多人入住，促进当地旅游业的发展。

（五）灵活性和多样性原则

在当今社会，人们对于居住的需求越来越个性化和多元化，设计师应该根据不同客户的需求和喜好，灵活运用各种设计手段，打造具有差异化和创新性的民宿设计作品。例如，设计师可以结合现代设计手法和传统工艺元素，打造独具特色的民宿设计风格，满足不同客户的需求和审美追求，提升民宿的市场竞争力。

总的来说，五大民宿规划设计原则在实践中具有重要的指导作用，设计师应该根据不同场景和需求，灵活运用这些原则，打造更具品质和文化内涵的民宿设计作品，为客户提供更好的生活体验和服务。

二、民宿规划设计的流程

（一）现场调研

在民宿设计前期，民宿从业者首先应进入实地，对现场情况进行深入了解，同时向相关政府管理部门了解全部设计所需资料。基础资料具体包括：相关政策法规、所处地区实际情况以及图纸资料等。

（二）资料研究

对收集的资料进行详细的阅读研究，做到真正理解，针对实际问题，预先制定出解决方案，为后期实际设计提供引导。

（三）整体定位

首先，进行民宿的整体定位；其次，实施不同体系的定位；最后，按照实际的体系定位。整体定位要环环相接、层层紧扣，为民宿设计打好基础。

（四）详细规划

详细规划是在设计定位的基础上展开的，主要从产业规划、功能布局、旅游活动设计、主要节点布局、交通规划等方面展开，是民宿设计最终成形的基础。

（五）深化设计

在详细规划之后深化民宿设计。在这一环节，需要对民宿规划中涉及的所有要素及节点实施具体的科学设计。这一环节会影响民宿的整体品质。优秀完备的设计会从质感到感官体验上全面提升民宿品质。

（六）实施保障

在以上环节的共同作用下，民宿设计方案趋于成熟。保障方案是为保证民宿设计具备较高的可实施性。保障方案必须具备详细性、可行性以及科学性，通常情况下，实际的保障措施包括组织、管理、培训等部分。

知识链接

国内6个民宿设计

（七）维护监督

后续的维护监督是为了更好地掌握民宿在发展实践中的变化，分析其是否合理，进而对设计进行调整与改进，有效实现设计内容的完善与丰富，从而有效保证民宿的持续发展。

本章小结

合理的选址是民宿成功运营的前提。本章通过阐述民宿选址的重要性，向读者介绍民宿选址和设计的方法等，培养读者掌握因地制宜进行民宿设计的能力，有效提升民宿盈利能力。

实训活动

实地调研当地有代表性的民宿，考察了解影响选址的因素，对比分析各家民宿的选址优势和特点，并进行小组汇报展示。

课后习题

一、判断题

1. 对于以接待团体客户为主的民宿来讲，房型设置应该以双人房为主。（　　）
2. 市场情况不同决定了民宿定位的不同，在进行民宿定位前需要认真调研分析区域的经济发展水平和旅游资源条件。（　　）
3. 民宿的选址最好将行程时间控制在1～3小时之内。（　　）
4. 气候条件是民宿建设中需要考虑的相对稳定的要素。（　　）
5. 选址是先天性极强的因素。（　　）
6. 良好的选址既可减少民宿前期的资金投入，也可使民宿在将来的运营中降低成本。（　　）
7. 民宿的规模和结构由市场需要、运营方式来决定。（　　）
8. 民宿依托成熟的旅游市场运营较容易成功。（　　）
9. 民宿的目标客户可以大致分为假期度假人群和周末休闲人群两大类。（　　）

10. 商务旅行者在民宿消费中的占比较大。(　　)

二、单选题

1. (　　)的选择即市场的选择，一定程度上说，它决定市场总量、竞争情况、客源构成等。

A. 区位　　B. 产品　　C. 资源　　D. 信息

2. 民宿的选址要考虑通达性，一般来说(　　)的行程时间是最好的。

A. 1小时以内　　B. 1～3小时　　C. 3小时以上　　D. 半小时

3. (　　)是指企业根据目标市场需求和竞争对手状况，为自己的产品或品牌在客户心中塑造一个独特、清晰、有吸引力的形象的过程。

A. 地域定位　　B. 档次定位　　C. 环境定位　　D. 市场定位

4. 在民宿规划设计流程中，最先应当进行的是(　　)。

A. 现场调研　　B. 资料研究　　C. 整体定位　　D. 详细规划

5. 在投资前，确定民宿是要面向低端市场、中端市场还是高端市场，这属于(　　)。

A. 地域定位　　B. 档次定位　　C. 环境定位　　D. 市场定位

三、多选题

1. 以下关于民宿选址意义的表述，正确的是(　　)。

A. 良好的民宿选址是客户独特体验的重要来源

B. 良好的民宿选址可以有效体现出民宿产品的差异性

C. 良好的民宿选址可以减少前期资金投入

D. 良好的民宿选址可以减少后期运营成本

2. 民宿选址的关键影响因素包括(　　)。

A. 交通　　B. 流量　　C. 成本　　D. 市场成熟度

3. 民宿规划设计过程中应遵循的原则包括(　　)。

A. 人性化设计　　B. 风景优先

C. 环保与可持续发展　　D. 本土文化表达

4. 民宿用户画像的构成包括(　　)。

A. 用户的自然特征　　B. 用户的兴趣爱好　　C. 用户的社会特征　　D. 用户的来源结构

5. 民宿定位包括(　　)。

A. 市场定位　　B. 目标客户定位　　C. 房型定位　　D. 营销策略定位

四、简答题

1. 简述民宿选址的关键影响因素。

2. 简述民宿规划设计应遵循哪些基本原则。

3. 简述民宿规划设计的流程。

第五章

民宿的组织结构与服务管理

本章导读

民宿是旅游住宿业中独具特色的业态。组织架构与服务管理是民宿运营中的两大关键支柱。组织架构犹如民宿运营的核心骨架，本章将深入剖析民宿组织结构的各个层面，通过明确划分各岗位职能与权责界限，建立高效的协作与沟通机制，为客户提供优质且独特的住宿体验。同时，服务管理则是民宿运营的魅力源泉，本章将详细阐述如何精准洞察客户多元需求并予以贴心回应，构建全方位且个性化的服务体系，为客户塑造温情且难忘的旅居记忆。

学习目标

1. 知识目标

了解民宿组织结构的定义。

熟悉职能型和矩阵型组织结构的优缺点及适用场景。

掌握民宿的人员岗位管理内容。

熟悉民宿服务管理的核心环节，包括前台服务、客房服务、餐饮服务及增值服务的内容。

2. 能力目标

分析不同民宿案例的组织结构设计及服务管理方案，提出合理的改进建议。

熟练设计适合不同规模与类型民宿的组织结构，制定科学的岗位职责和服务流程。

根据客户需求和市场变化，灵活调整民宿的人力资源配置和服务管理策略。

3. 素养目标

认识科学管理在民宿发展中的重要作用，理解高效管理对提升客户体验和增强品牌竞争力的价值。

培养以客户为中心的服务意识和精益求精的管理态度，具备灵活应变和创新管理的职业能力。

通过学习民宿案例，理解民宿在传承地方文化、助力乡村振兴等方面的作用，增强民族自豪感和责任感。

明德学堂

乡村民宿组织与服务的升级与重构

乡村民宿不再是简单的商业投资，而是连接城乡、盘活资源、传承文化、富裕农民的重要纽带。民宿经济的健康发展，有赖于精益求精的工匠精神和互帮互助的人道主义精神。民宿“主人文化”的温暖与服务管理的规范化并非矛盾体，两者相互作用，既能发挥民宿的灵活性、温情和创造力（“看不见的手”），又能通过政策的科学引导、行业的规范标准以及集体的协作力量（“看得见的手”）弥补民宿规模小、抗风险能力弱的短板。

知识导入

在旅游住宿领域，民宿依靠独特魅力，成为众多客户旅途中的温馨之选。不同于传统酒店，民宿更多了一份家的温暖与文化的独特韵味。一家成功运营的民宿背后隐藏着怎样精密的运作体系？本章将深入探讨民宿的组织结构与服务管理。

想象一下，当你踏入一家民宿，热情周到的前台接待、温馨舒适的客房布置、独具特色的餐饮服务以及各种贴心的增值服务……这一系列美好体验的背后，都是由精心设计的组织结构和完善的服务管理来支撑的。民宿的组织结构如同人体的骨骼架构，决定了其运营的基本形态。从单体民宿的多岗合一，到连锁民宿的标准化管理，不同规模与类型的民宿适配不同的组织模式。职能型结构的规范高效与矩阵型结构的灵活创新各有千秋，为民宿的运营奠定基础。

服务管理是民宿的灵魂所在。民宿运营者作为主人文化的传递者，赋予民宿独特的情怀。前台服务开启客户的美好体验，客房服务打造舒适的居住环境、餐饮服务带来舌尖上的惊喜、增值服务更是增添别样的乐趣，每一个环节都紧密相连，共同编织美好的旅行记忆。

本章将通过丰富的案例，深入剖析民宿的组织结构与服务管理的各个层面，从理论到实践，使读者掌握科学管理的精髓，为打造卓越的民宿运营体系助力。

第一节 民宿的组织结构设计

民宿作为旅游业中独具特色的业态，承担着提供多样化住宿体验的使命。在运营过程中，科学的组织结构设计是民宿实现高效管理与提供优质服务的基石。如何设计合理的组织结构，使民宿既能满足小型化运营需要，又能灵活应对市场需求的变化，这是每一位民宿运营者需要深思的问题。

一、组织结构概述

（一）组织结构的定义

民宿的组织结构

民宿的组织结构是指为了实现运营目标，将人力、物力、财力等资源进行分配从而形成的框架体系。它是一种管理工具，通过明确划分岗位职责和分配权力，确保资源得到高效利用，信息流转无障碍。

对于小型民宿而言，其组织结构可能相对简单，员工身兼数职，灵活性较高；而大型民宿或连锁民宿则需要更为复杂和精细化的组织结构，以实现专业化分工与管理。民宿的组织结构还需适应市场环境的变化和行业发展趋势，具备一定的动态调整能力。

（二）构建民宿组织结构的意义

民宿的组织结构既是管理的框架，也是资源配置的基石，还是提升客户体验和品牌价值的关键所在。一个科学的组织结构，能够通过明确岗位职责、优化资源分配、提升灵活性和创新能力，为民宿的高效运营与长远发展持续注入动力。

构建民宿组织结构意义重大，它能优化内部管理，明确分工、促进协作与便于考核；可提升运营效率，合理配置资源、规范流程及快速响应市场；有助于塑造品牌形象，保障服务品质与展现专业度；助力可持续发展，培养储备人才并适应发展变化 。

1. 提升运营效率

清晰的组织结构能够让每个岗位各司其职，将工作任务精确地分配给合适的人，从而避免职责模糊和资源浪费。这种职责分明的安排，不仅能够确保日常运营的顺畅，更能让员工集中精力于其擅长领域，提升整体工作效率。

2. 支持灵活调整

民宿行业受季节性波动影响较大，客流量在淡旺季之间的差异十分明显。一个灵活的组织结构，能够帮助民宿在客流量变化时快速调整人力资源和运营重点，从而平衡服务质量与成本控制。

3. 优化客户体验

客户体验是民宿竞争的核心。科学的组织结构通过优化岗位设置和职责分工，可以有效提升服务的专业性与个性化水平，让客户在每个服务环节中都能感受到温暖与关怀。

4. 增强品牌竞争力

一个清晰的组织结构能够支撑民宿更好地实施品牌战略，从而在竞争激烈的市场中脱颖而出。通过明确的职责划分与高效的协作，民宿不仅可以提升服务质量，还能突出品牌的独特价值。

（三）设计组织结构的原则

民宿作为一个以服务为核心的行业，其组织结构设计是运营成功的基础。科学的组织结构不仅需要符合企业的规模与资源条件，还必须服务于客户需求，并确保内部管理的高效性与层次性。

1. 适应性原则

民宿的组织结构只有与自身的规模、定位及目标客户群体相匹配，才能更好地适应市场需求。例如，大型民宿通常需要设置专职岗位来处理品牌营销和客户的关系，而小型民宿则倾向于采取灵活的多岗合一模式，以提升资源利用率。

2. 客户导向原则

客户需求是民宿设计与运营的核心，组织结构的设置也应以客户需求为中心。例如，主题民宿可以通过增设体验服务岗位，为客户提供深度服务，从而增强客户黏性。

3. 经济性原则

由于民宿通常受制于有限的人力和财力资源，因此设计组织结构时需要注重成本效益，避免资源浪费。通过优化岗位设置和灵活配置人员，民宿可以在降低成本的同时提升服务质量。

4. 层次清晰原则

清晰的岗位职责和汇报路径能够确保团队内部的高效协作，避免因职责模糊导致内部矛盾或服务质量下降。在层次清晰的组织结构中，每位员工都能明确自身岗位及与其他岗位的协作方式。

二、组织结构类型

在民宿的运营管理中，科学的组织结构能够有效优化资源配置，提升服务效率。根据功能划分，常见的组织结构分为职能型组织结构和矩阵型组织结构。

（一）职能型组织结构

职能型组织结构是一种以功能划分岗位和部门的传统组织形式，在大型或多功能民宿中较为常见。通过将工作内容分配到具体的部门与岗位，职能型组织结构能够实现流程的标准化与管理的规范化，适合规模较大的民宿。

优点：职责分明、管理规范、流程标准化。

缺点：部门间较难协作，灵活性不足。

案例

乌村

乌村是乌镇景区打造的一家综合型乡村度假民宿，以传统江南村落风貌为主题，提供住宿、餐饮、休闲娱乐等一站式服务。作为一个功能丰富的大型民宿，乌村采用了典型的职能型组织结构，将运营划分为前台接待、餐饮、活动策划等模块。

- 前台接待：负责客户预订、入住办理以及离店结算。
- 餐饮：以农家菜为特色，提供多样化的用餐选择。
- 活动策划：组织田园采摘、手工艺体验、亲子游玩等活动。

案例点评：这种清晰的分工让每个部门都能专注于自己的核心任务，从而确保民宿高效运转。然而，乌村的职能型组织结构也存在一定的问题，在组织大型活动时，各部门之间的沟通与协作成本较高，需要通过定期的跨部门会议来弥补信息传递的不足。

（二）矩阵型组织结构

矩阵型组织结构将岗位职责按功能和项目交叉分组，员工可以同时承担固定职能任务和特定项目任务。这种组织结构特别适用于主题民宿或需要频繁推出新活动的民宿。

优点：促进跨部门协作，提高灵活性与创新能力。

缺点：责任划分不够清晰，增加管理复杂性。

案例

“大地之光”

“大地之光”以土楼文化为主题，致力于为客户提供沉浸式文化体验。民宿采用了矩阵型组织结构，将日常运营与文化活动相结合。

- 固定岗位：包括客房清洁岗、前台接待岗和餐饮供应岗。
- 项目任务组：定期推出特色文化项目。每次活动中，除了固定工作，员工还有兼职任务。例如，餐饮团队会设计与活动主题相匹配的菜单，前台人员兼任活动的讲解员。

案例点评：通过这种灵活的岗位安排，“大地之光”不仅优化了资源利用，还为客户提供了丰富的文化体验活动。然而，矩阵型组织结构在实际操作中也面临一定的问题，如员工可能在同时承担多个任务时感到压力。

（三）两种类型组织结构的对比

无论是职能型组织结构，还是矩阵型组织结构，每一种模式都有其独特的优势和适用场景。职能型组织结构强调规范与标准化，适合大型多功能民宿；矩阵型组织结构注重协作与灵活性，适合主题或活动密集的民宿。通过结合自身规模、定位和客户需求，民宿运营者可以选择适合自己民宿的组织结构，既优化资源，又提升客户体验，为民宿的长期发展奠定坚实基础。

第二节　民宿的人员岗位管理

民宿作为服务型行业，其核心竞争力不仅体现在建筑风格和环境特色上，更重要的是通过科学高效的人员岗位管理，确保运营的顺畅与服务质量的提升。合理的岗位设置和职责划分，是优化资源配置和提升团队效率的基础，而灵活的人员配备和高效的调度安排，则是满足客户多样化需求和应对市场变化的关键。

人员岗位管理贯穿民宿运营的各个环节。无论是前台接待的热情周到、客房服务的精致细腻，还是餐饮团队的美食呈现与活动策划的丰富体验，都依赖于人员岗位的科学设置与高效管理。通过明确岗位职责，可以最大限度地避免资源浪费、提升协作效率；而合理的人力调配与排班，则能够确保民宿在不同的运营阶段始终提供高质量的服务。

人员岗位管理是民宿运营的核心环节。科学的岗位设置和职责划分，能够为客户提供专业、个性化的服务；灵活的人员配备和安排，能够让民宿在不同的运营阶段始终保持高效运作。无论是小型民宿，还是中大型民宿，都需要根据自身的特点和市场定位，选择合适的管理模式，以提升客户体验和优化运营效率，同时增强自身的市场竞争力。

一、民宿的岗位及其职责

（一）岗位设置的必要性

民宿的运营涉及多方面的服务，包括预订接待、客房清洁、餐饮供应和活动策划等，这些环节紧密相连，贯穿客户的整个体验过程。科学合理的岗位设置是确保运营高效、服务流畅的关键。明确每个岗位的职责可以有效避免职责模糊和资源浪费，同时提高团队协作效率。此外，民宿的规模、主题和市场定位不同，其岗位设置也需要灵活调整，在满足客户需求的同时控制成本。

1. 小型民宿：多岗合一实现高效运营

小型民宿由于规模限制和人力成本的约束，通常采取多岗合一的方式，通过一人多职来分配多重运营任务。这种模式要求员工具备多种技能，同时注重团队合作。通过合理设置，小型民宿可以在资源有限的情况下实现高效运营，同时通过民宿运营者的亲力亲为，营造独特的“家”的氛围。

2. 中大型民宿：分工明确提升服务质量

中大型民宿客房数量多、服务内容丰富，因而需要设置更细化的岗位以提升服务质量，满足客户的多样化需求。对于中大型民宿来说，通过岗位细分，可以更高效地管理服务流程，同时为客户创造多样化的体验，从而增强品牌竞争力。

3. 连锁民宿：标准化管理确保高效运转

连锁民宿往往拥有多功能设施和较多客户，需要通过更专业化的岗位设置和标准化的管理流程，确保各部门高效协作。对于连锁民宿，标准化的岗位设置和专业化的管理流程是确保服务一致和民宿高效运转的关键。

根据民宿的规模、主题和定位，灵活调整岗位设置，既是提高运营效率的关键，也是优化客户体验、增强品牌竞争力的重要手段。这种因地制宜的管理方式，不仅让民宿在市场中脱颖而出，也为其长期发展奠定了坚实基础。

（二）核心岗位及其职责

在民宿运营中，每个核心岗位都承担着不可或缺的职责，是确保服务质量和客户满意度的重要因素。从前台接待到客房服务，再到餐饮服务、运营与活动策划，每个岗位既有明确的核心任务，也需要灵活应对客户的个性化需求。

1. 民宿主 / 店长：民宿的核心

民宿主 / 店长是民宿所有者或者运营者；对连锁民宿而言，店长便承担民宿主这一角色。民宿与酒店的最大区别在于主人文化，民宿主 / 店长是民宿运营的核心人物，全面负责民宿的运营管理工作。民宿主 / 店长会将个人的审美品位、兴趣爱好、特长及人生阅历都融进民宿的设计及运营中，形成极具个人特质的民宿文化，而这些就是吸引客人入住的因素。

连锁民宿的店长一般都是在有经验的民宿管家团队中选出来的，并且对工作充满热情的人。

民宿主 / 店长的主要职责包括：

（1）全面主持店面的管理工作，制定运营策略与发展规划，并完成各项营销策略的实施。

（2）执行、下达民宿的各项任务，并做好监督工作。

（3）协调各部门工作，管理人力资源，负责对工作人员的培训教育。

（4）监督消耗品的供货、消耗、补货工作，做好进场验收、商品陈列以及商品质量、服务质量管理等有关工作。

（5）进行财务管理与成本控制，监督民宿商品损耗管理，把握商品损耗尺度，控制成本。

（6）掌握民宿设备的维护保养知识。

（7）监督民宿内外的清洁卫生，负责保卫、防火等作业管理。

（8）把控服务质量，处理客户投诉与维护关系。

（9）开展市场营销与推广，关注行业动态与市场变化，及时调整民宿的运营方向，以确保民宿的可持续发展与盈利能力。

2. 前台接待：民宿的“门面”

前台接待是民宿与客户的第一个接触点，其服务质量直接决定了客户对民宿的第一印象。一个专业、高效且富有亲和力的前台接待团队，不仅能够帮助客户顺利完成入住手续，还能通过热情的服务增强客户的归属感。

前台接待岗位职责主要包括以下几点。

（1）使用各种管理系统对房态进行更新及调整价格。

（2）接听电话、处理预订、办理入住与退房手续，如了解客户的相关信息（抵达时间、入住时间、入住人员数量、餐饮忌口等），并向客户介绍到景区的交通路线、当地天气、穿衣指数等。

（3）在客户到店前安排迎候工作。

（4）记录客户偏好信息，支持客房和餐饮部门提供个性化服务，如根据客户需求为其提供旅游咨询、用车、行程规划、餐饮、特色产品等一站式度假服务。

（5）处理客户投诉，做好客户关系维护。

（6）每日早晨向经理发送前一日的工作情况。

（7）每日清扫接待室的卫生，保证接待台面整洁，接待室随时都有茶水。

（8）简单地处理各种报表、临时性工作。

3. 客房服务：服务质量的核心体现

客房服务是客户感知民宿服务质量的核心，客房的整洁与舒适直接影响客户的居住体验。优秀的客房团队不仅能够保持客房环境一尘不染，还能通过个性化布置，让客户感受到贴心和温暖。

客房服务岗位职责主要包括以下几点。

（1）遵守民宿的各项规章制度和服务规范。

（2）按标准清扫整理客房和其他区域，为客户提供干净舒适的客房环境，满足客户的服务需求。

（3）按标准操作流程和规定使用清洁工具清洁。打扫客房，及时补充客户所需的各类物品，及时向前台通报入住退房时间、消耗品库存情况。

（4）做好交接班工作，包括房态、值班情况；负责客人遗留物品的登记、保管和上缴工作。

（5）做好设施设备的日常保养，发现设施设备故障后，及时汇报。

（6）收集客户的反馈意见，并与其他部门协作，改进服务质量。

4. 餐饮服务：民宿体验的加分项

餐饮服务是民宿服务中不可忽视的一环，尤其是那些以特色餐饮为卖点的民宿。优秀的餐饮团队不仅能提供安全、美味的食物，还能通过创新和定制化的餐饮服务，给客户带来难忘的用餐体验。

餐饮服务岗位职责主要包括以下几点。

（1）准备并提供高质量的餐食，确保食品安全。

（2）维持餐饮区域的卫生和服务秩序。

（3）根据客户需求定制菜单，如素食、儿童餐或节日宴席。

（4）为客户提供外带餐饮服务，增加便利性。

（5）提前制定出下周员工用餐的菜单。

（6）每季度研发出几道体现当地特色的菜肴。

（7）把控食品原材料的毛利率、食品卫生，妥善处置剩余的食材。

5. 运营与活动策划：品牌建设的幕后力量

运营与活动策划对于中大型民宿尤为重要，特别是在需要吸引特定客群或强化品牌辨识度时。通过策划主题活动、开展线上推广和管理客户关系，运营与活动策划岗位为民宿的长期发展注入了创新力和竞争力。

运营与活动策划岗位职责主要包括以下几点。

（1）策划并执行特色活动，增强客户黏性。

（2）开展线上营销推广，扩大品牌影响力。

（3）收集并分析客户需求和市场趋势。

（4）维护客户关系，设计会员制或积分计划。

二、民宿的人员配备及安排

在民宿的日常运营中，人员配备与安排是确保服务质量和民宿高效运转的核心。科学合理的人员配备，不仅能够优化资源使用，还可以有效应对季节性波动带来的业务变化；明确的职责分工和培训机制，能够提升团队协作效率，为客户提供优质的服务体验。

知识链接

民宿管家

（一）人员配备的原则

合理的人员配备需要综合考虑民宿的规模、主题和服务需求，在确保客户需求得到优先满足的同时，还需注重灵活性与成本控制。

1. 服务优先原则

服务意识是指民宿从业者表现出的热情、周到、主动为客人提供良好服务的意识，是提高民宿服务质量的关键。树立服务意识既是民宿从业者的从业前提，也是最基本的职业素质之一。服务意识发自民宿从业者的内心，具体表现为：微笑待客；时刻注意、满足客人的需求；热情周到；亲切真诚、一视同仁地对待每一位客人；等等。民宿从业者只有具备良好的服务意识，才能为客人提供热情周到的服务。

2. 灵活性原则

民宿行业的业务量通常受到季节性波动的影响。只有人员配备具备灵活性，民宿才能有效应对不同运营阶段的需求。民宿可以在旺季增加兼职人员，淡季通过轮岗制提高员工工作效率。

3. 成本控制原则

对于规模较小的民宿而言，人员配备需考虑经济性。采用多岗合一模式可以让员工同时承担多个职责；引入智能化设备可以减少民宿对人工的依赖。

（二）排班与职责安排

排班与职责安排是人员管理的核心，其科学性直接决定了民宿的运营效率和客户的满意度。

1. 排班方式设计

（1）轮班制：全年运营的民宿可以通过夜班和日班的交替安排，确保 24 小时提供服务。

（2）弹性排班：根据入住率调整人员数量，如周末和节假日增加前台与客房服务人员数量。

2. 岗位职责安排

（1）跨部门协作：前台与客房团队需要保持高效沟通，确保快速响应客户需求。

（2）应急任务分配：预设突发事件处理机制，如处理设备故障或客户健康问题。

（三）招聘与培训机制

优秀的团队是民宿成功的基础，招聘与培训机制的完善能够为民宿运营注入源源不断的活力。

1. 招聘策略

（1）多渠道招聘：通过本地社区、职业院校和招聘平台寻找合适的人才。

（2）关注服务态度：重点考察候选人的沟通能力与服务意识。

2. 员工培训

在民宿内部管理活动中，员工培训工作至关重要，它决定了由员工参与的无形服务的质量。员工培训能提升服务质量，增强员工技能，确保客户获得优质体验。

员工是民宿服务的直接提供者，建立分层培训体系对于提升员工素质和服务水平至关重要。新员工入职时，需通过“服务意识 + 技能实操 + 文化导览”三级考核。服务意识培训旨在提高员工的热情、耐心和责任心，让员工深刻理解客户至上的服务理念；技能实操培训包括客房清洁技巧、餐饮服务技能、前台接待流程等内容，确保员工能够熟练掌握各项服务操作；文化导览培训帮助员工深入了解当地文化和民宿的特色文化，以便更好地向客户介绍和传播。

民宿运营者也应定期参加行业峰会和培训课程，学习最新的行业创新案例和管理经验，提升自身的管理水平和决策能力。例如，民宿运营者参加关于民宿营销策略、服务创新、人力资源管理等方面的研讨会，与同行交流经验，获取行业最新动态信息，将其应用到民宿的实际管理中。

民宿可招聘具有职业技能等级证书的民宿管家参与民宿管理。

在自主运营模式下，即便是仅由民宿主 / 店长及少数员工运营的小型民宿，包括家庭运营店等，也应根据自身定位，积极参与地方民宿协会的培训交流活动，或通过自学民宿运营服务规范等途径，不断汲取民宿管理和运营的知识，提升服务质量。这些民宿可以通过加入地方民宿协会，利用协会提供的资源和平台，参与各类培训、研讨和交流活动，与同行分享经验，学习先进的管理理念和方法。同时，民宿主 / 店长可以利用业余时间自学相关知识，了解行业动态，掌握最新的服务标准和规范，从而不断提升自身的专业素养和服务水平。

（四）绩效考核与激励机制

科学的考核机制和有效的激励措施能够增强员工的积极性，提升服务质量。

1. 绩效考核

根据岗位特点设置量化考核标准，包括但不限于前台接待、客房服务。

（1）前台接待：客户满意度评分、入住办理时长。

（2）客房服务：客房清洁度与客户评价。

2. 激励机制

多数民宿员工远离大城市前来就职，民宿又坐落于村落、景区等偏远地带，员工的薪资福利对于能否留人、用人及服务质量都具有重要影响，因此民宿主/店长应重视薪资福利的制定和管理，确保员工能够获得合理的薪资福利，从而激发他们的工作热情和创造力，提升民宿的整体服务水平。另外，除了直接的薪资福利，员工的住宿就餐条件，以及培训晋升机会和间接福利也非常重要。

民宿的员工薪资福利提升措施还有很多。比如，一些民宿创新性地鼓励全体员工利用新媒体参与市场营销，并实行收益分成制度，这一举措不仅革新了薪资福利模式，还显著推动了民宿客流量的提升，并大幅改善了员工的薪资福利。

第三节　民宿的服务管理

民宿服务管理是确保客户满意度与运营成功的核心环节。从客户预订、入住到离店，每一个服务环节都直接影响客户的整体体验。高效、细致和个性化的服务，不仅能够提升客户的忠诚度，还能为民宿打造良好的口碑，帮助其在竞争激烈的市场中占据一席之地。

与传统酒店不同，民宿更加注重个性化和人情味。民宿服务不只是为了满足客户的基本需求，更是在每一个细节中都融入特色和创意，让客户感受到宾至如归的温暖。服务管理涵盖多个环节，每一个环节都需要做到无缝衔接，从而为客户创造一个完整而难忘的住宿体验。

一、服务管理的重要性

（一）提升客户满意度与忠诚度

客户的满意度是民宿长久发展的基石。一套科学的服务管理体系，能够帮助民宿快速响应客户需求，妥善处理客户反馈，从而赢得客户信任并进行口碑传播。优秀的服务体验不仅能让客户在离店后愿意再次光顾，还会使他们主动将民宿推荐给亲友，形成自然的营销循环。

民宿的前台服务

（二）优化运营效率

合理的服务管理可以有效协调民宿各部门之间的工作流程，减少冗余环节，提高服务效率。例如，前台和客房部门之间的信息共享系统能够加快响应速度，避免因信息延迟导致服务中断或客户不满。运营效率的优化，还能间接降低运营成本。

（三）塑造民宿的品牌价值

个性化服务和深度体验是民宿吸引客户的核心。通过打造独具特色的服务流程，民宿可以形成鲜明的品牌定位。例如，一家主打茶文化的民宿，可以在客户入住前准备好茶礼、在住宿期间组织手工制茶活动。这种服务不仅让客户感受到民宿的文化深度，还能提升品牌认知度和竞争力。

二、前台服务

由于在民宿运营中，前台是与客户接触的第一个人，前台服务是整个客户体验的起点，因此作为客户体验的"第一窗口"，前台的服务水平直接影响客户的第一印象和对民宿整体服务的评价。从客户接待到信息传递，再到应急处理与增值服务，前台的每项职责都至关重要。

（一）前台服务的核心职责

1. 客户接待

前台首先承担的是客户接待的职能，包括办理入住和退房手续、核对订单信息、确认特殊要求，并回答客户的各种疑问。高效而友好的接待能够为客户营造舒适的开始与结束体验，让客户对民宿的专业性和温馨氛围留下深刻印象。

2. 信息管理

前台还需要负责收集客户信息，如客户的偏好、饮食习惯等，并将这些信息传递给相关部门（如客房和餐饮），确保客户的个性化需求在不同服务环节中都能得到满足。例如，民宿可以为素食主义者准备专属的餐点，或为亲子家庭提前布置儿童床。

3. 应急处理

在客户入住期间，前台是解决突发问题的第一响应点，如订单冲突、设施损坏或其他紧急情况。及时而专业的处理不仅能够化解客户的不满，还能展现民宿的服务能力。

4. 其他服务

通过推荐本地旅游路线、租车服务或特别活动，前台可以为客户提供超越基础住宿的增值体验。例如，民宿可以建议客户参加当地的节庆活动或安排个性化的旅游路线，这些额外服务往往是民宿脱颖而出的关键。

（二）前台服务的提升策略

前台服务作为民宿运营的第一环节，是客户体验的核心组成部分。通过优化服务流程、提升沟通技巧以及打造情感连接，前台能够为客户创造超越预期的体验，为民宿的品牌价值注入更多温暖与魅力。以下结合实际案例，阐述提升前台服务的三大策略。

1. 提升服务效率：让入住更便捷

在客户办理入住时，高效、流畅的流程是良好体验的基础。传统的手工登记和信息确认模式往往导致等待时间过长，而现代化的自助入住系统或移动端预订管理系统能够大大优化这一环节，让客户无须排队即可快速完成手续。

案例

“鹭岛归隐”民宿

“鹭岛归隐”是一家位于厦门鼓浪屿的精品民宿，以闽南传统建筑风格为主题。由于鼓浪屿常年吸引大量客户，因此旺季时前台的接待压力尤为明显。为了提升服务效率，民宿引入了自助入住设备和在线预订系统。

- 自助入住设备：客户到店后，可通过扫描二维码验证预订信息，完成自助登记，几分钟内便能拿到客房钥匙。
- 在线预订系统：客户可提前在预订平台填写入住信息，减少到店后的登记时间。

案例点评：这些措施让前台的接待压力大幅降低，客户的等待时间也大幅缩短，从而提升了整体服务效率。

2. 强化沟通技巧：用语言拉近距离

沟通是服务的桥梁，特别是在接待国际客户时，语言交流的顺畅尤为重要。前台的语言能力和服务意识良好，能够在接待时有效提升客户体验。通过专业培训，前台不仅可以掌握更高效的交流技巧，还能更好地理解客户的需求并提供相应的帮助。

案例

“西湖拾光”民宿

“西湖拾光”以新中式设计风格和沉浸式体验著称，吸引了大量国内外客户。针对国际客户增多的趋势，民宿为前台提供了以下培训：

- 基础外语表达：员工学习英语常用接待用语，如入住手续说明、景点推荐和紧急情况的沟通。
- 个性化内容：员工了解不同国家客户的习惯，如欧美客户偏爱自助式服务。

案例点评：通过培训，前台能够更顺畅地与国际客户交流，主动提出当地特色旅游建议，如推荐西湖龙井茶的品尝点和古街徒步路线。客户对此高度评价，称赞民宿的服务贴心且国际化。

3. 创造情感连接：用小细节拉近距离

情感连接是民宿服务温度的体现。通过提供欢迎饮品或赠送手工小礼物，前台可以在客户到店时为其营造一种特别的关怀感，让他们从入住的第一刻起便感受到“家”的温暖。

案例

“雪山炊烟”民宿

“雪山炊烟”是一家雪景主题民宿，以传统木屋设计和温暖的冬季氛围著称。在冬季，每位到店的客户都会收到一杯由前台提供的热姜茶，搭配一份饼干。在夏季，民宿会为客户准备清凉的水果茶，搭配一小袋蓝莓干作为伴手礼。

- 欢迎饮品：热姜茶不仅能够驱寒，还让客户在进入客房前感受到舒适的暖意。
- 小礼物：热姜茶旁附赠一张长白山滑雪地图，标注了最佳滑雪路线和隐藏的美食点，这种小而精致的礼物常常让客户惊喜不已。

案例点评：这些充满人情味的小细节，成功让客户对民宿产生了情感认同，并成为其口碑传播的亮点。

三、客房服务

（一）客房服务的重要性

客房服务是民宿运营中的核心环节。因为客户在客房中停留的时间长，所以客房的环境与服务直接影响客户的住宿体验。干净整洁的客房是客房服务的基础，而尊重客户隐私与满足其个性化需求则是服务提升的重要方向。一家优秀的民宿不仅需要提供舒适的住宿环境，还要通过细致入微的服务让客户感受到家的温暖与个性化的关怀。

1. 环境整洁与细节布置：服务的基础

客房的清洁程度是客户评价民宿的重要标准之一。干净、卫生的客房不仅能为客户提供舒适的休息环境，还能体现民宿对服务质量的严格把控。此外，巧妙的布置与细节装饰可以让客户感受到民宿的主题特色和用心。

案例

“洱海之光”民宿

“洱海之光”是一家以极简风格和全景海景房为特色的精品民宿。民宿的客房服务团队秉承“极简不等于简单”的理念，不仅在客房的清洁上保持高标准，还注重通过细节让客户感受到自然的美好。

- 每日清洁：员工每天进行深度清洁，并用空气净化设备确保客房内无异味。
- 细节布置：每间客房的窗台上摆放鹅卵石和陶器装饰，给客房增添一抹自然风情。
- 主题延伸：客户退房后，民宿会附赠洱海的日出日落时间，鼓励客户再次回访。

案例点评：这些细致入微的安排让“洱海之光”不仅成为“网红”打卡地，也收获了大量回头客。

2. 尊重隐私与服务衔接：服务的细腻化

客户隐私是民宿服务中容易被忽视但又至关重要的部分。在客房服务中，尊重客户的隐私不仅能够增强客户的安全感，还能彰显服务的专业性与对客户的尊重。同时，客房服务需要与其他部门高效协作，通过信息共享快速响应客户需求。

案例

“江南水云间”民宿

“江南水云间”是一家位于江南水乡乌镇的中式庭院民宿，主打古朴与静谧的住宿体验。

- 隐私保护：员工在进行清洁前，必须通过前台确认客户的出行安排，确保不会贸然打扰。清洁完成后，员工会在房门处留下一张写有完成时间的提示卡，让客户感到安心。
- 高效衔接：前台与客房部门通过共享信息系统实时更新客户需求，如为在生日时入住的客户布置客房惊喜，或为亲子家庭增加儿童玩具和护栏。

案例点评：这种对隐私的保护与需求的快速响应，不仅让客户感受到满满的安全感与贴心服务，也为他们营造了舒适的住宿环境。

3. 个性化服务与地方文化融入：服务的升华

客房服务的更高境界在于为客户提供个性化的关怀与体验。例如，通过客房布置、服务方式等传递民宿所在地区的文化与特色，使客户不仅感受到服务的细致，还能领略到目的地的独特魅力。

案例

“苗寨心居”民宿

“苗寨心居”以苗族文化为主题，是一座结合现代设计与民族特色的精品民宿。

- 地方特色布置：客房内有刺绣的靠垫和竹编篮子，客房的灯具也以苗族银饰造型为灵感设计而成。
- 定制化服务：在客户生日或纪念日时，民宿会安排当地苗族村民为客户献上祝福歌，并赠送一件苗绣小礼物作为纪念品。
- 互动式服务：员工还会邀请客户在客房内试穿苗族服饰，客户可以拍照留念，这一互动式的服务深受欢迎。

案例点评：“苗寨心居”的这些个性化服务不仅让客户感受到了浓厚的地方文化，还成为他们旅行中的难忘记忆，吸引了众多国内外客户慕名前来。

从“洱海之光”的极简自然美学，到“江南水云间”的隐私保护与高效协作，再到“苗寨心居”的民族文化融入，这些成功的案例充分体现了客房服务对客户体验的重要性。一家民宿的客房服务水平不仅决定客户对住宿环境的满意度，还影响他们是否愿意再次选择民宿或将其推荐给他人。

在民宿服务日益个性化和高标准化的今天，良好的客房服务已经不再局限于基本的清洁和维护，而是通过细致入微的细节、对隐私的尊重以及对地方文化的巧妙融入，为客户创造出独特而难忘的旅行体验。这不仅是民宿运营成功的关键，也是其具有市场竞争力的核心所在。

（二）客房清洁的原则

（1）从上到下。擦拭家具时应从上部开始，逐渐向下清洁。

（2）从里到外。既能保证整洁，又可防止遗漏，特别是最后的吸尘和检查工作十分重要。

（3）先铺后抹。清扫客房时应先铺床，后擦家具用品。

（4）环形清理。一般家具用品的摆设是沿客房四壁环形布置的，员工在清洁客房时，应按顺时针或逆时针方向进行环形清扫，以求实效，避免遗漏。

（5）先客房后卫生间。卫生间清洁是带水操作，若先清洁，员工的鞋下可能有水渍；后清洁可以避免在客房内重复走动造成污染。

（6）干湿分开。在擦拭家具用品时，干布和湿布要交替使用；针对不同性质的家具，使用不同的抹布。例如，客房的镜子、灯罩，卫生间的金属电镀器具等只能用干布擦拭。

（三）客房服务的提升策略

客房服务是民宿运营中能直接影响客户满意度的环节之一。通过科学提升策略，民宿不仅能打造干净整洁的住宿环境，还能通过个性化布置、严格的清洁流程和设施优化，为客户创造超越期待的居住体验。以下结合实际案例，阐述三大客房服务的提升策略。

1. 个性化布置：融入季节与主题，打造难忘体验

个性化布置是提升客户体验感的重要手段。通过结合季节特点或民宿主题，为客房加入温馨独特的装饰，能够让客户在细节中感受到民宿的用心。

案例

“云端人家”民宿

“云端人家”是一家精品民宿，主打山景主题，每间客房都以不同的四季风光命名。

- 春季布置：在客房中放置春季鲜花，桌上还摆放一小盆绿植，为客户带来春天的生机感。
- 冬季布置：客房内提供加厚的毛毯，搭配香氛蜡烛，让客户感受到冬季的温暖。
- 主题延伸：每间客房的墙壁上都挂有黄山四季风景的摄影作品，让客户在客房内也能感受到大自然的魅力。

案例点评：这种根据季节和主题调整布置的做法，不仅提升了客户的入住体验，还吸引了许多热爱自然风光的客户前来打卡。

2. 高标准清洁流程：以卫生保障客户的信赖

清洁是客房服务的核心，只有通过严格的清洁流程，确保客房始终保持卫生与整洁，才能赢得客户的信赖和满意。

案例

“隐山幽居”民宿

“隐山幽居”是一家治愈主题民宿，主打安静和治愈的居住体验。

- 清洁标准：民宿制定了严格的客房清洁流程，在客户退房后每间客房必须清洁两次——第一次是基础清洁，包括床品更换、地面清洁和卫生间消毒；第二次为深度清洁，重点清理空调滤网、窗帘等细节区域。
- 无异味保障：通过使用空气净化器和天然香熏，确保客房始终保持清新的气味，特别是在潮湿季节避免产生霉味。
- 服务细节：员工会在清洁完成后，在客房内留下一张手写的清洁完成卡，写明清洁日期和负责人员名字，让客户安心入住。

案例点评：通过这种高标准的清洁流程，“隐山幽居”成为当地最受欢迎的度假民宿之一。

3. 设施优化：从功能到舒适，为客户带来全方位体验

现代客户对客房设施的要求日益提高。舒适的床品、优质的遮光窗帘和稳定的高速网络，已成为民宿客房的基本设施设备；通过引入智能化设备或额外优化设施，民宿还能进一步提升客户的居住体验。

案例

“水云间山舍”民宿

“水云间山舍”位于清远的山水之间，是一家结合岭南传统建筑与现代设计的民宿，拥有多间山景客房。

- 床品升级：所有客房均配备五星级酒店标准的记忆海绵床垫和鹅绒被，让客户能够享受深度睡眠。
- 窗帘与隔音优化：客房内安装了双层遮光窗帘，既能隔绝阳光，又能降低外部噪声，特别适合需要休息的客户。
- 智能设备：客房内配备智能音响、充电接口以及一键呼叫服务按钮，让客户享受现代化的便利。
- 细节设施：在浴室内提供加热毛巾架，确保客户使用的毛巾始终温暖干燥。

案例点评：这些设施优化措施，不仅让客户感受到舒适与便捷，还为民宿赢得了许多好评。

四、餐饮服务

“民以食为天。”餐饮服务既是民宿运营的重要组成部分，也是体现民宿特色的一个方面。民宿的餐饮服务已经远远超越了“吃饱喝足”的功能，成为旅行中不可或缺的一部分。

餐饮服务能够为客户提供多层次的享受，即满足客户的基本需求、体现地域文化、设计创新主题餐饮和丰富旅行体验。在竞争日益激烈的民宿市场中，优质的餐饮服务不

仅是留住客户的重要手段，更是构建品牌价值与记忆点的核心力量。

（一）餐饮服务的核心功能

民宿的餐饮服务不仅满足客户基本的饮食需求，更是为客户提供深度文化体验和打造差异化竞争优势的重要途径。通过提供本地特色菜品或设计创新主题餐饮，民宿能够让客户在美食中感受地域文化的独特魅力，同时提升客户满意度。一家成功的民宿，往往在餐饮服务上展现出强烈的个性化和创造力，让客户的旅行体验更加完整。以下结合实际案例，深入探讨餐饮服务的核心功能。

1. 满足基础需求：健康与便利并重

餐饮服务的首要功能是为客户提供便利且安全的饮食保障，尤其是在距离市区较远或缺乏餐饮设施的乡村民宿中，这一点尤为重要。健康、新鲜的餐食是客户安心享受旅途的基础。

案例

“云上梯田”民宿

“云上梯田”是一家以梯田景观为特色的乡村民宿，客房以稻田风光命名。

- 基础餐饮服务：民宿以健康、均衡为原则，每日提供三餐，为客户准备特色饭菜，如土鸡炖饭、手工豆腐以及应季时蔬。
- 便利用餐时间：早餐时间安排灵活，满足早起观景和晚起度假的不同客户需求；中晚餐以家庭式用餐为主，营造温馨的氛围。

案例点评：这种贴近自然的健康餐饮模式，不仅为客户提供了便捷的用餐体验，也让他们感受到农家田园的质朴与温暖。

2. 突显地域文化：特色菜品讲述地方故事

通过地方特色菜品，民宿能够向客户讲述当地的文化故事，让餐饮成为客户旅行记忆的重要组成部分。一道精心烹制的本地特色菜肴，不仅能满足客户味觉的享受，还能成为展示民宿文化的窗口。

案例

“纳西居”民宿

“纳西居”以纳西族传统文化为主题，是一家拥有庭院式客房的精品民宿。

- 纳西族特色餐饮：民宿的餐饮团队以传统纳西族食谱为基础，为客户准备特色菜品。
- 文化互动：餐厅设有纳西族传统的长桌宴，客户可以一边用餐，一边聆听讲解，了解每道菜品的文化背景和制作工艺。
- 食材本地化：所有菜品均选用当地农场直供的有机食材，深受客户喜爱。

案例点评：通过餐饮将纳西族文化融入客户体验中，“纳西居”不仅满足了客户对美食的需求，更让他们感受到一种沉浸式的文化氛围。

3. 创新主题餐饮：构建独特记忆点

除了满足基本需求和体现地域文化，创新的主题餐饮能够成为民宿的核心亮点。通过设计独特的菜单和用餐环境，民宿可以为客户创造难忘的用餐体验，增强民宿的品牌吸引力。

案例

“竹林夜宴”民宿

“竹林夜宴”是一家以竹文化为主题的高端民宿，拥有多间全景竹林房。

- 竹林晚宴：民宿推出“竹林夜宴”这一特色餐饮体验，客户可以在点缀灯光的竹林中享用晚餐。每张餐桌都以竹筒为装饰，菜单上的菜品则充分融合竹元素，如竹筒饭、竹笋炖鸡汤和竹叶茶。
- 沉浸式体验：晚餐开始前，餐饮团队会带领客户参与竹林徒步，并为他们讲解竹文化的历史与内涵，随后在静谧的竹林中享用晚餐。
- 个性化服务：每位客户可根据个人口味定制菜单，如素食者可以享用以竹笋和野菜为主的特色菜品。

案例点评：“竹林夜宴”的创新主题餐饮，既提升了客户的用餐体验，也成为民宿在市场竞争中的差异化亮点，吸引了大批国内外客户。

4. 丰富旅行体验：餐饮服务是旅行的重要部分

优质的餐饮服务能够为客户的旅行体验添彩，使美食成为旅途中最难忘的一部分。通过餐饮的设计与呈现，民宿不仅满足客户的味蕾，也为他们的旅行留下深刻记忆。

案例

“圆居”民宿

“圆居”是一家以客家文化为主题的庭院式民宿，保留了土楼的传统建筑风格。

- 客家美食体验：民宿餐厅主打客家传统菜肴。
- DIY 美食活动：员工组织客户体验制作客家擂茶，客户可以亲自动手研磨茶叶、炒制配料，并在用餐时享用自己的劳动成果。
- 节庆美食特色：在重要的传统节日，民宿特别推出节庆宴席，让客户在异地感受到浓浓的节日氛围。

案例点评：通过餐饮服务的深度参与，客户不仅享用了美味的客家菜肴，还在动手体验中加深了对客家文化的理解。

（二）餐饮服务的提升策略

餐饮服务是客户体验的重要组成部分，其水平不仅决定了客户对民宿的整体满意度，也影响民宿在市场中的竞争力。如果民宿能够注重本地特色、提供定制服务和确保食品安全，就能够在餐饮服务中展现更强的吸引力。以下结合实际案例，阐述这些策略的实施与成效。

1. 注重本地特色：以饮食讲述文化故事

民宿餐饮的一大优势在于能够通过地方特色菜品和饮食文化，为客户提供沉浸式的文化体验。挖掘本地的饮食特色并将其融入菜单设计，不仅能够满足客户的味蕾，还能增强他们对当地文化的认同感。

案例

“苗家味道”民宿

“苗家味道”是一家以苗族文化为主题的特色民宿，客房以苗族图腾命名。

- 特色菜品：餐饮团队以苗族传统饮食为基础，推出特色菜肴。
- 文化融入：餐厅装饰融入苗族刺绣和银饰元素，员工身着苗族服饰，向客户讲解每道菜品背后的故事。
- 互动活动：民宿定期举办“苗家厨艺体验日”，客户可以学习制作糯米饭和腌菜，这种互动活动成为客户旅行中的亮点。

案例点评：通过将地方特色融入餐饮服务，“苗家味道”成功地在客户心中树立了一个充满文化温度的品牌形象。

2. 提供定制服务：餐饮承载特殊记忆

在重要的生日、纪念日等特殊场景下，提供私人定制餐饮服务，是民宿提升客户体验和情感价值的有效策略。通过细致入微的用餐安排，民宿能够为客户创造难忘的回忆。

案例

“山水悠然”民宿

“山水悠然”以自然风光和静谧氛围为特色。

- 私人定制晚宴：民宿为客户提供“私人竹林晚宴”，在客户入住前详细了解需求，并精心布置竹林中的餐桌，提供个性化菜单。
- 浪漫惊喜：为庆祝纪念日的夫妇准备心形竹筒饭和手工制作的竹叶香包作为伴手礼，同时用蜡烛和花瓣点缀餐桌。
- 亲子家庭：针对亲子家庭，民宿设计了专属儿童菜单，包括创意造型的水果拼盘和手工制作的米糕，为儿童带来额外的惊喜。

案例点评：通过这种定制服务，“山水悠然”不仅提升了客户的用餐体验，还增强了客户对民宿的情感依赖，许多客户在离店后向亲友主动推荐。

3. 确保食品安全：卫生是服务的底线

食品安全是餐饮服务的生命线，严格把控食材来源和制作过程，不仅是保障客户健康的基本要求，也是提升客户信任感的重要方式。

案例

“土楼之光”民宿

“土楼之光”是一家将客家文化与现代设施相结合的民宿，提供客房和客家风味餐厅。

- 食材直供：所有食材均由当地有机农场直供，餐厅的菜单上标注了食材来源，让客户用餐更放心。
- 透明厨房：民宿餐厅采用开放式厨房设计，客户可以全程看到菜品的制作过程，从洗菜到烹饪一览无余。
- 定期卫生检查：将检查结果公开展示在餐厅入口处。

案例点评：这些严格的食品安全措施，不仅赢得了客户的高度信任，也为“土楼之光”带来了良好的口碑效应。

通过注重本地特色、提供定制服务和确保食品安全，民宿的餐饮服务可以在功能性与体验感之间达到平衡，从而为客户创造更加难忘的美食之旅。

（1）本地特色：以地方美食为切入点，让客户在味觉体验中感受文化的深度与魅力。

（2）定制服务：通过为客户提供个性化的用餐安排，让餐饮成为特殊回忆的载体。

（3）食品安全：以严谨的标准和透明化的流程，为客户的健康和信任保驾护航。

从“苗家味道”，到“山水悠然”，再到“土楼之光”，这些民宿以餐饮服务为核心，展现了独特的文化价值与人文关怀。通过不断优化餐饮服务，民宿不仅能够满足客户的基本需求，更能在市场竞争中脱颖而出，成为客户心中的温暖记忆。

五、增值服务

（一）增值服务的多样化

在民宿行业竞争越发激烈的今天，增值服务的多样化已成为民宿提升客户满意度、增加品牌黏性的重要手段。除了基础的住宿和餐饮服务，民宿可以通过提供文化活动、户外体验、交通接驳等多样化的增值服务，为客户创造更加丰富的旅行体验。这些服务不仅能满足客户的个性化需求，还能通过独特的活动设计和深度参与感，为民宿打造差异化竞争优势。

1. 组织文化活动：让客户感受地域文化的独特魅力

通过组织文化活动，民宿能够向客户展示所在地区的历史与传统，使他们在短暂的旅行中深度体验地方文化。这种服务特别适合文化底蕴深厚或以文化主题为卖点的民宿。

案例

“唐风雅舍”民宿

“唐风雅舍”是一家以唐代文化为主题的庭院式民宿，客房以唐诗命名。

- 诗歌朗诵夜：民宿组织“唐诗之夜”活动，邀请客户在灯笼点缀的庭院中诵读唐诗，以古琴伴奏。
- 传统手工艺体验：白天，民宿安排客户参与唐三彩的手工制作课程，在技艺体验中了解唐代艺术的精髓。
- 历史导览服务：民宿提供专业导游服务，带领客户游览龙门石窟和白马寺，并结合唐代历史讲解，让旅行更有深度。

案例点评：这些文化活动不仅让客户感受到洛阳深厚的历史底蕴，也成为“唐风雅舍”在社交媒体上的热门话题，吸引了大量历史爱好者前来入住。

2. 提供户外体验：带客户探索自然与冒险

户外体验类服务是大自然或山水主题民宿的核心增值项目之一。通过徒步、露营、星空观测等活动，民宿可以让客户感受到自然的魅力，同时满足他们追求新鲜感与探索精神的需求。

案例

“星空牧场”民宿

“星空牧场”是一家以星空和牧场文化为主题的民宿，拥有蒙古包式客房和露营帐篷。

- 草原骑马探险：民宿提供骑马服务，带领客户穿越草原，感受大自然的辽阔，同时讲解草原生态系统和牧民生活方式。
- 星空观测活动：民宿在露天草地上组织“星空之夜”活动，讲解天文知识，提供天文望远镜供客户使用。
- 露营与篝火晚会：客户可参加露营活动，晚上围坐在篝火旁品尝特色烤全羊，听牧民讲述古老的草原故事。

案例点评：这些活动既契合民宿的星空主题，又满足客户对自然与探索的向往，吸引了许多家庭和团体客户。

3. 提供交通接驳：提升便利性与服务体验

对于距离城市较远或交通不便的民宿来说，提供交通接驳服务不仅可以解决客户的出行难题，还能提升他们的整体体验感。这种服务特别适合偏远或乡村主题的民宿。

案例

“侗乡清音”民宿

“侗乡清音”以侗族音乐和田园风光为主题，拥有多间木屋客房。由于该民宿地处偏远，因此交通成为客户的首要难题。

- 接驳服务：民宿提供从最近的火车站和机场接驳的专车服务，并为自驾客户提供详细的导航指引和免费停车场地。
- 田园导览车：民宿内部设有电瓶车，客户可以乘车参观梯田景观以及民宿的自有农场等。

- 个性化接送安排：针对家庭和团体客户，民宿还提供专属接送服务，根据客户的行程灵活安排时间。

案例点评：通过这些交通接驳服务，“侗乡清音”不仅解决了客户到达和游览的便利性问题，也让客户能够更从容地享受田园慢生活。

4. 健康与休闲服务：使客户身心放松

随着健康与休闲理念的普及，许多高端或养生主题民宿开始提供健康类增值服务，如瑜伽课程和养生膳食，这些服务让客户在旅行中能够调节身心、恢复活力。

案例

“水云间养心阁”民宿

“水云间养心阁”是一家以养生和水景为主题的精品民宿，拥有多间水景客房。

- 湖畔晨间瑜伽：每天清晨，客户可以在湖畔参加由专业导师带领的瑜伽课程，放松身心。
- 中医推拿与养生茶：民宿特设中医推拿房，为客户提供按摩服务；同时在客房中备有自制的养生茶饮。
- 私人冥想空间：部分客房附带独立的冥想阳台，客户可以在静谧的湖景中冥想或阅读，感受内心的平静。

案例点评：这些服务让客户在湖光山色中实现身心放松，“水云间养心阁”因此成为许多都市白领的度假首选。

增值服务是民宿在基础服务之外提升客户体验的有力工具。从文化活动到户外体验，再到交通接驳、健康与休闲，这些服务不仅让客户的旅行生活更加丰富，也帮助民宿在激烈的市场竞争中形成独特优势。

（二）增值服务的提升策略

在民宿竞争愈加激烈的背景下，提升整体体验是民宿持续吸引客户的关键。通过打造独特的体验活动、引入智能化设备、关注客户的个性化需求，民宿可以在提供基础服务之外，塑造令人难忘的亮点。

1. 打造体验活动：赋予旅行更多互动与趣味

提供丰富的体验活动是民宿区别于酒店的重要标志之一。民宿结合自然和文化资源策划具有参与性和互动性的活动，不仅能够丰富客户的行程安排，还能通过深度参与让他们对民宿及其周边环境留下更深的印象。

案例

“云岭古村”民宿

“云岭古村”是一家以乡村文化为主题的民宿。该民宿以其丰富多样的体验活动吸引了大量城市客户。

- 农事体验：客户可以参与农田的季节性活动，切身感受乡村生活的乐趣。

- 手工艺制作：民宿安排竹编体验课程，邀请村里的竹艺匠人教授制作简单竹篮和扇子的方法，客户可以将自己的作品带回家留作纪念。
- 摄影课程：针对热爱摄影的客户，民宿与本地摄影师合作开设“梯田晨光”摄影课程，指导客户捕捉梯田的美景。

案例点评：通过这些活动，“云岭古村”不仅为客户提供了丰富的行程安排，还通过互动体验拉近了城市与乡村的距离，深受家庭客户和摄影爱好者的喜爱。

2. 提供智能化服务：为客户提供现代化便利

智能化服务能够极大地提升客户的居住舒适度和便利性，让他们在民宿中体验到科技与人性化相结合的居住环境。通过引入智能家居设备，民宿可以为客户打造更加现代化的居住体验。

案例

“智慧海居”民宿

“智慧海居”是一家以科技为特色的智能化民宿，拥有现代简约风格的客房。

- 智能家居设备：每间客房都配备了语音控制系统，客户既可以通过语音调节灯光、空调和窗帘，也可以直接点播音乐或查询天气预报。
- 移动端控制：民宿提供专属 App，客户可通过手机控制客房设备，并使用一键服务功能预约餐饮或客房清洁。
- 增强现实导览：客户可以通过客房内的 AR 设备观看周边景点的虚拟导览视频，提前了解景区信息并规划行程。

案例点评：这种高度智能化的居住体验，为“智慧海居”赢得了许多科技爱好者的青睐，同时也极大地方便了家庭和商务旅行者的使用。

3. 提供个性化服务：满足不同客户的细节需求

细节决定成败，关注客户个性化需求并提供针对性的服务，是提升客户满意度的重要方式。无论是为家庭客户提供儿童设施、为情侣客户打造浪漫布置，还是为商务旅行者提供办公空间，贴心的细节都能让客户感受到民宿的用心。

案例

“云端秘境”民宿

“云端秘境”是一家坐落于张家界山间的民宿，其客房以自然风光命名，以针对不同群体的细节服务而闻名。

- 家庭客户服务：民宿在公共区域设有儿童游乐区，配备绘本、积木和儿童滑梯，并为家庭客户提供儿童安全座椅、婴儿床和奶瓶消毒器等设施。
- 情侣浪漫布置：针对情侣客户，民宿在客房布置上精心设计，如提供玫瑰花瓣装饰的床铺、私人露台上的双人晚餐，以及香薰蜡烛和泡泡浴设施。
- 商务旅行者支持：民宿为商务旅行者提供带有独立办公桌的客房，并在客房内配备高速网络、无线打印机和视频会议设备，满足他们的办公需求。

案例点评：“云端秘境”的个性化服务不仅让客户感受到无微不至的关怀，也增强了客户对民宿的情感认同，吸引了众多回头客。

通过打造体验活动、引入智能化服务以及关注细节需求，民宿能够全面提升客户的体验感和满意度。这些策略的实施，不仅能赢得客户的长期信任与口碑传播，还能让民宿在激烈的市场竞争中脱颖而出。随着客户需求的不断变化，民宿的服务策略也需要持续优化，以保持竞争力并为客户提供持续的新鲜感和惊喜。

本章小结

本章围绕民宿的组织结构与服务管理展开，通过对组织结构设计、人员岗位管理和服务管理的深入分析，帮助读者系统掌握民宿运营的理论与实践知识。在组织结构设计方面，重点阐述了职能型、矩阵型两种常见的组织结构，并结合实际案例说明科学设计的重要性。在人员岗位管理中，探讨了民宿的岗位及其职责、民宿的人员配备及安排。在服务管理部分，全面解析了从前台服务到增值服务的核心环节，强调了个性化服务和创新管理对提升客户体验的关键作用。通过本章的学习，读者能够将理论与实践相结合，设计出适合不同民宿规模和定位的管理体系，为民宿的高效运营与长期发展奠定基础。

实训活动

- 案例分析与讨论

（1）任务：分析某一品牌民宿的组织结构和岗位设置，论述其优缺点，并提出改进建议。

（2）目标：培养分析组织结构设计与岗位职责分配的能力，提升创新思维。

- 服务设计实践

（1）任务：根据本书提供的“山水悠然”民宿的基本信息，设计一个包含前台服务、客房服务、餐饮服务、增值服务在内的综合服务管理方案，并模拟实际操作中的服务场景。

（2）目标：增强服务流程设计能力，锻炼团队协作和问题解决技能。

- 组织结构模拟设计

（1）任务：选择一个拟建的民宿项目，结合其规模、定位和目标客户群体，设计适合的组织结构，并通过图表展示其层次关系和岗位职责分布。

（2）目标：掌握组织结构的实际设计技巧，理解不同结构形式的优缺点。

课后习题

一、判断题

1. 民宿的组织结构设计应根据其规模、定位和客户需求灵活调整。(　　)

2. 职能型组织结构适合小型民宿，因为它具有较高的灵活性。(　　)

3. 矩阵型组织结构将岗位职责按功能和项目交叉分组，适合需要高度协作与创新的民宿。(　　)

4. 民宿的客房服务只需要保持客房整洁即可，无须关注客户的个性化需求。(　　)
5. 民宿的餐饮服务只需要满足客户的基本饮食需求，无须体现地域文化。(　　)

二、单选题

1. 以下哪项是提升民宿客房服务的重要策略？(　　)
A. 提供定制化餐饮服务　B. 引入智能化设备
C. 增加客房数量　D. 降低清洁频率
2. 民宿前台服务的核心职责不包括（　　）。
A. 客户接待　B. 信息管理　C. 客房清洁　D. 应急处理
3. 以下哪项属于民宿增值服务？(　　)
A. 清洁客房　B. 前台接待　C. 提供文化活动　D. 供应餐饮

三、多选题

1. 民宿组织结构的设计原则包括（　　）。
A. 适应性原则　B. 客户导向原则　C. 经济性原则　D. 层次清晰原则
2. 民宿客房服务的提升策略包括（　　）。
A. 个性化布置　B. 高标准清洁流程
C. 设施优化　D. 增加餐饮种类
3. 民宿餐饮服务的核心功能包括（　　）。
A. 满足基础需求　B. 突显地域文化
C. 创新主题餐饮　D. 丰富旅行体验

四、简答题

举例说明在民宿岗位设置与职责划分中，运用灵活性原则的重要性。

五、案例分析题

阅读“土楼之光”民宿的案例，分析其在食品安全管理上的措施及对客户信任度的影响，并提出优化建议。

第六章

民宿产品开发与活动策划

本章导读

在文旅融合与消费升级的时代背景下，民宿已从单一的住宿载体逐步转型为承载地方文化、个性化体验与情感共鸣的复合型住宿空间。本章以“民宿产品开发与活动策划”为核心，系统探讨如何通过精准的市场定位、创新产品设计及特色活动策划，构建差异化的民宿竞争力。通过理论与实践案例的结合，本章旨在引导读者理解产品开发与活动策划在品牌溢价、客户黏性与可持续发展中的协同作用，最终实现民宿从“住”向“旅居生态”发展的价值跃迁。

学习目标

1. 知识目标

掌握民宿产品开发的核心要素，熟悉不同产品开发过程中的关键影响因素。

理解民宿活动策划的基本原则，明确活动策划的一般流程。

学习如何将当地的自然景观、历史文化、民俗风情等特色资源融入民宿产品开发与活动策划中，掌握资源整合与创新利用的方法与技巧。

2. 能力目标

独立进行民宿产品开发的市场调研与分析，准确把握目标客户群体的需求特点与消费趋势，运用所学知识和工具制定切实可行的活动策划方案。

具备较强的民宿活动策划能力，能够根据民宿的定位、资源优势与市场需求，制定具有创意、吸引力和可行性的活动方案，涵盖活动主题、形式、时间地点安排、人员组织、物资筹备、预算编制等详细内容，并能够协调各方资源确保活动的顺利开展与高效执行。

熟练运用各种宣传推广渠道和营销手段，为民宿产品与活动制定有效的市场推广策略，提升民宿的知名度与美誉度，吸引更多潜在客户，并通过客户关系管理系统，提高客户满意度与忠诚度，实现民宿产品的市场销售与品牌建设目标。

3. 素养目标

树立创新意识与市场导向观念，能够在民宿产品开发与活动策划过程中不断追求创新与突破，关注市场动态变化，积极主动地适应市场需求，培养对新事物、新趋势的敏锐洞察力与快速响应能力，为民宿的持续发展注入新的活力。

培养团队协作精神与沟通能力，在民宿产品开发与活动策划的实践中，与不同专业背景、不同岗位职责的人员进行沟通与协作。

明德学堂

民宿发展赋能乡村振兴

民宿作为乡村经济新业态，具有带动经济发展的作用，在促进乡村产业升级中具有社会责任。民宿作为文化传播载体具有特殊意义，在产品策划中融入本土文化元素能够传承和弘扬中华优秀传统文化，增强文化自信。

知识导入

随着现代旅游业的蓬勃发展，民宿作为一种新兴的住宿形式，以其独特的魅力和个性化服务迅速赢得了市场的青睐。民宿产品开发与活动策划是民宿运营中的核心环节，它不仅关系民宿的市场定位和品牌形象，还直接影响客户的体验和满意度。本章将深入探讨民宿产品开发的策略和活动策划的技巧，旨在帮助读者掌握如何打造具有竞争力的民宿产品，并通过精心策划的活动吸引并留住客户。

首先，民宿产品开发需要考虑的因素包括市场调研、目标客户群体定位、产品设计、服务创新以及可持续发展等。市场调研是了解潜在客户需求和竞争对手情况的重要手段，有助于民宿运营者做出符合市场需求的决策。目标客户群体定位能够帮助民宿在众多竞争对手中脱颖而出，形成独特的卖点。产品设计需要结合当地文化、自然环境和建筑特色，创造出独一无二的住宿体验。服务创新是提升客户满意度和忠诚度的关键，而可持续发展则是民宿长期运营的基石。

其次，活动策划是提升民宿知名度和吸引客户的重要手段。成功的活动策划需要考虑活动主题的吸引力、活动内容的创新性、活动时间的适宜性以及活动宣传的有效性。活动主题应与民宿的整体风格和市场定位相契合，能够引起目标客户群体的共鸣。活动内容的设计要注重参与性和体验性，让客户在参与中获得难忘的体验。活动时间的选择要考虑到季节性、节假日等因素，以最大化活动的影响力。活动宣传则需要利用多种渠道，包括社交媒体、合作伙伴、口碑传播等，以提高活动的曝光率和参与度。

第一节　民宿产品开发

民宿产品的概念和分类

一、民宿产品开发的核心要素

（一）地理位置与空间设计：民宿产品的物理载体

民宿的地理位置与空间设计是产品开发的基石，直接影响民宿目标客户群体定位、运营成本与价值。

1. 选址策略：在地理优势与成本效益间寻求平衡

首先，选址需在地理优势和成本效益之间寻求平衡。[1]一方面，资源导向型策略强调民宿依托自然景观，如山川、湖泊、海滨等，或人文资源，如古镇、艺术聚落等，优先抢占稀缺性资源。例如，莫干山民宿集群凭借当地的竹海生态，成功打造出优质度假品牌，吸引了大量客户。另一方面，市场导向型选址策略注重民宿靠近目标客户群体聚集地，如城市近郊（1～2小时行程圈）、交通枢纽（高铁站、景区入口）或成熟旅游线路节点，以此降低获客难度，提高民宿的曝光率和客流量。此外，

① 逯浩，温铁军．以全面深化改革推进乡村振兴的关键议题与实践路径 [J]. 人文杂志，2024，（11）：1-8.

政策风险评估也是选址过程中不可忽视的一环。民宿从业者需提前调研区域土地性质、相关政策、要求，包括消防、排污要求等，并妥善处理好与社区的关系，以避免因政策变动而导致运营中断等问题，确保民宿能够长期稳定发展。

2. 空间设计：从功能分区到情感共鸣

在民宿产品的开发中，功能复合化设计是一种重要的创新理念。它突破了传统的“住宿＋餐饮”单一模式，致力于规划多元场景，以满足不同客户的多样化需求。通过巧妙的空间布局和功能整合，民宿可以成为在有限的区域内集休闲娱乐、文化体验、商务交流等多种功能于一体的综合性场所。例如，设置共享工作空间，方便商务旅行者进行小型会议或远程办公；打造特色文化活动区域，举办手工艺品制作、民俗文化讲座等活动，让客户深入体验当地文化；布置户外休闲区域，如花园、露台等，供客户进行烧烤、星空观赏等。这种功能复合化设计不仅丰富了客户的住宿体验，还能够吸引更多不同类型的客户，提升民宿的市场竞争力和盈利能力，使其在激烈的市场竞争中脱颖而出，实现可持续发展。

在私密空间里，客房设计应注重隔音、采光与景观视野，通过选择合适的材质，如原木、夯土等，以及精心搭配软装，如手工艺品、在地织物等，来传递独特主题氛围，打造一个舒适、宁静且富有特色的休息港湾。在公共空间，则需打造多样社交场景，像书吧、茶室、篝火区等，促进客户之间的交流互动；同时应设置体验工坊，如陶艺室、厨房课堂等，丰富体验内容，延长客户的停留时间，进而衍生二次消费，提升民宿的综合收益。在过渡空间，如庭院、露台、连廊等半开放区域，可运用自然景观渗透手法，比如借景，模糊室内外界限，让客户在空间转换中感受自然之美，增强空间叙事性，仿佛讲述一个连贯的故事，引导客户逐步深入探索。

此外，将地域文化元素解构为设计语言，在设计中融入地域文化符号也必不可少，客户在住宿过程中能够深度感受当地独特的文化魅力，实现文化与空间的完美融合，为民宿赋予更深层次的文化内涵和吸引力。

3. 设计趋势：可持续发展

在民宿空间设计中，可持续发展设计趋势正逐渐成为主流。生态友好技术的应用为可持续设计提供支持。通过采用太阳能供电系统，民宿可以在日常运营中减少对传统能源的依赖，降低碳排放；雨水回收装置能够收集并处理雨水，用于满足民宿的景观灌溉、清洁等非饮用水需求，有效节约水资源；同时，优先选用本地建材，不仅能够减少因长途运输带来的能源消耗和环境污染等问题，还能更好地融入当地自然环境，保持生态平衡，从多方面减少环境负荷，实现人与自然和谐共生。灵活模块化设计则是应对市场变化、提升空间利用率的有效手段。在实际操作中，可移动隔断的运用使得空间划分更加灵活。民宿可根据不同季节、淡旺季客流量的变化，快速调整客房与公共空间的布局。例如，在旅游旺季，通过移动隔断将大型公共区域合理分隔成多间小型客房，满足更多客户的住宿需求；而在淡季，可将隔断移开，恢复宽敞的公共空间，用于举办各类主题活动，吸引周边客户。此外，多功能家具的配置也至关重要，像折叠床、沙发床等家具，可以实现在有限的空间内多种功能的转换，既能满足客户多样化的使用需求，又能有效降低因空间闲置而导致的资源浪费，提高民宿整体的运营效益，增强市场竞争力。

（二）文化背景与呈现方式：民宿产品的精神依托

1. 文化提炼

深度挖掘在地文化是基础。民宿可以通过系统的田野调查，全面梳理地方历史、民俗、物产等资源，并巧妙转化为可供客户体验的内容。例如，“云端觅境”民宿以古村落农耕文化为线索，精心设计了梯田徒步、古法酿酒等特色活动，让客户在亲身体验中感受当地文化的独特魅力，使文化从抽象的概念变为可参与的现实体验活动。同时，文化符号的现代化表达至关重要。民宿应避免简单堆砌传统元素，而应以当代审美视角重构文化内涵。若民宿既保留传统文化的精髓，又符合现代人对于美学和舒适度的追求，则可能在竞争中脱颖而出，树立起独特的品牌形象。这样的文化提炼与表达方式，不仅能够增强民宿的文化吸引力，还能实现精准定位与差异化，为民宿在激烈的市场竞争中赢得一席之地。

2. 品牌故事与视觉传达

故事能够赋予民宿独特的灵魂和文化内涵。通过围绕民宿运营者经历、建筑历史或在地传说打造叙事主线，民宿能够传递深厚的情感和地域特色。例如，“既下山”民宿以茶马古道驿站“重生”为故事背景，将当地的历史文化与现代民宿相结合，增强了品牌的记忆点和吸引力，使客户在入住前就对民宿充满了期待。同时，视觉系统的一致性对于品牌形象的塑造至关重要，从 Logo、宣传物料到空间装饰，保持统一的视觉风格能够强化大众对品牌的认知。例如，“大乐之野”民宿以黑白极简摄影为主视觉效果，通过简洁的色彩和自然的元素，传递出自然野趣的品牌调性，让客户在视觉上就能感受到民宿所倡导的生活方式和文化内涵。

（三）服务设计与客户体验优化：民宿产品的软性竞争力

1. 精细化服务流程设计

在行前触点方面，民宿可以通过邮件为客户提供详细的交通指南、当地天气信息以及活动预告，有效提升客户对旅行的期待，让他们在抵达前就对民宿和周边环境有初步了解，做好充分准备。入住时，仪式感的打造至关重要。欢迎茶饮、手写卡片、在地伴手礼等“第一印象”服务，能让客户在踏入民宿的瞬间感受到温暖与关怀，为整个住宿体验打造良好的开端，留下深刻而美好的第一印象。在店体验过程中，民宿可以采用管家式服务模式，通过非标准化互动，如带领客户参与当地的采摘活动、组织夜间故事会等，增强与客户之间的情感黏性，使他们在住宿期间不仅能得到物质上的满足，更能收获情感上的共鸣和独特的体验，从而与其他民宿形成差异。民宿可以建立会员社群，在客户成为会员并离店后，定期推送专属优惠与活动资讯，驱动复购，并通过口碑传播，吸引更多潜在客户，实现民宿客源的持续稳定增长，提升民宿的品牌影响力和市场竞争力。

2. 个性化体验设计

个性化体验设计作为民宿服务设计的核心模块，民宿需建立系统化的需求捕捉与价值转化机制。在动态需求响应层面，民宿应构建多维度的用户画像采集系统：入住前发布电子问卷，收集结构化数据（如饮食禁忌、作息、行为习惯），结合在线沟通平台的语义分析技术（采用自然语言处理算法解析聊天记录中的情感倾向与潜在需求），形成动态更新的客户偏好数据库。基于用户画像采集系统建立的智能推荐系统可触发定制化服务预案，如自动标记纪念日并启动场景化惊喜模块，包含主题房布置、糕点定制等标准化服务组合，同时设置员工二次确认环节以确保个性化与隐私保护达成平衡。

活动分层设计需遵循马斯洛需求层次理论构建金字塔模型：基础活动层聚焦生理与安全需求，设计高频次、低成本的免费体验项目（如晨间瑜伽、咖啡品鉴），每日开展时段应覆盖大部分客户活跃的时间段，通过服务接触点增强基础满意度；增值活动层瞄准社交与自我实现需求，开发具有在地文化特色的收费项目，采用价值可视化设计原则，如非遗手作课程需传承人现场指导，通过服务流程仪式化和成果实体化强化价值感知。价格体系设计应采用“成本锚定 + 心理溢价”策略，基础活动成本控制在客房均价的合理范围以内；增值活动定价参照当地同类体验项目，可适当溢价。

3. 数字化工具赋能民宿服务升级

数字化工具赋能民宿服务升级的本质在于构建人机协同的服务生态系统，需遵循“数据驱动、体验融合”的设计原则。[①]在智能管理系统构建层面，民宿应采用数据中台架构实现多源异构数据融合：通过 ETL（Extract-Transform-Load）工具抽取 PMS (Project Management System) 中的运营数据（客房状态、设备能耗）、CRM 中的行为数据（服务记录、消费偏好）及 OTA 平台的评价数据，运用卷积神经网络建立动态需求预测模型，提高入住前 7 天的服务预案生成准确率。用户画像采集系统需设置三级标签体系（基础属性、行为特征、情感倾向），采用 Flink 流式计算框架，实现画像实时更新，并通过 API 接口与各服务终端同步，确保客户在庭院、餐厅等场景切换时服务策略的连续性。场景化技术应用需把握“隐性智能，显性温度”的实施准则。AR 导览系统应采用多模态交互设计，通过 LBS (Location Based Services) 定位触发建筑历史讲解（如对传统木结构建筑进行三维模型拆解），并植入当地长者口述历史访谈音频，使科技呈现具有文化纵深感。智能客房控制系统需构建三层响应机制：基础层实现语音指令控制（采用 NLP，即本地化方言识别模型），增强层通过可穿戴设备数据同步自动调节微环境（如根据智能手环监测的睡眠状态调整空调风速），情感层则运用情感计算技术解析语音语调，当识别到疲惫情绪时自动调暗灯光并播放白噪声。技术迭代过程中需设置人文关怀校验环节，定期评估科技介入对主客关系亲密度的边际效应，确保数字化工具始终服务于“有温度的记忆制造”这一核心价值。

二、民宿特色产品创新

民宿产品开发的概念和原则

（一）在地文化产品化路径

在地文化产品化路径的建构需遵循“文化基因解码—体验符号转译—服务场景再现”的三阶方法论体系。首先，采用文化人类学的深描方法进行文化基因解码。民宿可以通过田野调查、口述史采集与地方志考据，系统梳理属地文化遗产的三维谱系：物质层聚焦

① 周宣辰，黄明理. 新质生产力赋能文化消费升级的逻辑框架、价值旨归与实践进路 [J]. 经济问题，2025（3）：21–28.

传统建筑的空间智慧（如榫卯结构形制、夯土墙营造技艺），非物质层挖掘民俗仪式的象征系统（如节气农事歌谣的劳作节奏），生态层整合特色物产的在地知识（如本地茶种的栽培时序）。其次，“解构—转译—再现”设计流程使文化活化，其中解构阶段采用符号学分析工具，将文化元素拆解为可编码的文化基因单元（如传统木作技艺被分解为多种基础榫卯模块）；转译阶段引入服务设计思维，通过叙事弧线模型重构体验价值链条，如将茶文化转译为“茶园探秘—手工炒制—茶器制作—茶席礼仪”的四幕沉浸式剧场；再现阶段依托服务蓝图技术，构建“文化传译员培训体系＋模块化物料包＋智能导览系统”的标准化交付方案。具体实施中需建立文化元素数据库与知识产权保护机制，确保从农田到餐桌各环节的知识产权依靠数字水印技术得到保护，最终形成可复制推广的文化体验产品矩阵。

（二）时空场景创新策略

1. 空间维度

在空间维度上，垂直开发建筑空间功能，充分利用民宿的立体布局。例如，屋顶星空影院为客户提供浪漫的夜间娱乐体验，让他们在露天环境中欣赏电影，感受星空下的惬意；地下酒窖探秘为客户营造神秘的氛围，让他们探索酒文化，品尝美酒。这种立体化的空间利用不仅丰富了客户的体验，还提升了民宿的空间利用率和经济效益。

2. 时间维度

时间维度的设计注重昼夜场景的转换。日间可以开展农事体验，如种植、采摘等，让客户亲近自然，感受田园生活的乐趣；夜间则转化为灯光艺术展，利用灯光装置和投影技术，营造梦幻般的夜间景观。这种昼夜交替的场景设计，不仅延长了客户的停留时间，还为他们提供了多样化的体验，增强了民宿的吸引力。

3. 文化维度

文化维度的创新在于打造可穿戴的文化符号。例如，植入方言语音的智能徽章可以让客户在佩戴过程中感受当地文化的独特魅力。这种徽章可以通过语音交互，为客户提供方言翻译、文化讲解等服务，使客户的文化体验更加生动。通过这种方式，民宿能够将传统文化与现代科技相结合，为客户创造独特的文化记忆点。

4. 情感维度

情感维度的创新旨在打造记忆锚点。例如，定制化气味发生器可以使用民宿属地的植物香氛，让客户在入住期间感受独特的地域气息。这种气味不仅能够提升客户的舒适度，还能通过嗅觉记忆来强化他们与民宿的情感连接。此外，民宿还可以通过其他情感化设计，如手写卡片、个性化礼物等，进一步增强客户的情感体验，使他们在离店后仍能回忆起美好的住宿经历。

（三）产品矩阵组合模型

1. 常设型产品

常设型产品是民宿的基础服务部分，具有稳定性和持续性。例如，每日开展在地文化体验工坊活动，为客户提供持续的文化体验，具体内容包括：手工艺品制作、传统技艺学习等，让客户在住宿期间能够深入了解当地文化，增强文化认同感。通过每日开展的活动，民宿能够建立起稳定的客源，形成良好的口碑效应。

2. 季节限定产品

季节限定产品结合物候特征设计，具有时令性和独特性。例如，春日茶山徒步让客户在万物复苏的季节里感受大自然的生机与活力；秋季果酱制作让客户体验丰收的喜悦和传统美食的制作过程。这些季节性活动不仅能够吸引客户在特定季节来民宿体验，还能通过社交媒体等渠道进行传播，提升民宿的知名度和美誉度。

3. 事件驱动产品

事件驱动产品嫁接艺术展览、学术沙龙等临时性内容，具有灵活性和创新性。这些活动可以吸引对某方面感兴趣的特定客户群体，为民宿带来新的客源。例如，举办艺术展览可以吸引艺术爱好者，举办学术沙龙可以吸引学者和研究人员。通过这些临时性活动，民宿能够不断更新内容，保持新鲜感，提升客户的重游率。

4. 社区共生产品

社区共生产品联合本地居民开发生活实验室，具有互动性和共生性。例如，菜市场导览活动让客户深入当地居民的日常生活，了解当地的饮食文化和生活习俗；家庭晚餐计划让客户有机会与当地居民共进晚餐，体验地道的家常菜。这些活动不仅能够增强客户与当地居民的互动，还能促进社区的经济发展，实现民宿与社区的共生共赢。

（四）服务蓝图与技术嵌入

1. 前台体验

前台设置文化传译员，作为客户与民宿之间的文化桥梁。文化传译员通过“故事化导览 + 任务卡机制”增强客户的参与感和互动性。例如，在导览过程中，文化传译员会以生动的故事讲解当地的历史文化背景，并设置任务卡，让客户在探索中完成特定任务，增加活动的趣味性和他们的成就感。这种体验不仅可以丰富客户的知识，还让他们在参与中感受文化的魅力。

2. 中台支持

中台建立文化素材库与活动资源包，为前台提供丰富的文化素材和活动支持。文化素材库收集当地的历史、民俗、艺术等资料，活动资源包包含各种文化体验活动的详细方案和所需材料。同时，配置移动式服务单元，如可变形手作工作台，能够灵活适应不同的活动需求，提升服务的灵活性和效率。中台的支持确保前台能够持续提供高质量的文化体验服务。

3. 后台保障

后台接入基于位置的服务（LBS）与物联网设备，实现场景化服务的智能触发。例如，通过 LBS，民宿可以为客户提供精准的导航和位置信息，帮助他们更好地探索周边环境。物联网设备则可以实现自动化的环境控制和设备管理，如智能灯光、温度调节等，提升客户的住宿体验。后台的智能系统还能够实时监控民宿的运营状况，及时调整资源分配，确保服务的顺畅运行。

> **案例**
>
> 云南丽江“古韵商机”民宿——文化传承与现代度假的融合

4. 全链路协同

通过“前台体验—中台支持—后台保障”的全链路设计，民宿实现了从客户体验到运营管理的全面优化。这种全链路的服务设计不仅提升了客户的满意度，还增强了民宿的市场竞争力，推动民宿业务可持续发展。

第二节 民宿活动组织与策划

一、民宿活动概述

（一）民宿活动的概念

从概念上解释，活动是指为达到某种目的而组织的、具有一定规模和特定形式的、具有明显时限性和公共性的社会行为。民宿活动应称为民宿特色活动，顾名思义就是指具有鲜明特色的，有亮点、有创新、能够吸引人眼球、与众不同的活动。

（二）民宿活动的类型

1. 日常活动和时令活动

按照举办的时期，民宿活动可分为日常活动和时令活动。日常活动是指民宿所运营的常规性活动，受时令、节庆等影响较小。这类活动通常是民宿为了丰富客户的日常体验而设置的，一些民宿会定期举办手工制作活动，制作当地特色手工艺品，如编织、陶艺等，让客户能够亲手体验并带回独一无二的纪念品；还有品茶会或咖啡品鉴活动，一些民宿提供当地的特色茶叶或咖啡，由专业的茶艺师或咖啡师讲解品鉴知识，让客户在休闲时光中学习新知识，享受宁静的下午茶时光。

时令活动是指民宿组织的活动会受到时令的影响，有明显的季节性特征。例如，在春季，民宿举办赏花活动。如果是位于山区的民宿，当漫山遍野的野花盛开时，可以组织客户进行山花寻踪活动，安排当地的导游带领客户欣赏各种珍稀的野花，介绍它们的种类和生长习性。在夏季，靠近海边或河边的民宿可以开展水上活动，如皮划艇比赛、沙滩排球比赛等，这些活动可以充分利用夏季的水资源和户外场地，让客户享受夏日的清凉和运动的乐趣。这些时令活动能够吸引不同需求的客户，提升民宿的吸引力和竞争力。

2. 自然体验类民宿活动、非遗体验类民宿活动、节事活动以及微度假旅游活动

按照策划的内容，民宿活动可分为自然体验类民宿活动、非遗体验类民宿活动、节事活动以及微度假旅游活动。自然体验类民宿活动，如自然景观欣赏活动等。例如，位于山区的民宿可以组织客户进行山间日出观赏活动。民宿可以提前准备好热茶或咖啡，带领客户在最佳观赏点等待日出，同时讲解当地的地理知识和日出形成的原理等。

非遗体验类民宿活动。例如，一些具有刺绣特色的民宿可以开展传统刺绣体验活动，邀请当地的刺绣非遗传承人向客户传授刺绣技巧，让客户亲手制作带有当地特色图

案的刺绣作品，如带有苗族图案的刺绣手帕等。

节事活动。在重大节日，如情人节，民宿可以策划浪漫的情人节主题活动，如布置浪漫的客房、放置玫瑰花瓣，或在公共区域举办情侣互动游戏，如情侣猜谜、情侣烹饪比赛等，增加情侣客户的互动性和乐趣。

微度假旅游活动。例如，一些民宿在周边开展骑行活动，提供自行车，规划好骑行路线，让客户在骑行过程中欣赏乡村风光、古道风景等。

二、民宿活动策划的基本原则

（一）以客户需求为核心

1. 深入了解客户特性

民宿所面向的目标客户群体是活动策划的出发点。不同的目标客户群体，如年轻背包客、亲子家庭、情侣、商务旅行者等，他们在旅游目的、兴趣爱好、消费习惯和生活方式上存在显著差异。年轻背包客往往追求新奇、刺激的体验，喜爱参与社交性强、富有冒险精神的活动；亲子家庭倾向于参加安全、有趣且能增进亲子关系的活动项目，如亲子手工制作、儿童自然科普讲座等；情侣偏好浪漫、私密的氛围，像双人私享星空电影之夜、情侣写真拍摄活动等更适合他们；商务旅行者可能更注重活动的时间效率和放松效果，如在紧张的商务会议间隙安排短暂的放松活动等。民宿需通过发布线上调查问卷、分析入住登记信息、挖掘客户评价反馈以及线下与客户交流等多种途径，全方位收集信息，精准描绘用户画像，以便为后续活动策划提供坚实的数据支撑和方向指引。

2. 贴合客户兴趣热点

时刻关注社会文化潮流、旅游行业动态以及本地热门话题，将当下的流行元素巧妙融入民宿活动中，使其具有鲜明的时代特色和吸引力。例如，当某部热门电影上映且民宿所在地区有相关取景地时，民宿可策划一场民宿嘉年华，设置电影场景还原打卡点、露天电影播放、电影角色 Cosplay 比赛等活动，吸引热衷于电影文化的客户参与；又如，在当地举办大型体育赛事期间，推出“体育迷欢乐聚”活动，组织客户观看比赛直播、开展体育知识竞赛、举办迷你运动会等，让体育爱好者们在民宿中也能充分感受赛事激情，感受体育魅力。如此一来，客户能够在民宿活动中找到与自身兴趣爱好的契合点，从而激发参与热情，提升活动的吸引力和参与度。

（二）彰显民宿特色与优势

1. 深度融合民宿风格

民宿的建筑风格、室内装修、庭院景观等硬件设施所呈现出的独特风貌，是其区别于其他住宿产品的重要标志。活动策划应充分挖掘并利用这些特色元素，将其有机融入活动的各个环节，使客户在参与活动过程中，进一步加深对民宿风格的感知和记忆。例如，具有徽派建筑风格的民宿可策划一场“徽文化深度体验之旅”，邀请民间艺人现场展示徽州木雕、砖雕、石雕技艺，组织客户参观周边徽州古村落，品尝正宗徽州美食，让客户在领略徽派建筑之美的同时，全方位感受徽州文化的博大精深；若是海滨风情民宿，则可围绕海洋元素开展活动，如举办海鲜美食烹饪大赛、海洋主题手工制作（如贝壳画）、夜间海边篝火晚会等，让客户尽情享受海滨民宿所带来的独特休闲乐趣，强化民宿在客户心中的印象，提升民宿的辨识度和口碑传播效应。

2. 凸显地理位置与周边资源

民宿所处的地理位置及周边的自然景观、历史文化遗迹、特色商业街区等资源，是开展活动的优势条件。民宿善于整合利用这些资源，能够为客户打造更加丰富多元、具有地域特色的体验活动。例如，位于山区且周边有茂密森林、清澈溪流等自然景观的民宿，可策划“森林探险与溪边野趣”活动，组织客户进行森林徒步探险、溪边捉鱼摸虾、野外露营烧烤等，让客户亲近自然，释放压力；若民宿处于城市中心繁华商圈附近，则可借助周边的购物中心、剧院、美术馆等资源，推出“都市时尚休闲汇”活动，包括购物达人挑战赛、剧院演出票团购、美术馆导览讲解等项目，使客户在民宿活动中既能享受便捷的都市生活，又能体验当地的城市文化精髓。民宿紧密连接周边环境资源，将活动范围从内部拓展至周边区域，能够形成独一无二的地域性活动特色，增强对客户的吸引力，使客户在选择民宿时不仅看重设施，更将民宿视为开启周边精彩体验的钥匙。

（三）注重创新性与独特性

1. 突破传统活动形式

民宿应摒弃千篇一律的活动模式，如简单的聚餐等常规形式，转而探索新颖别致、富有创意的活动呈现方式，以激发客户的好奇心和参与欲。例如，民宿可以打破传统团建活动的严肃与单调，策划一场“密室逃脱与团队协作挑战”活动，将团建目标融入紧张刺激的密室逃脱游戏中，通过设置复杂的谜题和团队协作任务，促使客户积极沟通、分工协作，在完成游戏的过程中增强团队凝聚力和默契度；又如，针对年轻客户群体，民宿根据实际场景和故事背景定制专属剧本，让客户换上特定服装，扮演不同角色，在民宿各个角落进行线索搜寻、剧情推进和角色互动，带来全新的活动体验，使客户在参与活动后能够在社交平台上自发分享活动趣事，形成良好的口碑传播，吸引更多潜在客户的关注。

2. 打造专属特色标签

民宿应注重活动的品牌建设。民宿可以通过精心设计活动名称、主题口号、视觉标识系统（包括活动海报、宣传单页、现场布置元素等）以及活动环节和内容，为活动塑造专属的特色标签，使其在众多民宿活动竞争中脱颖而出，易于被客户识别、记忆和传播。以某海边民宿的“海之恋”系列活动为例，活动名称简洁浪漫且突出地域特色，“海之恋·潮汐之约”“海之恋·海洋守护者行动”等主题口号朗朗上口，富有感染力；活动海报采用清新的蓝色调，绘制可爱的海洋生物图案和标志性民宿建筑元素，形成独特的视觉风格；活动现场在场地布置、灯光音响效果、道具选择等方面实现品牌标识全覆盖，营造浓厚的“海之恋”氛围。此外，该民宿在活动环节中特别设置了“海洋环保承诺仪式”，让每位客户在参与活动的同时，签下保护海洋环境的承诺书，并将其展示在民宿公共区域，强化活动的公益属性和客户的责任感与参与感。“海之恋”活动成为该民宿的招牌名片，吸引了大量海洋爱好者和追求浪漫体验的客户前来参与，大大提升了该民宿的知名度和美誉度，使该民宿在激烈的市场竞争中发挥了独特优势。

（四）主题明确且连贯统一

1. 精准定位活动主题

一个清晰、精准且具有吸引力的活动主题，是民宿活动策划的重点。主题应高度概括活动的核心内容、目标客户群体和特色亮点，能够在第一时间抓住客户的眼球，激发他们的参与兴趣，并为后续的活动宣传推广提供明确的方向和核心卖点。例如，“秋日田园丰收节”主题活动，简洁明了地传达出活动发生在秋季、以田园风光为背景、围绕丰收元素展开等关键信息，让客户一目了然地知晓活动的主要特色和参与价值；又如，“奇幻森林·魔法之夜”主题活动，通过奇幻森林和魔法之夜两个关键词，营造神秘、浪漫且充满想象力的活动氛围，精准定位喜爱奇幻冒险、浪漫体验的客户群体，打造了一场别开生面的夜间森林探险、魔法表演与互动体验活动。这样的主题定位有助于民宿在后续的活动策划与组织过程中，始终围绕主题进行资源整合、内容设计和宣传推广，确保活动的连贯性和整体性，避免出现活动内容杂乱无章、与主题脱节等问题，从而提升活动的整体品质和客户的体验感。

2. 确保活动内容与主题高度契合

在活动的各个环节和具体内容安排上，民宿必须严格遵循主题设定，确保所有的活动项目、表演节目、互动环节、场地布置、餐饮服务等都与主题紧密相连、相互呼应，形成一个完整统一的有机整体。例如，在“中式传统婚礼文化体验”活动中，从客户入场时的迎亲队伍表演、传统婚俗礼仪展示（如过火盆等），到活动过程中的汉服试穿、中式婚宴菜品尝、民间艺人的戏曲表演（以传统婚礼剧目为主），再到场地布置的红色喜庆主基调、传统婚俗道具陈设以及互动游戏环节的设计，无一不体现出中式传统婚礼文化的精髓和魅力，让客户仿佛置身于一场古典而庄重的中式传统婚礼之中，全方位、沉浸式地感受和体验独特的文化主题。这种活动内容与主题的高度契合，能够使客户在参与活动的全过程始终保持浓厚的兴趣和投入度，增强活动的吸引力和感染力，同时也有利于塑造民宿活动的品牌形象和文化内涵，提升民宿在客户心目中的文化品位和艺术价值，促进民宿与客户之间形成情感共鸣和文化认同，为民宿的长期发展奠定坚实的基础。

（五）追求效益与可持续性

1. 经济效益考量

在策划民宿活动时，民宿必须对活动的成本进行精准预算和有效控制，包括活动物资采购费用、人员邀请数量与酬金、场地布置与租赁费用、餐饮服务成本以及可能产生的意外支出等各项开支，确保活动投入成本在民宿可承受的经济范围之内；同时，要合理设定活动的收费标准和参与人数规模，通过优化活动内容、提升活动体验和加强宣传推广等方式，吸引更多客户参与，提高活动的收入水平，实现活动的盈利目标，为民宿创造可观的经济效益。例如，对于一场“亲子手工 DIY 周末营”活动，民宿可通过与本地手工艺品供应商合作，批量采购原材料以降低成本；邀请周边学校的艺术教师兼职授课，合理协商课时费用；利用民宿现有场地进行简单布置改造，减少场地租赁支出等，将活动成本控制在合理范围内。在收入方面，民宿要根据活动内容和市场行情，制定合理的收费标准，并通过线上社交媒体、线下社区等多种渠道进行推广，吸引更多亲子家庭报名参加，确保活动参与人数达到预期目标，从而实现活动的盈利，带来直接的经济收益。此外，活动所创造的经济效益不仅体现在活动本身的收入上，还能通过提升民宿知名度和客户满意度，促进民宿日常客房预订量的增加，带动民宿整体运营收入的增长，形成良性循环的经济效益体系。

2. 社会效益与可持续发展

除了经济效益，民宿活动还应注重社会效益和可持续发展。从社会效益角度看，活动应积极传播正能量，弘扬社会主义核心价值观，促进在地文化的传承与交流，推动社区发展与和谐稳定。例如，民宿可以举办“民俗文化节”活动，邀请民间艺人展示传统技艺，组织客户和当地居民共同参与民俗表演，开展民俗文化讲座等，不仅丰富了广大客户的文化生活，增强了当地居民对传统文化的自豪感和认同感，也促进了不同地域文化之间的交流与融合，为当地文化旅游产业的发展注入新的活力，带动周边商业、交通等相关产业的协同发展，提升整个地区的社会经济效益和文化软实力。从可持续发展方面考虑，活动策划应遵循环保理念，减少一次性用品的使用次数，优先选择可循环利用的活动物资和道具，倡导绿色出行和低碳生活方式，避免活动对周边自然环境和社会秩序造成负面影响。例如，在“户外露营音乐节”活动中，民宿可以为客户提供可重复使用的餐具和水杯，设置专门的垃圾分类回收点，引导客户正确处理垃圾；鼓励客户乘坐公共交通工具或拼车前往活动场地，减少碳排放；活动结束后，组织员工和志愿者对场地进行清理还原，保护生态环境，确保活动的可持续开展，树立良好的社会形象，赢得社会各界的广泛赞誉和支持，为长期稳定发展营造良好的社会环境。

三、民宿活动策划的一般程序

（一）前期调研与目标设定

（1）市场调研。深入分析目标客户群体的需求、偏好及消费习惯，研究竞争对手的活动类型与特色，洞察市场趋势与机会。例如，针对年轻客户群体的民宿，可通过线上问卷、社交媒体互动等方式，了解受众对潮流活动、社交聚会的需求；针对亲子家庭的民宿，则需调研受众偏好，如对亲子教育类、娱乐类活动的喜好程度。

（2）资源盘点。民宿梳理自身资源，包括场地空间、设施设备、人员技能，以及周边可利用的自然景观、历史文化、休闲娱乐资源等。例如，如果民宿拥有宽敞庭院，就可以考虑户外电影放映、烧烤派对等活动；如果民宿邻近海边有沙滩资源，就可以策划沙滩运动赛事、海鲜烹饪体验等活动。

（3）目标设定。民宿可以依据市场调研与资源盘点，明确活动目标，如提升知名度、增加淡季入住率、增强客户黏性、促进文化传承等。目标应具体 (Specific)、可衡量 (Measurable)、可实现（Attainable)、相关性 (Relevant) 强且有时限 (Time-bound)，即符合 SMART 原则，如“在暑期三个月内，通过举办亲子夏令营活动，使民宿入住率提升 20%，社交媒体曝光量增长 30%”。

（二）创意构思与主题选择

（1）创意激发。民宿从业者头脑风暴，融合地域文化、民宿特色、当季热点元素，挖掘新颖活动创意；团队成员跨部门协作，从不同视角提出想法，如将当地民俗传说与民宿的亲子活动结合，打造沉浸式角色扮演冒险。

（2）主题聚焦。从众多创意中筛选出契合民宿定位与目标的活动主题，主题应鲜明、独特、有吸引力，能精准传达活动核心价值与特色亮点。例如，“秋韵山居 · 丰收季”主题活动，围绕秋季丰收元素，展现民宿周边山野秋景与农家乐趣。

（三）活动规划与细节设计

（1）流程规划。民宿可以根据活动主题与目标，设计详细的活动流程，涵盖活动前、中、后期的关键环节：前期包括宣传预热、组织报名、物资准备；中期聚焦活动开场、核心环节推进、互动体验、秩序维护；后期安排成果展示、反馈收集、后续跟进等。以一场民俗文化活动为例，民宿可以提前一周通过社交媒体、旅游平台发布活动海报，开通报名通道；活动当天分时段安排民俗表演、手工艺体验、美食制作等环节，确保流程紧凑有序；活动结束后在网上分享照片、视频。

（2）内容丰富。结合目标客户群体需求与活动主题，设计多样活动，如文化体验类活动（民俗手工艺制作、古村落探秘）、亲子互动类活动（儿童绘画比赛、亲子寻宝）、休闲娱乐类活动（露天电影、篝火晚会）、运动健身类活动（山林徒步、瑜伽晨练）等，满足不同客户的个性化需求，提升他们的活动参与度与满意度。

（3）细节打磨。民宿要注重活动细节设计，从场地布置、道具选择、人员着装到互动话术、餐饮服务等，都要贴合活动主题与民宿风格，营造沉浸式体验氛围。例如，在“中式古典园林夜游”活动中，民宿从业者身着传统服饰，手持灯笼引领客户游览，沿途设置古风音乐演奏、诗词朗诵等活动，场地布置以古典园林元素为主，如假山池沼、回廊花窗、灯笼彩带等，让客户仿佛置身于古典画卷之中。

（四）资源整合与执行准备

（1）人员分工。民宿要组建活动执行团队，依据员工技能与经验，明确员工在活动中的职责与分工，如活动总策划负责整体把控、宣传推广人员负责宣传、现场执行人员负责物资筹备与场地布置、后勤保障人员负责餐饮供应与安全保障等，确保活动各环节有人负责、有序推进。

（2）物资筹备。民宿要根据活动内容与规模，制定详细物资采购清单，涵盖活动道具、宣传物料、食品饮料、奖品礼品等，提前比价采购，确保物资质量与数量符合要求，并在活动前完成物资验收、归类存放工作，方便现场取用。

（3）宣传推广。民宿要制定多渠道宣传策略，通过社交媒体平台发布图文、视频宣传内容，利用旅游平台、本地生活论坛等渠道扩大活动知晓度；设计制作富有吸引力的宣传海报、折页，在民宿周边、客源地社区、旅游景区等场所张贴、发放；针对目标客户群体，开展精准营销，如发送优惠短信、邀请邮件等，吸引潜在客户参与活动。

（五）活动执行与现场管理

（1）现场把控。活动期间，执行团队按照既定流程与分工，各司其职，确保活动顺利开展。活动总策划统筹现场全局，及时处理突发状况；宣传推广人员负责拍照、摄影；现场执行人员引导客户参与活动，维持现场秩序，保障活动环节顺畅衔接；后勤保障人员密切关注餐饮供应、场地清洁、设备运行等情况，及时解决问题，确保客户有良好的活动体验。

（2）互动引导。执行团队强化与客户的现场互动，通过引导讲解、游戏竞赛、抽奖环节等，激发客户参与热情，促进客户之间、客户与执行团队之间的交流互动，营造活跃、温馨的活动氛围。例如，在篝火晚会上，执行团队组织客户围成圈跳舞、合唱歌曲，通过互动游戏抽取幸运客户赠送小礼品，增强客户对活动的记忆度与好感度。

（3）应急处理。执行团队提前预设活动可能遇到的突发情况，如恶劣天气、设备故障、人员突发疾病等，并制定相应的应急预案。现场配备急救药品、工具设备等应急物资，当突发状况发生时，迅速启动应急预案，最大程度减少突发情况对活动的影响及给客户带来的不便，确保人员安全与活动的正常进行。

（六）活动总结与效果评估

（1）反馈收集。活动结束后，民宿通过线上问卷调查、现场访谈、留言簿等方式，收集客户对活动的反馈意见，了解客户对活动内容、组织安排、服务质量等方面的满意度与改进建议；同时收集执行团队的现场总结反馈，分析活动执行过程中的问题与经验教训。

（2）数据分析。民宿对活动相关数据进行统计分析，如活动参与人数、入住率变化、营业收入、社交媒体曝光量、口碑评价等数据，对比活动目标，评估活动的实际成效，用数据支撑决策与改进方向。

（3）总结复盘。民宿召开活动总结会议，依据客户反馈、数据分析结果，全面复盘活动策划与执行过程，总结成功经验与不足之处，将经验教训整理成册，为后续活动策划提供参考依据，持续优化民宿活动质量，提升民宿品牌影响力与市场竞争力。

案例

“乡野_intrigue”民宿——乡村文化体验与亲子互动的完美结合

本章小结

本章对民宿产品开发与活动策划进行了全面系统的阐述，旨在为读者提供实用的知识与技能，助力民宿在竞争激烈的市场中脱颖而出。在民宿产品开发方面，深入探讨民宿产品开发的核心要素，包括地理位置与空间设计、文化背景与呈现方式以及服务设计与用户体验优化。读者能够掌握如何通过精准的市场定位深挖在地文化与创新设计，开发独具特色的民宿产品体系，满足不同客户群体的个性化需求。在活动策划部分，详细讲解了民宿活动策划的全过程。通过实际案例与理论相结合的方式，读者可学习如何策划富有创意、吸引力且可行的民宿活动。

实训活动

- 实训任务

请同学们分成若干小组，每组 4 ～ 5 人，推选一名组长负责组织协调小组工作。

任务：选择某个具有独特自然风光和民俗文化的村庄，设计一个民宿产品，并策划一项民宿活动；产品设计要突出当地特色，活动策划要具有吸引力和可操作性；在设计和策划过程中要考虑影响因素，如市场需求、成本预算、环保要求、文化传承等。

- 展示与答辩

每个小组选派一名代表，用 PPT 的形式向全班展示他们设计的民宿产品和策划的活动，重点阐述设计思路、特色亮点等。展示时间控制在 8～10 分钟。

展示结束后，进入答辩环节。其他小组的学生可以针对展示内容提出疑问、建议或进行评价，展示小组进行回答和回应，时间为 5～7 分钟。

- 总结与评价

教师根据各小组在产品设计、活动策划、展示答辩等环节的表现，结合各小组提交的书面报告，进行综合评价。评价指标包括设计的合理性、创新性、可行性，活动策划的吸引力和可操作性，团队协作能力等方面。

教师对本次实训课进行总结，回顾民宿产品设计与活动策划的重点知识和技能要点，强调在实际工作中应如何有效运用这些知识和技能，以及如何在专业实践中践行社会主义核心价值观，树立正确的就业观和职业观。

课后习题

一、判断题

1. 民宿在客户离店后，无须再与他们保持联系。(　　)
2. 个性化体验设计不需要考虑客户隐私保护。(　　)
3. 数字化工具在民宿服务升级中起到了至关重要的作用。(　　)
4. 民宿的在地文化产品化路径不需要知识产权保护。(　　)
5. 民宿的常设型产品可以根据季节变化进行调整。(　　)
6. 在民宿活动策划流程中，目标设定应在市场调研与资源盘点之前进行。(　　)
7. 在活动策划中，经济效益考量比社会效益与可持续发展更为重要。(　　)
8. 活动策划时，市场调研和资源盘点是设定活动目标的重要依据。(　　)
9. 活动执行过程中，不需要关注客户的现场互动情况。(　　)
10. 活动总结与效果评估阶段，只要收集客户的反馈意见，不用分析相关数据。(　　)

二、单选题

1. 民宿在客户入住前可以通过什么方式收集结构化数据？(　　)

A. 电话访谈　B. 电子问卷　C. 面对面交流　D. 社交媒体分析

2. 根据马斯洛需求层次理论，民宿的基础活动层主要满足客户的哪些需求？(　　)

A. 生理与安全需求　B. 社交需求　C. 尊重需求　D. 自我实现需求

3. 在民宿的数字化工具中，哪个系统可以实现用户画像实时更新？(　　)

A.PMS 系统　B.CRM 系统　C. 用户画像系统　D.OTA 平台

4. 民宿的时空场景创新策略中，哪个维度注重昼夜场景的转换？(　　)

A. 空间维度　B. 时间维度　C. 文化维度　D. 情感维度

5. 在民宿的前台体验中，哪个角色可以作为客户与民宿之间的文化桥梁？（　　）

A. 接待员　B. 清洁工

C. 文化传译员　D. 厨师

6. “奇幻森林·魔法之夜”主题活动的核心定位是（　　）。

A. 喜爱奇幻冒险、浪漫体验的客户群体　B. 所有客户群体

C. 年轻客户群体　D. 家庭客户群体

7. 活动策划中，经济效益考量的关键步骤不包括（　　）。

A. 精准预算和有效控制成本　B. 设定过高的收费标准

C. 提高活动收入水平　D. 优化活动内容和提升活动体验

8. 以下哪项不属于活动策划的一般程序？（　　）

A. 前期调研与目标设定　B. 创意构思与主题选择

C. 活动规划与细节设计　D. 活动收益分配

9. 在活动执行与现场管理阶段，谁负责统筹现场全局？（　　）

A. 活动总策划　B. 宣传推广人员

C. 现场执行人员　D. 后勤保障人员

10. 在活动总结与效果评估阶段，以下哪项不是需要收集和分析的内容？（　　）

A. 客户对活动的反馈意见　B. 工作人员的现场总结反馈

C. 活动参与人员的家庭背景　D. 活动相关数据统计分析

三、多选题

1. 在客户住宿期间，民宿可以通过哪些方式增强与客户之间的情感黏性？（　　）

A. 带领客户参与当地的采摘活动　B. 组织夜间故事会

C. 提供标准化的互动体验　D. 定期推送优惠信息

2. 个性化体验设计中，智能推荐系统可以基于哪些信息触发定制化服务预案？（　　）

A. 客户的饮食禁忌　B. 客户的作息习惯

C. 客户的消费偏好　D. 客户的情感倾向

3. 在民宿的数字化工具中，哪些技术可以应用于场景化服务？（　　）

A. AR 导览系统　B. 智能客房控制系统

C. 卷积神经网络　D. 区块链溯源系统

4. 民宿的在地文化产品化路径中，需要遵循哪些方法论？（　　）

A. 文化基因解码　B. 体验符号转译

C. 服务场景再现　D. 产品设计制造

5. 在民宿的社区共生产品中，哪些活动可以增强客户与当地居民的互动？（　　）

A. 菜市场导览活动　B. 家庭晚餐计划

C. 艺术展览　D. 学术沙龙

6. 在确保活动内容与主题高度契合方面，以下哪些做法是正确的？（　　）

A. 活动项目、表演节目与主题紧密相连

B. 场地布置和餐饮服务与主题相互呼应

C. 活动过程中无须考虑客户的兴趣和投入程度

D. 通过高度契合的主题内容，增强活动的吸引力和感染力

7. 民宿活动追求效益与可持续性平衡时，应考虑（　　）。

A. 经济效益　　B. 社会效益

C. 可持续发展　　D. 活动规模

8. 市场调研包括（　　）。

A. 深入分析目标客户群体的需求、偏好及消费习惯

B. 研究竞争对手的活动类型与特色

C. 洞察市场趋势与机会

D. 制定活动收费标准

9. 在活动规划与细节设计阶段，需要（　　）。

A. 设计详细活动流程

B. 设计多样活动内容

C. 注重活动细节设计，营造沉浸式体验氛围

D. 制定活动应急预案

10. 在活动总结与效果评估阶段，以下哪些是需要进行的步骤？（　　）

A. 收集客户对活动的反馈意见　　B. 对活动相关数据进行统计分析

C. 召开活动总结会议　　D. 制定下一次活动的策划方案

四、简答题

1. 简述民宿如何通过建立会员社群来驱动客户的复购行为。

2. 描述民宿在服务设计中如何平衡个性化与隐私保护。

五、案例分析题

1. 分析一家成功运用数字化工具赋能服务升级的民宿案例，并说明该民宿如何通过数字化工具提升客户体验。

2. 以“亲子手工 DIY 周末营”活动为例，分析如何追求活动的经济效益与可持续发展的平衡。

第七章

民宿运营管理

本章导读

本章探讨民宿运营管理，将从民宿服务质量管理、安全管理和财务管理三大核心板块分别展开。服务质量管理部分介绍卡诺模型、服务蓝图等理论，阐述管理体系构建、人员管理、卫生管理、服务设计等要点。安全管理部分涵盖安全管理认知、日常安全管理以及应急事件处理等内容。财务管理部分探讨民宿采购管理、成本管理和收入管理等内容。本章将全方位助力读者掌握民宿运营管理的关键知识与技能。

学习目标

1. 知识目标

了解民宿服务的定义与特性。

熟悉民宿服务质量管理体系的构建方法，民宿安全管理的主要领域与相关法律法规。

掌握民宿安全管理的应急预案与安全事件处理流程。

理解民宿运营的主要财务指标。

2. 能力目标

根据民宿的实际情况，设计并实施有效的服务质量管理体系。

熟练应对民宿运营中的各类安全问题，制定并执行应急预案。

熟悉民宿财务管理的基本内容，掌握通用财务分析工具的使用方法。

3. 素养目标

树立以客户为中心，注重服务质量和安全保障的运营理念。

培养严谨负责、高效服务、持续学习的职业素养。

通过运营民宿传承和弘扬地方文化，增强文化自信。

明德学堂

民宿运营管理的责任担当

良好的民宿运营管理是民宿行业良性发展、乡村振兴与可持续发展的关键支撑，民宿从业者必须立足诚信服务、筑牢安全底线、稳固财务根基，切实承担社会责任。

服务是民宿的“生命线”，安全是运营的“红线”，财务是发展的“命脉”。新时代青年应立足运营管理全链条，以诚信服务树立行业标杆，以安全规范守护乡村安宁，以科学财务赋能长效发展，在乡村振兴中书写青春答卷。

知识导入

随着市场竞争的加剧和客户需求的迭代，民宿运营已从粗放式运营转向精细化、专业化管理的新阶段。本章以民宿服务质量管理、安全管理与财务管理为核心，构建民宿运营管理的系统性知识体系，帮助读者理解民宿如何在复杂环境中实现效率、安全与效益的动态平衡。

在体验经济与共享经济的背景下，民宿运营需兼顾情感价值与功能价值的满足。一方面，民宿通过在地文化展示、主人 IP 塑造激发差异化的情感共鸣；另一方面，民宿运营需遵循现代服务业的基本规律，通过运用标准化流程与使用数据化工具实现规模化效能。这种情怀与理性的融合，要求民宿从业者兼具文化创新意识和科学管理能力。例如，运用服务蓝图理论解构客户旅程，可精准识别客户从预订咨询到离店反馈的全流程触点，优化服务资源配置。

民宿服务质量管理是民宿运营的核心，贯穿于组织架构、服务流程及管理体系全过程，是民宿塑造市场竞争力的关键。民宿服务质量管理涵盖服务设计、团队建设、设备设施管理、卫生管理、供应商管理及互联网应用等多个方面。

在确保服务质量的同时，民宿安全管理是民宿运营不可忽视的一部分。民宿作为对外开放的场所，必须确保客户的人身和财产安全。民宿安全管理包括对民宿建筑的安全检查、消防安全、食品安全等方面的管理，以及对应急事件的处理。

民宿财务管理是民宿可持续发展的保障，涉及预算编制、成本控制、现金流管理等多个方面的内容。合理的财务管理不仅能够帮助民宿控制成本，提高经济效益，还能够为民宿的长期发展提供资金支持。民宿从业者需要掌握基本的财务知识，运用财务分析工具，进行科学的财务决策。

总之，民宿运营管理是一个系统性工程，需要民宿在服务质量管理、安全管理和财务管理三个方面下功夫。唯有以服务质量筑口碑、以安全管理守底线、以财务健康谋发展，方能实现民宿经济效益与社会效益的双赢，持续为乡村振兴注入动力。

第一节　民宿服务质量管理

一、民宿服务质量管理概述

民宿服务质量管理

（一）服务的定义与特性

服务作为一种以满足他人需求为核心的社会经济活动，在现代化经济体系中占据关键地位。服务是以人的体力和脑力劳动为核心的经济活动，表现为以无形形式为他人提供便利或价值的过程，包含有偿和无偿两种形式。其本质是通过活动形式满足他人需求，如提供商品增值支持、给出问题解决方案、满足旅游需求等。

服务具有无形性、异质性、生产与消费同步性、不可储存性这四大显著特征。在民宿运营场景里，无形性意味着客户在入住前难以完全感知服务的全貌，只能通过宣传资料、过往评价等间接途径形成关于民宿的初步印象。例如，一家位于海边的民宿，其宣传文案中所描述的“清晨推窗即见的绝美海景，以及夜晚伴随海浪声入眠的惬意体验”，对于未入住的客户而言，这些服务的实际感受是抽象的。异质性体现为民宿服务会因员工的个人素质、当天的情绪状态以及不同客户的特殊需求等因素而产生差异。比如，一位擅长烹饪当地特色美食的厨师，可能会在为客户准备餐食时，根据自己的经验和创意，为不同的客户提供略有不同但都极具当地风味的菜品，这既增加了服务的独特性，也带来了一定的不确定性。生产与消费的同步性决定民宿服务的提供过程与客户的消费过程紧密相连。以民宿的入住登记服务为例，员工在前台为客户办理入住手续时，客户也在同时接受这一服务，员工的专业素养、服务态度以及办理效率都直接影响客户的即时体验。不可储存性要求民宿必须精准把握市场需求，合理安排资源。例如，旅游淡季时，空房无法像其他实体商品一样储存起来等待旺季销售，这就需要民宿通过制定灵活的定价策略、策划特色活动等方式来吸引客户。

在服务中，兼顾功能价值与情感价值是民宿提升竞争力的关键。功能价值体现在提供舒适的住宿环境、安全的设施设备以及便捷的服务流程等方面，如客房内配备齐全的洗漱用品、舒适的床铺、稳定的无线网络等。情感价值更多地依赖于民宿与客户之间的互动、当地文化氛围的营造以及个性化服务的提供。例如，民宿可以在客户入住时，热情地介绍当地的小众景点和特色美食，分享一些生活故事，让客户感受到“家”的温暖和归属感。

（二）民宿服务质量

民宿服务质量的狭义概念聚焦于民宿提供的软性服务品质，广义概念还涵盖由硬件设施、环境景观及附属产品等构成的完整服务体系。客户基于消费成本、个人经验和信息获取形成心理预期，并以此对设施环境、产品供给及人员服务进行综合评估。

民宿服务质量可通过有形产品质量与无形服务质量两个维度解析。有形产品质量集中体现于客房设施、景观配套及实体耗材等物质载体，这些要素是直接决定客户住宿体验的基础品质。无形服务质量反映在服务主体的专业素养、响应效率及特色服务创新能力等软性维度，这些差异化要素是构成民宿核心竞争力的关键支撑。两类要素在服务过程中动态变化，共同塑造客户对民宿服务质量的整体认知和价值判断。

案例

“围炉煮茶”服务创新

某民宿通过营造沉浸式文化体验与情感联结，在淡季实现 70% 入住率和 45% 订单增长率，其核心策略如下：

1. 场景化体验设计

（1）火塘围炉氛围营造。

该民宿在公共区域设置传统火塘，搭配木质家具、茶具及本地特色茶点（如烤红薯、糍粑），通过温暖的光影和柴火燃烧的声音，让客户感受冬日慢生活的松弛感。

该民宿将自然景观与民俗文化深度融合，结合茶山云雾景观，推出“茶山围炉”清晨漫步活动，客户在导游的带领下体验采茶、煮茶。

（2）服务细节强化感知。

员工统一穿着当地特色服饰，并在煮茶过程中穿插讲解茶文化历史，增强服务的文化附加值。

民宿提供定制化茶饮服务，并通过手写欢迎卡片传递温度。

2. 线上服务价值外化

（1）关键词优化提升曝光度。

该民宿在线上平台植入“疗愈度假”“小众秘境”等长尾词，“围炉煮茶场景图 + 茶山云海实拍视频”组合展示，精准吸引追求情感治愈的目标客户群体。

（2）客户评价引起共鸣。

该民宿鼓励客户分享围炉煮茶时的社交互动片段（如陌生人围坐聊天的短视频），在社交平台形成话题并传播，强化客户记忆点和服务的情感溢价。

案例点评：该民宿通过文化场景、服务仪式感、情感共鸣三重维度，将无形服务转化为可感知的差异化体验。该民宿的成功运营表明：民宿无形服务的核心在于通过细节设计触发客户情感认同。

1. 有型产品质量

民宿为客户提供的硬件环境、各类用品以及服务环境，均属于有形产品质量的重要组成部分。民宿的设施、设备以及整体服务氛围的质量直接关联有形产品质量，是民宿满足客户物质需求和心理需求的关键因素。

在硬件环境上，民宿服务主要包括客房设施和基础配套。民宿一般会提供各种类型的客房供客户选择，如大床房、家庭房等，客房内设施齐全，包括床铺、空调、卫浴设备、电视等，确保为客户提供舒适、干净的居住环境。此外，民宿还会在基础配套上下功夫，如提供健身房、游泳池等休闲娱乐设施，以满足客户的多样化需求。

在氛围营造上，民宿注重打造温馨、亲切、个性化的住宿环境。民宿的装修风格和装饰布置往往带有民宿运营者的个人色彩，体现出独特的文化特色和生活气息。通过统一设计风格、灯光、气味与声音以及软装细节等，民宿能够营造独特的氛围感，让客户在住宿过程中感受到家的温暖和故事感。

除此之外，民宿还要为客户提供丰富的实物产品。美食是很多民宿体验中重要的一部分，民宿可能会配套公共餐厅，提供当地特色菜肴，或者与周边餐厅合作，为客户提供地道的美食，让客户在住宿期间也能享受味蕾的盛宴。此外，民宿还会提供日常用具，如热水壶、雨伞、针线包等，以满足客户在住宿过程中的各种需求。

2. 无形服务质量

由于民宿的绝大部分服务都由民宿从业者提供，因此民宿从业者的综合素养决定了无形服务质量。同时无形的民宿服务又可分解为各个典型的服务环节，把控这些环节的服务质量至关重要。

（1）服务人员的综合素养要求。

民宿服务人员的综合素养是塑造高品质无形服务的基石，它直接决定客户的整体体验与满意度。这一综合素养涵盖多个方面，具体包括：

职业道德与责任感：服务人员须秉持诚信、尊重与专业的态度，对待每一位客户都以诚相待，尊重他们的隐私与需求，同时展现出高度的责任心，确保服务过程中的每一个细节都尽善尽美。

服务礼仪与形象：良好的服务礼仪是建立第一印象的关键。服务人员应仪表整洁、举止得体，运用恰当的礼貌用语与肢体语言，营造温馨、舒适的交流氛围。此外，服务人员还须具备文化敏感性，尊重不同客户的习惯，以体现民宿的包容性。

专业服务能力：服务人员必须具备扎实的专业知识与技能，了解民宿运营流程、客房设施、餐饮服务规范等。同时，服务人员必须具备快速响应客户需求的能力，无论是预订咨询、入住引导还是问题解决，都能迅速而准确地提供帮助。对于民宿的特色服务，服务人员更应熟练掌握。这些特色服务可能是民宿区别于其他住宿形式的独特卖点，如文化体验活动、手工艺制作课程等。服务人员应能够向客户详细介绍这些特色服务的亮点与魅力，并引导客户参与其中。有效的沟通是提升服务质量的核心，服务人员应具备良好的倾听与表达能力，能够准确理解客户需求，并以同理心回应其关切。通过积极的情感互动，如微笑服务、个性化关怀等，增强客户的归属感与满意度。

持续学习与创新能力：民宿行业日新月异，服务人员要以持续学习的态度，不断提升自身专业素养与服务意识。同时，服务人员还要具备创新思维，勇于尝试新的服务方式与理念，以不断满足客户日益多样化的需求。

（2）各服务环节上的服务质量。

民宿服务的本质，是以住宿体验为核心，旨在为客户打造一场融合地道文化韵味、深度主人互动及高雅生活美学的综合性美好体验。

民宿的服务涵盖预订入住、住宿餐饮、特色服务、离店服务、投诉处理等环节，每个环节都紧密相连，共同构成民宿服务的完整链条。

预订入住：提供清晰房源信息与灵活政策，确保咨询响应时效；通过快速办理、客房导览与特色欢迎礼建立第一印象。

住宿餐饮：确保客房清洁度、设施完好性及隐私安全；提供富有特色的地方餐饮服务等。

特色服务：设计文化体验活动（采茶 / 手作）、定制化项目（团建 / 庆典）等。

离店服务：优化结账效率，结合客史档案提供差异化维系策略。

投诉处理：建立 24 小时响应机制，通过服务补救（补偿 / 升级）转化负面体验。

在整个服务运营体系中，实现规范化流程与个性化服务的动态平衡是提升服务质量的核心。规范化流程，即通过建立标准化服务体系，确保服务输出的稳定性与可预期性，涵盖预订入住等核心环节，需制定覆盖操作步骤、质量要求、应急预案的标准化操作手册，并实施常态化监督机制。个性化服务聚焦于精准满足不同客户群体需求，通过建立用户画像分析系统，针对特定群体设计定制化服务方案，如为亲子家庭配备儿童专用洗漱套装及益智玩具组合等。对于高附加值的深度定制需求，如为新婚夫妇布置主题婚房与设计仪式流程，或为商务旅行者提供会议空间及策划团队建设方案，更需要民宿具备需求洞察、方案设计、资源整合等系统化服务能力。只有深度理解客户的个性化诉求，才能实现无形服务的高质量。

（三）卡诺模型

经典的卡诺模型理论可为民宿服务的分类和客户满意度提供理论框架，用以指导民宿的服务提升。按照该理论，民宿的服务可从客户需求角度出发，分为满足基本型、期望型、兴奋型、无价值型和反向型需求五大类。

知识链接

卡诺模型

下面从满足基本型、期望型和兴奋型三个主要需求层面来分析不同民宿服务和客户满意度的关系。

基本型需求的满足是民宿服务质量的基石，涵盖基础设施完善、安全卫生达标、预订流程顺畅等一般服务质量的各个方面。在基础设施方面，民宿应确保客房的水电供应稳定、空调或暖气设备正常运行、门窗密封性良好等。在安全卫生方面，民宿要严格遵守卫生标准，定期对客房进行清洁消毒，保证床上用品一客一换，公共区域整洁干净；同时，应配备必要的消防器材，确保疏散通道畅通无阻，保障客户的人身和财产安全。在预订流程方面，民宿要拥有便捷的预订渠道，无论是通过在线旅游平台还是民宿官方网站，客户都能快速完成预订操作，并且及时收到预订确认信息和相关提示。

期望型需求的满足能够显著提升客户满意度，如快速响应客户咨询、提供个性化推荐以及丰富的文化体验活动等。在快速响应咨询方面，民宿应在客户通过电话、短信或在线平台咨询时，在短时间内给予准确而热情的回复。在提供个性化推荐方面，民宿要根据客户的兴趣爱好、出行目的和特殊需求，推荐合适的客房、当地景点和美食。例如，对于摄影爱好者，民宿可以推荐周边适合拍摄日出日落的地点；对于美食爱好者，民宿可以介绍当地特色的餐馆和小吃。在文化体验活动方面，传统手工艺制作课程、民俗文化表演观赏、当地历史文化讲座等活动能让客户深入了解当地文化内涵。

兴奋型需求的满足能给客户带来意外惊喜，如定制旅行路线、赠送定制手作伴手礼等，对于民宿培养客户忠诚度具有重要作用。定制旅行路线需要民宿充分了解当地的旅游资源，根据客户的时间、预算和兴趣，为他们量身打造独一无二的旅行计划，涵盖景点游览、交通安排、餐饮推荐等方面，同时提供管家陪同服务。某个山居民宿推出“管家手作惊喜”活动，根据客户入住天数准备不同规格的伴手礼，客户会收到管家手写的二十四节气书签、现烤的野生板栗，以及用山间野花制作的杯垫等。

（四）服务蓝图

服务蓝图是一种可视化的工具，用于描述一个服务系统的运行过程，展示服务传递的各个环节以及参与者之间的交互。

在民宿运营中，服务蓝图理论的应用主要体现在以下几个方面。

资源配置与角色框架设计：通过服务蓝图，民宿运营者可以清晰地看到服务传递过程中所需的资源（如人力、物力等）以及各参与者的角色和职责，从而进行合理配置和规划。

客户体验优化：服务蓝图有助于民宿运营者从客户视角出发，审视服务流程中的各个环节，发现并改进可能影响客户体验的潜在问题，从而提升整体服务质量。

服务创新与差异化：通过服务蓝图，民宿可以探索新的服务方式和流程，实现服务的创新和差异化，以满足不同客户群体的需求，增强市场竞争力。

简单来说，民宿服务蓝图以可视线上线下的不同来作功能区分，主要包括客户可见的前台服务活动和客户不可见的后台支持活动。民宿的服务管理运作就可以通过前台服务活动和后台支持活动两部分来分别理解。

前台服务活动。[①]前台服务活动主要关注民宿与客户的直接交互过程。在民宿服务质量管理体系中，前台服务活动的构建应围绕提升客户体验。这包括设计高效、友好的接待流程，确保客户在预订、入住、就寝、就餐、娱乐、退房等各个环节都能得到及时、专业的服务。同时，前台员工须具备良好的服务意识和沟通技巧，能够准确理解客户需求，并提供个性化的服务方案。此外，前台服务活动还应注重细节管理，如环境布置、设施维护等，以营造温馨、舒适的住宿环境，增强客户的满意度和忠诚度。OTA 平台作为民宿服务系统的前端触点，客户通过移动设备与 OTA 平台完成民宿预订的在线交互，也属于前台服务的关键流程环节，直接影响客户对服务效率与便捷性的感知。

后台支持活动。后台支持活动是指客户在民宿中看不到的，但对前台服务活动提供支持和保障的部分。这些活动通常由后台员工执行，他们负责处理与客户服务不直接相关的内部事务，如客房清洁、餐饮供应、设施维修、人员培训、物资管理和财务管理等，广义上还包括营销管理、绿色运营、社会责任等。虽然客户无法直接看到这些活动，但它们对民宿的正常运营和前台服务活动的顺利进行至关重要。民宿后台需要高效地完成这些工作，以确保前台服务活动能够顺利进行，并为客户提供稳定、高质量的服务体验。

民宿服务蓝图有助于民宿从业者清晰地了解服务过程中的各个环节和参与者，明晰民宿服务的管理体系，从而优化服务流程、识别关键服务环节、提升服务质量，并为客户提供更加满意的服务体验。

二、民宿服务质量管理体系的构建

从一般民宿的组织架构来看，民宿并不需要像大型企业一样建立全面的质量管理体系，尤其是对于占比较大的小型民宿而言。这些民宿的组织架构相对简单，通常只包括领导层（如民宿运营者）、服务人员（服务管家）、厨师、保洁等。由于民宿员工数量有限，往往只有几名，因此理论上只要明确分工，并且民宿运营者直接在店里直接监督管理，就可以确保基本的运营和服务质量。在这种情况下，复杂的管理体系并不是必需的。

除了连锁品牌性质的大体量民宿以及市场已有统一运营的景区性质的集群性民宿，大部分小型民宿对系统性的质量管理体系的概念是模糊的。这些小型民宿更注重的是直接管理和灵活应变，以适应不断变化的市场需求和客户需求。

（一）民宿服务质量管理体系的定义

民宿服务质量管理体系是指通过一系列规章制度、流程和管理措施，确保民宿提供的服务质量达到既定的标准和要求的管理体系。根据服务蓝图理论，服务质量管理并不仅限于同客户接触的预订、入住、餐饮等前台服务活动的管理，针对后台支持服务的有效管理也十分重要。

---

① 此处的前台服务是指民宿提供的与客户接触的所有服务，不是单指民宿的前台接待服务。

（二）民宿的主流运营模式解析

民宿的运营管理模式对其质量管理体系具有决定性影响。当前主流的运营模式主要包含自主运营模式、连锁运营模式、集群式运营模式三大类，部分民宿还通过多模式融合实现差异化运营。与此同时，超过 90% 的民宿同 OTA 平台合作以提升服务效率与竞争力。

1. 自主运营模式

该模式以民宿运营者深度参与运营为特征，通常配置管家及基础服务团队，契合中小型民宿的运营实际，亦是客户认知中最具人文温度的民宿形态。民宿运营者凭借对在地文化的深刻理解，将地域特色融入空间设计、服务场景及文化叙事，形成独特的文化输出体系。例如，擅长茶文化的民宿运营者可打造茶艺主题客房，设计从采茶、制茶到品茶的完整体验链路。然而，此模式对民宿运营者的复合能力提出了较高要求，需同时具备客房服务、产品开发、新媒体运营等技能，且面临人力成本与服务质量稳定性控制的双重挑战。

2. 连锁运营模式

该模式通过品牌标准化实现规模效应，建立涵盖供应链管理、服务培训、品质管控的标准化体系。该模式虽能降低边际成本并强化品牌认知度，但各分店仍保持单体民宿的人员配置结构，需在标准化执行与在地化特色呈现之间寻求平衡点。

3. 集群式运营模式

该模式主要适用于客房量 30 间以上的乡村度假综合体、滨海景观民宿及古村改造项目，其特征表现为：

空间布局：多院落 / 别墅群分散式布局，配备中央接待大厅及景观庭院。

服务体系：采用酒店化部门架构（前厅部、客房部、餐饮部等），实施分层管理。

功能配套：涵盖主题餐厅、文创市集、生态体验区等多元业态，形成微型度假生态圈。

此类民宿多依托景区资源或稀缺景观，通过标准化服务流程保障基础体验，同时以文化主题场景营造提升溢价空间。

特别说明，城市公寓短租类民宿因运营逻辑与本模式的服务属性有差异，所以不在讨论范畴。

无论采用何种管理模式，无论规模大小，民宿都应高度重视服务质量管理体系的建设。民宿要结合自身的市场定位、规模大小、运营模式、目标客户群体，遵守法规要求和行业要求，建立一套详细、具体、适合且易于执行的服务质量管理体系。

（三）民宿的管理制度

民宿管理制度是运营体系的核心。当前，单体民宿运营者已普遍意识到制度建设的重要性。规范化的民宿管理制度能系统梳理客房预订、清洁服务、餐饮供应等业务流程，有效避免运营中的随意性，显著提升服务执行效率与稳定性。单体小型民宿的管理制度和服务标准建设也是一个系统性工程，需要民宿运营者在多个方面进行努力和积累。

首先，民宿需要建立一套适合自己的内部规章制度。这些规章制度应涵盖民宿的日常运营、员工管理、客房管理、餐饮管理、采购管理、卫生与安全等多个方面，以确保民宿的规范化运营。例如，民宿可以制定《民宿管理规章制度》，明确运营理念、服务原则、员工职责、客房管理要求以及卫生与安全标准等。有些制度，比如消防制度、食品安全制度可在遵循地方政府和主管部门要求的前提下细化。

其次，民宿需要明确对外服务标准与流程，包括接待服务、客房服务、餐饮服务（如有）和投诉处理等方面的具体要求和操作流程。民宿应提供热情友好的服务，确保客户从入住到退房的整个过程都能感受到舒适和便捷，同时要凸显自身的特色。

通过明确的服务标准和流程，民宿可以确保为客户提供高质量、专业化的服务，提升客户的满意度和忠诚度。

必须注意的是，管理制度和服务标准可以根据民宿的规模大小和管理水平，以正式文件的形式进行明确，或者通过订单流程（如客房清扫流程确认表）加以固化；部分服务标准也可以体现在不成文的规范中（以老师带徒弟模式传授）。

举例来说，在客房清洁流程方面，“一客一换六巾制”已成为业内普遍遵循的标准，这意味着每当有新客户入住，民宿都会更换相关物品，以确保客房的卫生与清洁。民宿还会规定清洁的具体顺序和方法：首先清理客房内的垃圾，然后更换布草，接着进行客房的全面擦拭与消毒，最后仔细检查客房内的设施设备是否完好无损，以科学的步骤来确保每一位客户都能享受到干净、整洁、舒适的住宿环境。此时，一张流程清单便能很好地呈现打扫程序，打扫后打钩也可以避免遗漏。又如，在餐饮出品标准方面，一个简单的要求“本地食材占比≥80%”，既能保证菜品的新鲜度和独特风味，又能支持当地农业和食品产业的发展。此外，民宿还应明确菜品的烹饪方法、口味标准、摆盘要求等，确保每一道菜品都能达到较高的质量水平，这也是一种内部管理的标准形式。再如，隐私保护。由于很多消费能力较高的客户非常在意民宿入住游玩的私密性，因此民宿要非常注重客户隐私保护。例如，莫干山的一家民宿在接待登记入住时，规定员工不大声确认名字，甚至在交还身份证时都应正面朝下双手递回。这些标准化的服务细节，体现了民宿对客户隐私的尊重和保护，赢得了客户的高度认可和信赖。

知识链接

一客一换六巾制

案例

花鸟岛民宿服务人员激励模式解析

花鸟岛民宿以季节性运营为主，通常在5～10月进入旺季，其间客户流量激增，员工工作强度大，几乎无完整休息时间。为平衡员工压力并提升忠诚度，民宿运营者在非运营期推行创新性激励措施，形成了独特的人力资源管理模式：

1. 多元化福利设计

（1）淡季集体旅游。

旺季结束后，民宿运营者组织员工赴外地旅游一个月，通过放松身心、开阔视野缓解高强度工作带来的疲劳感，增强团队凝聚力。

（2）跨区域转岗学习。

员工可申请至其他省份的连锁民宿交流学习，接触不同地域的服务理念与管理模式，提升专业技能与行业认知，为后续工作积累经验。

2. 激励成效与行业价值

（1）提升员工忠诚度。

通过福利关怀与职业发展支持，员工对民宿的归属感和认可度显著增强，更愿意长期留任并主动贡献个人价值。

（2）保障运营稳定性。

高忠诚度的团队为民宿提供稳定的服务质量保障，尤其在旺季高峰期，员工的高效协作能力直接为民宿的口碑与复购率保驾护航。

案例点评： 该模式通过“休养＋赋能”双路径，既满足了员工的身心需求，又强化了员工的职业竞争力，契合海岛民宿的季节性特征与人才竞争趋势，为同类业态提供可复制的激励范本。

（四）民宿的服务设计

服务设计对民宿的服务质量和稳定运营至关重要，且民宿需根据市场变化和客户需求不断调整服务具体内容，设计新颖、符合潮流的服务举措。通常民宿在开办之前就会对自身定位、目标客户群体、服务模式和服务内容等进行详细分析设计。

民宿运营者在筹备开办之际，首先应对民宿的定位深思熟虑，这包括明确民宿的风格、面向的客户群体以及所提供的服务内容等。例如，有的民宿可能面向亲子家庭，因此会特别注重提供儿童游乐设施，以满足家庭出游的需求；有的可能偏重网红打卡点，注重营造独特的氛围和拍照点，吸引年轻人前来打卡；还有的民宿可能提供本地特色餐饮，或凸显民宿运营者的个人特色，如书法主题民宿、户外骑行特色民宿等。此外，民宿也可能仅为周边景区提供配套住宿服务，满足客户的一般住宿需求。

在服务内容方面，民宿也会根据定位进行差异化设计。有的民宿会提供餐饮服务，以满足客户的用餐需求；有的民宿可能不提供餐饮服务，让客户自行探索周边的美食。随着市场的变化和客户需求的变化，民宿也需要不断调整服务方向。例如，户外露营一时成为热门活动，很多民宿及时增加庭院的露营设备，以满足客户对户外活动的需求。

服务设计不仅关乎民宿的服务质量，也直接影响民宿的稳定运营。不断推陈出新、根据市场需求调整服务方向，能够让民宿在激烈的市场竞争中保持竞争力，实现稳定运营和持续发展。

（五）民宿的供应商管理

在民宿内部管理活动中，供应商管理对确保有形产品质量和无形服务质量至关重要。为优化供应商管理，民宿应建立评估机制，从价格、质量、时效三个维度筛选合作伙伴。以下是对常见采购和外包服务的精简阐述：

（1）装饰建材采购。

民宿要选择符合国家安全环保标准的优质材料，保障室内空气质量。

民宿要优先考虑信誉良好的企业，确保材料质量上乘且供货稳定。

民宿与供应商签订合同时明确材料规格、数量、价格、交货时间等关键信息，约定售后服务条款。

（2）民宿耗材采购。

民宿要选用品质优良、符合卫生标准的耗材，如床上用品、洗漱用品等。

民宿要建立库存管理制度，定期盘点，避免浪费和短缺。

民宿要与供应商建立长期合作关系，争取优惠价格和及时供货服务。

（3）民宿食材采购。

民宿要选择新鲜、安全、卫生的食材，食材要符合食品安全标准。

民宿要定期审查供应商资质和供货质量，建立采购验收制度。

民宿要注意从当地村民处采购食品的安全风险，如农药残留、过期变质等。

（4）民宿保洁服务外包。

民宿要选择具有专业保洁资质和丰富经验的保洁公司。

民宿要明确服务标准、频率和质量要求，签订服务合同。

民宿要定期对保洁服务进行监督和评估，确保服务质量。

（5）民宿洗涤外包。

民宿要选择具有专业洗涤设备和技术的洗涤公司。

民宿要签订详细的洗涤服务合同，明确洗涤标准、价格、交货时间等。

民宿要及时清点和验收洗涤完毕的布草，针对瑕疵问题与供应商进行沟通，必要时更换供应商。

值得注意的是，民宿应保留各类外购产品和食材的票据或其他可追溯记录，无论是线上购买还是线下购买。

通过这些措施，民宿能够确保所采购的物资和服务质量稳定可靠，降低运营风险，提升客户满意度。

（六）民宿的设备管理

设备采购时，民宿应关注设备的品质、价格和售后服务，确保采购到的设备能够满足民宿的运营需求，并给客户提供舒适的住宿体验。规范设备管理是保障设备长期稳定运行的基础。民宿需要对重要设备如空调、地暖等，进行分类和登记，详细记录设备的品牌、型号、购置时间等信息，并为每台设备编写唯一的编号，以便于后续的管理和追踪。同时，民宿需要制定管理制度和流程，确保设备的使用和维护都有章可循。

为确保设备的正确使用和维护，民宿需要对员工进行系统的培训。培训内容应包括设备的基本操作方法、常见故障的处理办法、安全操作规程等。通过培训，员工能够掌握设备的正确使用和维护方法，提高设备的使用效率。民宿需要定期检查设备的运行状况，发现故障和隐患并及时处理。比如，一般民宿的中央空调滤网清洗频次为每半年或者每季度一次，既能保证室内空气的清新也能很好地保养空调。

尽管民宿为了节约成本，很多设备维护工作都由自己承担，但很多设备的维护、保养、维修都必须通过专业的外部机构来完成。例如，空调的维修可通过品牌商售后来完成；而水电维修，有的乡村民宿会与村里电工建立长期合作关系，这样既降低成本也更便捷。

（七）民宿的卫生管理

整洁卫生既是民宿的基本要求，也是客户最为关注的要点之一。民宿的卫生管理主要包括制定并严格执行卫生管理制度、确保客房及公共区域的清洁与消毒以及民宿从业者的健康管理等方面。

民宿应制定并严格执行卫生管理制度，明确卫生管理人员及其岗位职责，制定卫生操作规程，并定期进行卫生检查，及时整改不合理项。这些制度应涵盖民宿整体卫生、客房卫生、餐饮卫生等多个方面，确保民宿的卫生状况符合相关标准和要求。

在客房及公共区域的清洁与消毒方面，民宿应定期更换床单、毛巾等用品，保持客房整洁。布草洗涤无论是外包还是由民宿自己负责，都应有严格的控制程序。民宿要频繁清洁与消毒公共区域，特别是厨房和卫生间；提供洗手液、消毒湿巾等清洁用品，鼓励客户保持个人卫生；注意通风换气，保持室内空气流通。

民宿从业者的健康管理也是民宿卫生管理的重要一环。民宿从业者应取得有效的健康证明，方可从事直接为客户服务的工作；民宿运营者应定期组织卫生知识培训，提高员工的卫生意识和服务水平；民宿从业者应保持良好的个人卫生习惯，工作时穿戴整洁的工作衣帽。

（八）民宿的互联网应用

民宿运营中的互联网应用主要体现在在线预订平台、智能运营系统以及互联网新媒体营销等方面。

在线预订平台是民宿运营中互联网应用的重要一环。通过携程、美团、飞猪等主流OTA平台，民宿运营者可以将房源信息广泛传播给潜在客户，实现在线预订、支付和客户服务，极大地提升了运营效率和管理水平。这些平台不仅为民宿带来大量客源，还通过评价、客房展示等功能，增强信息的透明度，帮助客户做出更明智的预订决策。

智能运营系统在民宿运营中也发挥着重要作用。智能运营系统能够实现线上、线下预订的无缝对接，实时更新房态信息，避免超预订等情况的发生。此外，通过大数据分析平台，民宿运营者可以深入了解客户的行为习惯、消费偏好等信息，为精准营销提供有力支持。

民宿的很多目标客户群体为年轻人，很多民宿运用抖音、小红书等新媒体营销提升曝光度、展示独特魅力，吸引潜在客户和增加入住率。例如，通过短视频展示民宿的景观、设计、特色房型、美食以及各类体验活动等，快速传达民宿的氛围和特色，吸引客户的注意。

（九）民宿安全管理与财务管理

民宿的安全管理与财务管理广义上也属于服务质量管理体系的范畴，这两部分内容非常重要，将在后文专门阐述。

三、民宿服务质量管理的未来发展趋势与挑战

随着旅游市场的不断发展和客户需求的日益多样化，民宿服务质量管理面临新的趋势与挑战。

在科技应用方面，智能家居技术将在民宿中得到更广泛的应用。智能门锁、智能温控系统、智能家电等设备不仅能提升客户的住宿体验，还能提高民宿的运营效率和管理水平。例如，通过手机应用程序，客户可以远程控制客房的温度、灯光和门锁，民宿运营者能实时监测设备的运行状态和能耗情况。然而，这也带来了技术维护的挑战。民宿需要确保技术设备的稳定运行，及时解决可能出现的故障，并向客户提供清晰的使用说明和技术支持。

绿色环保理念将成为民宿发展的重要方向。由于客户对绿色住宿的关注度不断提高，因此民宿需要在建筑设计、能源利用、物资采购等方面践行绿色环保原则，如采用太阳能热水器、节能灯具等节能设备，推广垃圾分类和资源回收利用。这可能会增加民宿的初期投资成本，需要民宿在经济效益和环境效益之间找到平衡。

个性化服务需求将持续增长。客户不再满足于千篇一律的住宿体验，而是期望民宿能够根据他们的个人兴趣、生活方式和特殊需求提供定制化的服务，如为瑜伽爱好者提供户外瑜伽场地和专业指导、为音乐创作者提供隔音良好的创作空间。这对民宿的人力资源和服务创新能力提出了更高的要求，民宿需要培养具有多领域知识和技能的员工，不断挖掘和开发新的服务项目。

市场竞争将更加激烈。随着民宿数量的不断增加，如何在众多竞争对手中脱颖而出是民宿面临的重要挑战。除了提升服务质量，民宿还需要加强品牌建设和市场营销。利用社交媒体、在线旅游平台、线下活动等多种渠道进行宣传推广，提升民宿的知名度和美誉度；同时，加强与当地旅游企业的合作，整合旅游资源，打造综合性的旅游产品和服务套餐，吸引更多的客户。

面对这些趋势与挑战，民宿运营者需要保持敏锐的市场洞察力，积极学习和应用新技术、新理念，不断优化服务质量管理体系，提升自身的核心竞争力，实现民宿的可持续发展。

第二节　民宿安全管理

一、民宿安全管理认知

（一）民宿安全管理概述

关于安全的解释：一是没有危险，不受威胁，不出事故，指处于一种状态；二是保全、保护。

服务行业与人民群众的生活息息相关。一旦发生安全事故，会给人民群众的生命财产安全带来严重威胁。安全是民宿开展运营和提供服务的基础，只有安全得到了保障，才能让民宿运营者顺利运营，让客户放心消费。

狭义的民宿安全是指民宿从业者和客户在民宿运营范围内没有危险、没有被威胁，没有出事故，是平安的。广义上说，民宿安全还包括民宿的运营没有对外部人员和环境造成威胁和有安全隐患。

民宿的安全管理是指在民宿日常运营过程中，为了避免造成民宿从业者及客户人身伤害和财产损失的事故、意外或公共卫生事件等而采取相应的危害安全的预防和控制措施，以保证客户及民宿从业者的安全，确保民宿运营活动得以顺利进行的相关活动。

民宿安全管理的基本目的和预期结果就是在民宿运营活动中防止人员伤害、健康损害、财产损失和环境破坏。

（二）民宿安全管理法律法规

民宿作为非标准化住宿行业在我国已经发展多年，为了促进民宿行业的规范化管理，国家和地方政府相继实施了若干相关法律法规，比较重要的有《中华人民共和国旅游法》《旅馆业治安管理办法》《中华人民共和国安全生产法》《中华人民共和国消防法》《中华人民共和国突发事件应对法》《农家乐（民宿）建筑防火导则（试行）》等。同时各类民宿标准都对民宿的安全都提出了要求，这些标准包括《旅游民宿基本要求与等级划分》《乡村民宿服务质量规范》等。

但目前我国民宿安全管理法规还不够完善，主要体现在：

民宿管理缺少专门的法律法规。2017 年，《住房和城乡建设部 公安部 国家旅游局 关于印发农家乐（民宿）建筑防火导则（试行）的通知》发布，目前该通知已经试行多年。在我国现有的法律体系中，目前还缺少一部完整的、系统的关于民宿管理的法律法规。

现有法律法规对民宿的规定不够明确具体。例如，《中华人民共和国消防法》第十五条规定："公众聚集场所投入使用、营业前消防安全检查实行告知承诺管理。公众聚集场所在投入使用、营业前，建设单位或者使用单位应当向场所所在地的县级以上地方人民政府消防救援机构申请消防安全检查，作出场所符合消防技术标准和管理规定的承诺，提交规定的材料，并对其承诺和材料的真实性负责。消防救援机构对申请人提交的材料进行审查；申请材料齐全、符合法定形式的，应当予以许可。消防救援机构应当根据消防技术标准和管理规定，及时对作出承诺的公众聚集场所进行核查。申请人选择不采用告知承诺方式办理的，消防救援机构应当自受理申请之日起十个工作日内，根据消防技术标准和管理规定，对该场所进行检查。经检查符合消防安全要求的，应当予以许可。公众聚集场所未经消防救援机构许可的，不得投入使用、营业。消防安全检查的具体办法，由国务院应急管理部门制定。"《旅馆业治安管理办法》虽然作了修订，但仍未通过列举的方式明确将民宿纳入旅馆业的范畴。这些法律法规从字面理解上不完全适用于民宿的管理，基层执法部门是否将其作为直接依据处理民宿问题尚存疑虑。

知识链接

《住房和城乡建设部 公安部 国家旅游局 关于印发农家乐（民宿）建筑防火导则（试行）的通知》

各地的民宿开办审批流程有所不同。因为民宿的形态各异，各地发展水平不同等原因导致政策存在重大差异。例如，《中华人民共和国水污染防治法》第六十五条规定："禁止在饮用水水源一级保护区内新建、改建、扩建与供水设施和保护水源无关的建设项目；已建成的与供水设施和保护水源无关的建设项目，由县级以上人民政府责令拆除或者关闭。禁止在饮用水水源一级保护区内从事网箱养殖、旅游、游泳、垂钓或者其他可能污染饮用水水体的活动。”在法规政策的执行上，一些地方对民宿的审批是采取一张表多部门联审的方式，必须由各部门共同签字同意才能通过审批，一个部门有疑问就不能办理。

虽然直接的法律依据未明确提及住宿行业必须持有特种行业许可证，但《中华人民共和国市场主体登记管理条例》第十四条规定：“市场主体的运营范围包括一般运营项目和许可运营项目。运营范围中属于在登记前依法须经批准的许可运营项目，市场主体应当在申请登记时提交有关批准文件。”酒店和民宿作为特种行业，其运营涉及公共安全和社会秩序，因此需要获得特种行业许可证。其中便有消防部门开具的鉴定书及开办旅馆业应建立的各项安全管理制度的书面材料等相关要求。

民宿的运营者应依据法律法规、政策、标准等要求进行安全管理，民宿的开办应符合流程，并将安全管理作为日常管理的重要组成部分，这是实现安全运营的前提。

（三）民宿安全覆盖的领域

1. 民宿安全覆盖的主要领域

民宿作为服务提供的组织虽然体量较小，但涉及的安全管理的范畴很广，主要包括：建筑和消防安全、治安安全、用电安全、燃气安全、食品安全、急救和应急措施、设施设备安全、环境保护、交通安全、其他安全等。

（1）建筑和消防安全：民宿选址应首先确保安全，没有隐患；民宿的建筑应符合安全标准，避免使用耐火等级低的材料。民宿内应配备灭火器等消防装置。此外，民宿内还应配有消防疏散图、紧急出口标识等必备物品。

（2）治安安全：民宿治安安全包含多个方面，主要包括运营秩序的维护、民宿公共安全的保障、民宿员工和客户的人身权利与财产权利的保护，预防和阻止其他妨害社会管理的行为。

（3）用电安全：民宿应确保电路负荷不超过额定值，避免同时使用大功率电器，以防电路过载。民宿应在电器使用上提供明确的指导，确保客户正确使用电器。

（4）燃气安全：如果民宿使用燃气，应定期检查燃气管道和阀门，防止燃气泄漏。

（5）食品安全：确保厨房食材供应安全，定期检查冰箱，清理易坏食物。

（6）急救和应急措施：民宿应配备急救知识手册，员工应熟悉基本的急救技能。同时，员工应清楚离民宿最近的医疗设施位置，并做好应急预案。

（7）设备设施安全：民宿应确保各类电器、家具、泳池等是安全可靠的，应定期检查监控系统，确保其正常运作。在民宿内容易发生意外的地方安装警示牌，提醒客户注意安全。

（8）环境保护：民宿应实施垃圾分类，其运营产生的污水和废物的排放需要达到的标准取决于所在地区的环保法规和标准。

（9）交通安全：客户在抵达和离开民宿，以及在民宿外出游玩时都应注意交通安全。民宿有义务提醒客户注意相关交通情况和潜在风险。民宿应特别提醒非自驾游的客户选用合法合规的车辆进出。

（10）其他安全：民宿应注重客户隐私，防止客户信息泄露等。

2. 民宿安全覆盖的重点领域

消防安全是民宿安全管理的重中之重。民宿建筑应符合消防安全要求，配备足够数量且有效的消防设施设备，如火灾自动报警系统、灭火器、消火栓、应急照明与疏散指示标志等。民宿要定期对消防设施进行检查、维护与保养，确保在紧急情况下能够正常运行。民宿应制定完善的消防安全制度与应急预案，组织员工与客户进行消防安全培训与演练，使他们熟悉火灾预防知识、火灾发生时的应急逃生方法以及消防器材的使用方法，提高全员的消防安全意识与应急处置能力。

治安安全也是不可忽视的方面。民宿应加强对出入口的管理，安装监控摄像头，对公共区域进行 24 小时监控，确保监控系统正常运行且存储足够时长的录像资料；建立访客登记制度，对进入民宿的外来人员进行身份核实与登记；加强对客房钥匙的管理，防止钥匙丢失或被盗用而引发安全事故；与当地公安机关保持密切联系，及时报告治安事件，配合公安机关开展相关工作，维护民宿周边的治安秩序。同时在民宿运营活动时，如户外烧烤时，应注意防火，并全程关注客户状态。

食品安全关系客户的身体健康。提供餐饮服务的民宿要严格遵守食品安全法律法规，从食材采购源头抓起，确保食材的新鲜度、安全性与可追溯性；规范食品加工制作流程，严格控制食品加工过程中的卫生条件，防止交叉污染；加强对餐饮从业人员的健康管理，要求从业人员持健康证上岗，并定期进行健康检查；对餐饮用具进行严格的清洗、消毒与保洁处理，保障客户饮食安全。

设施设备安全同样重要。民宿应定期对各类设施设备进行检查、维护与保养，如水电设施、电梯（如有）、家具电器等，及时发现并排除安全隐患。对于一些老旧设施设备，要根据实际情况进行更新换代。在设施设备的使用过程中，民宿要为客户提供明确的使用说明与安全警示，防止因客户使用不当导致安全事故发生。

（四）民宿安全设施的配备

民宿的安全设施是指在生产运营活动中将危险、有害因素控制在安全范围内，以及预防、减少、消除危害所配备的装置和所采取的措施。

1. 消防系统

民宿在客房、走廊等公共区域应安装报警器材，集中管理。这些区域一旦有发生火灾的苗头，相关工作人员应立刻采取相应的措施进行扑救。消防设施设备主要有灭火器、报警器等。民宿在餐厅、厨房、客房、走廊等区域应配备灭火器等，并且定期检查器材是否可以正常使用；设置报警器或火灾自动报警系统，一旦发生火灾会自动发出报警信号；天然气、液化石油气的泄漏可能引发安全事故，必须安装泄漏报警器。

2. 安全报警系统

安全报警系统是民宿防盗的重要设施设备。民宿防盗重点是对非法进入者进行监督和控制，在出现危害客户安全、偷盗财物等情况时能够及时报警。

3. 医疗急救包

医疗急救包中应包含创可贴、消毒酒精、纱布、止痛药等。原则上民宿不提供口服药品，如有情况应及时送患者前往医院。民宿应定期检查医疗急救包中的物品是否过期。

4. 监控系统

监控系统是现代管理设施的一个重要组成部分，配置的目的是提高安全效益、优化安全服务、预防安全事故的发生、保障人身安全。监控系统由屏幕、摄像机、自动或手动图像切换机和录像机等组成。安保人员通过屏幕监控民宿各区域的情况，如前台收银处、安全出口等。监控系统主要设置在民宿公共区域、客房走廊和安全进口等地。需要注意的是，监控不能安装在涉及客户隐私的区域，比如客房内。

5. 网络和信息安全系统

根据我国相关法律法规的规定，所有客户入住酒店、民宿都应该进行实名登记。当前绝大多数民宿都应用电子化入住登记系统。民宿应配备合法合规的系统，避免发生冒充、诈骗等有损客户安全的事件；同时应确保客户的个人信息不被泄露。

6. 指示牌和警告标志

民宿应根据自身情况在不同区域提供必要的指示牌和警告标志，有的指示牌是为客户提供方便，如引导牌、客房号码牌等，而有的指示牌特别是警告标志是对风险的提醒，是非常重要的，如常见的客房内禁止吸烟、泳池内水深指示和溺水警告，海边民宿有潮汐、海浪提醒等。

二、民宿日常安全管理

避免安全事故的关键在于预防。首先，民宿应通过消防验收达到具备安全运营的基本条件，根据民宿的条件和特点识别各类安全风险。其次，民宿应制定和实施相关安全管理制度，做好日常安全管理和应急预案。民宿所有员工都应接受安全管理的相关培训，会使用所有安全设备，能够在引导客户入住时，普及和解释安全注意事项。同时，民宿应及时总结各类安全风险，不断加强和提升安全管理能力。

（一）建筑安全

民宿建筑的结构安全是确保客户安全的基础。民宿需要对民宿房屋进行结构安全鉴定，确保房屋整体稳定，避免出现结构不稳固导致房屋坍塌等严重事故。建筑材料的选择也直接影响建筑的安全性。使用耐火等级低的材料会增加火灾风险，因此民宿应选择符合防火标准的建筑材料。砖木结构、木结构客房连片的区域，应设置防火隔离带，开辟消防通道，提高建筑耐火等级，增设消防水源等。民宿禁止采用可燃、易燃的装修材料，墙、柱、梁、楼板等均应采用阻燃材料，材料必须符合相关规定。民宿中严禁存放易燃、易爆等危险物品。民宿应设置单独区域进行烟花爆竹燃放、烧烤、架设篝火等明火行动。室内禁止乱拉电线，严禁使用大功率电器。新能源汽车的充电场所建设应符合国家标准，电动自行车严禁在室内充电。

（二）客房安全

民宿客房的门窗应当采取一定的防盗措施；客房门后要张贴逃生路线图，并确保清晰准确。客房应当配有烟感、喷淋装置，且装置无遮挡。冬季，民宿应选用具有自动关闭功能的取暖设施。民宿应告知客户使用电器前提前检查设备、电源、插座是否完好。民宿应提醒客户注意电器的正确使用方法。客户离开时应断开电器电源，防止意外发生。

在卫生间等客户容易滑倒、摔伤的区域，民宿需要提前做好预防措施。如果有玻璃淋浴间，民宿就需要提前贴防爆膜，这样即使玻璃破碎也不会四处迸溅碎片。为避免碰伤，民宿可以在大约齐腰高度贴颜色醒目的防撞腰线。卫生间地砖尽量采用防滑地砖，并且在浴室放置防滑垫。如果是干湿不分离的卫生间，民宿需要考虑安装防水坎。卫生间墙壁显著位置需张贴“小心地滑”标识，起到提醒的作用。

民宿的阳台需要安装牢固的护栏，护栏上需要贴“禁止攀爬”标识。如果阳台护栏高度较低，民宿就需要安装防护网。

（三）厨房、餐厅安全

1. 燃气、电器设备使用安全

民宿需要注意厨房的日常安全问题，厨房一般使用燃气灶或电磁炉。如果有燃气管道经过厨房，应安装燃气报警器。天然气、液化石油气的密度不同，因此安装报警器的位置有所不同，民宿应注意。民宿从业者使用灶具时，每次点火要确认点火成功，避免出现无火漏气现象；点火时注意观察，不要远离灶具，避免火焰意外熄灭造成燃气泄漏；使用燃气时要保持室内通风，如发现有泄漏，立即关闭燃气表前阀门，熄灭所有火种，迅速开窗通风。此时，任何人不要在室内拨打电话、开关电源，如仍觉察有燃气气味，立即到室外安全地带拨打燃气维修电话，必要时可拨打 119 请求消防部门的协助。民宿购买液化气罐前，仔细检查气罐、减压阀、橡皮软管是否符合国家规定。民宿从业者使用液化石油气时，必须有人照看，防止汤水沸溢、浇灭火焰而引发事故。液化石油气罐不宜暴晒，不宜靠近热源、明火，周围不宜堆放柴草、杂物等可燃物。如果燃气设备有零件需要更换，民宿应请专业人士更换并定期检修，不宜私自拆卸。

2. 餐具、厨具使用安全

厨房工作人员在使用刀具等锋利的厨房用具时需要小心谨慎，使用后统一摆放在规定位置，交班时及时清点。

3. 食品加工安全

厨房的食品要按种类分类存放，避免交叉感染。厨师在加工食品的时候要注意有无发霉变质的食材，如有变质食材切勿使用；在加工食品时应注意火候，如豆角、土豆等食材半熟不可食用。提倡阳光厨房，以利于民宿的食品加工接受客户监督。

4. 食材来源

“民以食为天，食以安为先。”民宿要确保食品安全，让客户体验当地特色美食的同时吃得安全、卫生、放心也是民宿应尽的责任，这也关系民宿的生存和发展。因此，民宿在餐饮食品安全管理过程中，应注意以下事项：食品原材料应保证安全、新鲜，采购食品原材料时要遵守进货验收制度和索证索票制度，采用自家种植的蔬菜为佳。民宿向本地村民采购蔬菜、土鸡、鸡蛋等食材时应特别注意农药、抗生素等使用情况。加工、存放食品应当做到生熟分开，肉类要煮熟煮透。农药、鼠药等有毒、有害物品应当远离厨房，民宿应妥善保管。民宿不采购、使用腐败变质、过期食品或霉变、生虫的食品；不采购、使用病死、毒死或死因不明的禽畜类、水产动物及其制品，以及法律法规禁止生产、食用的食品；不采摘有毒山野菜、蘑菇等食品，不得加工客户采自山间的不明野菜等。民宿提供给客户使用的生活饮用水应当符合标准、要求。使用山泉作为饮用水的民宿应定期将水送权威实验室进行水质检测。

（四）公共活动区域安全

不同的民宿公共活动区域有所不同。很多民宿配备各类设施设备和场地供客户游玩。针对不同的场景，民宿应提前识别风险并告知客户，同时注意及时观察，一旦有安全风险应立即采取措施。例如，若民宿有泳池，民宿从业者应首先防范溺水风险，而很多无边泳池往往建立在海边或者悬崖边，应特别注意防止客户跌落；若民宿有体育健身设施，应注意防范运动伤害风险。

（五）户外活动区域安全

入住民宿后，客户通常会外出游玩。根据民宿所在地的不同特点，客户会选择不同的户外游玩方式。例如，入住海边民宿，客户可能选择海钓、赶海等游玩方式。入住山村的民宿，客户可能外出登山、看日出等。有的是民宿全程带领客户进行活动，是民宿服务的一部分，如山村民宿带领客户上山挖竹笋；有的是客户自发的行为，这时候民宿也有义务针对客户的需求给出路线规划，并提醒相关安全注意事项，如有非常状况也应及时关注并处理。

三、民宿安全事件处理

应急管理是民宿运营过程中对安全事件的管理。尽管民宿做了很多保障工作，但还是不能排除出现各类安全事件，有的事件是外部原因引起的，是不可控的，有的是客户人为引发的。不管怎么样，民宿都有义务对各类安全事件进行处置。充分有效的应急预案能让民宿在安全事件出现后，冷静面对，按照应急预案积极有效应对。

制定应急预案是法律法规的要求。预先制定应急预案能够帮助民宿识别和评估潜在风险，并采取相应的防范措施，从而降低安全事件发生的概率和影响程度。应急预案中包含紧急撤离、疏散和救援等措施，能够在安全事件中确保民宿从业者和客户的人身安全。应急预案既能够帮助民宿及时、妥善地处理安全事件，也能避免危机对民宿声誉和形象的损害。

（一）民宿应急预案

（1）应急预案的关键是对各类安全风险的识别。针对大部分安全事件，如火灾、台风、食物中毒等，民宿行业有通用执行的应急预案。不同的民宿也可针对不同安全事件独立制定应急预案。民宿应识别不同风险，比如山路上发生交通意外的风险、泳池的溺水风险、山顶的悬崖跌落风险等。

（2）应急预案制定。民宿应针对可能发生的各类安全事件，如火灾、地震、治安突发事件、食物中毒等，制定详细的应急预案。应急预案应包括安全事件的类型、预警机制、应急专班组织架构与职责分工、应急处置流程与措施、人员疏散与救援方案、信息报告与沟通机制等内容。民宿应明确在安全事件发生时，各个部门与岗位的具体职责与任务，确保应急工作能够有序、高效开展。例如，在火灾应急预案中规定火灾发生时的报警程序、灭火行动小组的任务、疏散引导小组如何组织人员疏散、医疗救护小组的职责等，并绘制详细的火灾应急疏散示意图，标明疏散路线与安全出口位置。

（3）应急演练与培训。民宿应定期组织员工进行安全应急演练，模拟不同类型的应急事件场景，让员工熟悉安全事件处置流程与自己在安全事件中的角色与职责。通过演练，民宿要检验应急预案的可行性与有效性，发现问题及时进行修订与完善。同时，民宿运营者应开展应急知识培训，向员工传授安全事件的预防知识、应急处置技巧、自救互救方法等，提高员工的应急意识与应对能力。此外，民宿应向客户宣传安全知识，如在客房内放置安全提示手册，介绍应急逃生方法与注意事项，提高客户的自我安全保护意识与应急应对能力。①

（4）安全事件响应与处置。当安全事件发生时，民宿应立即启动相应的应急预案，迅速采取应急处置措施。在火灾发生时，民宿要第一时间拨打火警电话报警，组织员工使用消防器材进行灭火，按照预定的疏散方案引导人员疏散至安全区域，并及时救治受伤人员。在治安突发事件中，民宿要迅速通知安保人员前往现场控制局面，保护人员的人身安全，同时报警并配合公安机关进行调查处理。对于食物中毒事件，民宿应立即停止相关食品的供应，将中毒患者送往医院救治，封存可能导致中毒的食品及原料，配合卫生部门进行调查取证，查明中毒原因并采取相应的整改措施，防止类似事件再次发生。在安全事件处置过程中，民宿要保持信息畅通，及时向上级主管部门、相关政府部门以及客户家属等报告事件进展情况，妥善处理好后续事宜，如保险理赔、客户安抚等工作，降低安全事件造成的负面影响。

（二）安全事件处理

在遇到安全事件时，民宿从业者不要慌乱，按照应急预案一起完成处理工作。第一，发现事件。民宿从业者要养成细心观察的好习惯，对周边异样事物、客户不良情绪等保持高度敏感。第二，立即反馈。当发现异常时，民宿从业者需要立即反馈，包括对民宿运营者的汇报和对客户的反馈，由民宿运营者决定处理办法，与此同时，安抚客户的不良情绪，尽自己所能给予客户最大程度的关心和照顾。第三，服从指挥。处理事件时，民宿从业者要听从一切安排，不可慌乱。第四，立即处理。民宿从业者要在安全事件发生的第一时间进行处理，将危害和损失降到最小。第五，善后工作。事件解决后，民宿从业者要对该事件进行总结，及时学习应对此类安全事件的方法。

1. 台风、洪灾应急处理

民宿应当关注当地的天气情况，提前防范，通知在岗人员保持警惕。民宿收到发来的台风、暴雨预警后，首先，应该判断是否要婉拒已经预订客房的客户。其次，民宿需要确认民宿各项目点是否安全，如有需要，寻求地方村委会协助，有序组织人员撤离至安全地带。最后，民宿需要记录处理过程，向上级汇报，并尽快恢复正常运营。

案例

台风专项应急预案

嵊泗县早在2012年便出台《关于印发嵊泗县卫生系统防台风专项应急预案（修订版）的通知》，其中确定将台风风险等级分为四级（一般、较大、重大、特别重大），并

① 有的地方各类应急演练是由地方主管部门、行业协会等组织的。

给出对应的四级响应行动要求，明确各项措施和责任主体。一般遭遇台风时，嵊泗县会依据台风等级确定是否提前关闭航班并禁止客户上岛，将客户的旅游风险降到最低。

嵊泗县总结多年与台风抗争的经验，制定了一套完善的应对台风的机制。地方民宿只要遵守政府主导制定的预警机制，配合各方开展行动，便能将安全风险降为最低。很多民宿没有这样完善的预警机制，必须自行多关注天气和相关情况，确定相关预防措施和预警机制。

2. 停水停电处理

民宿从业者在值班过程中若发现异常，应立即向民宿运营者汇报，与维修人员一同了解事故突发的原因和影响范围。当事故超出自身的处理能力时，民宿应及时联系有关部门取得相应支持。如果民宿提前知晓会发生长时间的停水、停电情况，应采取有效措施，停止客房预订，对已预订客户说明取消订单原因。

如果是客户在店期间发生停水、停电，民宿运营者应当及时与客户联系，报告相关情况，取得客户理解，安抚客户，减少投诉，如客户提出赔偿，应真诚进行沟通。民宿需要立即采取补救措施，努力维持正常运营，库房需准备充足的饮用水、应急灯等应急物资。事件处理结束后，民宿应尽快恢复正常运营。恢复水电后应及时进行安全检查，防止电器故障、漫水等。

3. 食品安全管理

民宿要落实卫生行政管理部门制定的措施。事件发生后，民宿从业者需要安抚客户情绪，防止客户激动，协助客户及时就诊，注意保密，防止事态扩大。民宿要注意保留造成客户食物中毒的证据和现场，配合卫生行政管理部门进行食物中毒鉴定。

4. 盗窃事件处理

贵重物品由客户自行保管，如客户丢失物品，应及时告知民宿，民宿从业者应马上到达现场向客户了解情况，并做好相关记录（事情经过、丢失物品数量、种类等详细情况）。如果丢失贵重物品，民宿从业者需要询问客户是否报警；如果报警，可按照程序封锁现场，提醒客户不要随意翻动物品，耐心等待公安人员的到来。如果客户不愿意报警，民宿可以按照以下程序处理：请客户再认真检查一下自己的物品是否放错了位置，或经客户同意后进入客房帮助查找，注意两人同行或全程拍摄。针对客户提出的补偿，民宿可根据各级权限上报处理。

5. 火灾应急处理

民宿从业者发现火情应立即进行扑救。火情是指发现火苗、冒烟或有烧焦气味，必须提高警惕，找到源头，根据不同的火源，采用不同的灭火设备和方式，同时需要向上级汇报。若发生火灾，民宿需要第一时间拨打火警电话，并清晰表达报警内容：火灾地点、燃烧物、火势情况、人员被困情况、报警人姓名、报警人联系方式等。

若发生火灾，民宿从业者要切断电源，搬出容易发生爆炸的物品。人员疏散的过程中使用湿毛巾捂住口鼻，烟雾过大时保持低姿态迅速撤离。客户撤离到安全地带后，民宿从业者要安抚客户的情绪，引导客户休息等候。

在善后处理的过程中，民宿从业者要保护现场、清点人数、清点受损财物、配合有关部门取证并将本次事件汇报上级。

6. 医疗急救处理

民宿从业者需掌握基础医疗常识，若发生安全事件，冷静处置，及时求助专业救援。一般的处理如下：

碰伤：瘀血处冷敷，若出血需清洗止血，切勿擅自用药，头晕呕吐立即送医。

扭伤：抬高患处，冷敷，送医后查看有无骨折。

中暑：转移至阴凉处，解开衣物，用冰水物理降温，服用解暑药物。

切割伤：少量出血，消毒后覆盖包扎；深伤口需就医处理。

咬伤：清洁包扎，动物咬伤需及时接种疫苗。

心脏病：协助有处方者服药，首次发病者立即就医；若呼吸急促，抬高上身，必要时进行心肺复苏。

骨折：固定患肢，搬运时保持平衡，优先使用担架。

醉酒处理：礼貌干预，引导回房；闹事者报警处置。

第三节 民宿财务管理

民宿财务管理是民宿运营管理的核心环节之一，贯穿于民宿的日常活动中。良好的财务管理不仅能帮助民宿运营者控制成本、提高收益，还能为民宿的长期发展提供数据支持和决策依据。

一、民宿采购管理

采购管理是民宿运营的基础，直接关系物资供应的及时性、成本控制的有效性以及服务质量的稳定性。民宿采购管理主要包括采购计划制订、供应商选择与管理、采购流程优化和库存管理。

（一）采购计划制订

1. 需求分析

民宿要根据运营规模、季节性需求、客流量等因素，制订详细的采购计划。例如，旅游旺季，民宿需增加客房用品（如床单、洗漱用品）和食品的采购量，而淡季则可适当减少。

2. 预算控制

民宿要制定采购预算，明确各类物资的采购金额上限，避免超支。预算应根据历史数据和市场行情进行动态调整。

3. 采购周期

民宿要根据物资的使用频率和保质期，确定合理的采购周期。例如，易耗品（如清洁用品）可每月采购一次，而耐用品（如家具）可按需采购。

（二）供应商选择与管理

1. 供应商筛选

民宿可通过市场调研、比价、资质审核等方式，选择性价比高、信誉良好的供应商。例如，民宿选择本地供应商可降低运输成本，选择长期合作供应商可获得价格优惠。

2. 供应商评估

民宿应建立供应商评估机制，定期对供应商的产品质量、交货时间、售后服务等进行评分，确保与供应商的持续合作。

3. 合同管理

民宿与供应商签订采购合同，明确物资的规格、数量、价格、交货时间及违约责任，保障双方权益。

（三）采购流程优化

1. 流程规范化

民宿应制定标准化的采购流程，包括采购申请、审批、下单、验收、入库等环节，确保采购过程的透明化和可追溯性。

2. 信息化管理

民宿应使用采购管理系统或财务软件，实现采购流程的数字化管理，以提高效率并减少人为失误。

3. 集中采购

对于常用物资，民宿可采用集中采购的方式，通过批量采购降低单价、采购频率。

（四）库存管理

1. 库存控制

民宿可根据物资的使用频率和保质期，合理控制库存水平。例如，易耗品可保持较低库存，季节性物资（如取暖设备）则需提前备货。

2. 定期盘点

民宿要每月或每季度进行一次库存盘点，核对实际库存与账面库存，及时发现并处理问题。

3. 物资管理

民宿要对库存物资进行分类管理，明确存放位置和保管责任人，避免物资损坏或丢失。

二、民宿成本管理

民宿成本管理是民宿运营管理的重要组成部分，它涉及民宿运营过程中发生的各项费用的预测、计划、控制、核算、分析和考核等一系列管理活动。有效的成本管理不仅能够降低民宿的运营成本，提高盈利能力，还能够增强民宿的竞争力，实现可持续发展。

（一）成本分类

民宿的成本构成复杂多样，主要包括以下几个。

固定成本：在一定时期内不随民宿业务量变化而变化的成本，如房租、折旧费、摊销费、管理人员工资等。固定成本是民宿运营的基础，无论业务量大小都需要支付。

变动成本：随民宿业务量变化而变化的成本，如水电费、维修费等。变动成本随着业务量的增加而增加，随着业务量的减少而减少。

半变动成本：既包含固定成分又包含变动成分的成本，如部分员工工资（基本工资+提成）、广告费等。半变动成本在一定范围内固定，超出范围后随业务量增加而增加。

（二）民宿成本管理的原则

全面性原则：民宿成本管理应贯穿于民宿运营的各个环节，从采购、生产到销售，都应进行成本控制。

目标性原则：民宿应根据自身的运营目标和市场环境，制定合理的成本预算和控制目标。

经济性原则：民宿在成本管理过程中应注重经济效益，避免浪费和损失。

责权利相结合原则：民宿应将成本责任分解到各个部门和个人，明确职责和权限，并与经济利益相联系。

（三）民宿成本管理的策略

1. 成本预算制定

民宿要根据运营目标和市场环境，制定合理的成本预算。

民宿要将成本预算分解到各个部门和个人，明确成本责任。

民宿要定期对成本预算的执行情况进行检查和评估，确保预算目标的实现。

2. 成本控制实施

民宿要加强对各项费用的日常控制，如房租、水电费等。

民宿要推广节能减排措施，降低能源消耗和废弃物排放。

民宿要加强对采购、库存和生产过程的管理，降低各项成本。

3. 成本核算与分析

民宿要建立完善的成本核算体系，准确核算各项成本费用。

民宿要定期对成本数据进行分析和比较，找出成本控制的薄弱环节和潜在问题。

民宿要根据成本分析结果，有针对性地制定改进措施和优化方案。

4. 成本考核与激励

民宿要将成本控制目标纳入部门和个人的绩效考核体系，与薪酬、晋升等相联系。

民宿要对在成本控制方面表现突出的部门和个人给予奖励和表彰，激发积极性和创造性。

案例

多管齐下降本增效

L民宿毗邻多个著名景点。自2016年1月正式营业以来，它凭借独特的地理位置和优质的服务，逐渐在民宿市场中崭露头角。然而，随着市场竞争的加剧，L民宿面临提高盈利能力、降低运营成本的挑战。为此，L民宿实施了一系列成本管理措施，取得了显著成效。

1. 优化采购管理

L 民宿与可靠的供应商建立了长期合作关系，通过批量采购和定期询价，降低了客房用品、食材等物料的采购成本。

L 民宿实施严格的库存管理制度，避免库存积压和浪费，进一步降低了采购成本。

2. 能源费用控制

L 民宿对能源使用进行了精细化管理，如安装节能灯具、使用太阳能热水器等，有效降低了水电燃气费用。

L 民宿定期对民宿的能源使用情况进行监测和分析，找出能源消耗的瓶颈和浪费点，采取有针对性措施进行改进。

3. 人力成本控制

L 民宿通过优化人员配置和工作流程，提高了员工的工作效率，降低了人力成本。

L 民宿加强了员工培训，提高了员工的服务质量和客户满意度，降低了因服务不当导致的额外成本。

4. 维修费用管理

L 民宿建立了完善的设施维护计划，定期对民宿的设施设备进行检查和保养，延长了设施设备的使用寿命，降低了维修费用。

对于需要维修的设施设备，L 民宿会先进行成本效益分析，确保维修的必要性和合理性。

5. 利用数据分析优化成本结构

L 民宿利用数据分析工具对民宿的运营数据进行了深入挖掘和分析，找出了成本控制的关键点和优化方向。

通过数据分析，L 民宿调整了客房价格策略、优化了客房布局和服务流程，进一步提高了盈利能力和客户满意度。

经过一系列成本管理措施的实施，L 民宿的运营成本得到了有效控制，盈利能力显著提升。具体表现在以下几个方面：

1. 成本降低

通过优化采购管理、能源费用控制、人力成本控制和维修费用管理，L 民宿的运营成本逐年下降。

2. 收入增加

通过调整客房价格策略、优化客房布局和服务流程等措施，L 民宿的营业收入逐年增加。

3. 盈利能力提升

在成本降低和收入增加的共同作用下，L 民宿的盈利能力显著提升，为民宿的长期发展奠定了坚实基础。

案例点评：L 民宿的成本管理实践为其他民宿提供了有益的借鉴和启示。民宿运营者应关注成本管理的各个方面，通过优化采购管理、能源费用控制、人力成本控制和维修费用管理等措施，降低运营成本；同时，还应利用数据分析工具对民宿的运营数据进行深入挖掘和分析，找出成本控制的关键点和优化方向，进一步提高盈利能力和竞争力。

三、民宿收入管理

民宿收入管理

民宿收入管理是民宿财务管理的核心环节之一，直接影响民宿的现金流和盈利能力。通过科学的收入管理，民宿运营者可以最大化收入来源、优化定价策略、提高收入确认与核算效率，并有效管理应收账款，从而提升整体运营效益。以下从收入来源、定价策略、收入确认与核算、应收账款管理四个方面进行细化阐述。

（一）收入来源

民宿的收入来源多样化，除了传统的客房收入，还可以通过提供餐饮服务、附加服务等方式增加收入。以下是常见的收入来源及管理要点。

1. 客房收入

（1）主要来源。

客房收入是民宿的核心收入来源，通常占总收入的 60% ～ 80%，包括日常客房出租、长租收入以及特殊房型（如套房、家庭房）的溢价收入。

（2）管理要点。

房型优化：根据市场需求设计多样化的房型，如情侣房、家庭房、主题房等，满足不同客户群体的需求。

预订渠道管理：通过官方网站、OTA 平台（如携程、美团）、社交媒体等多渠道推广，提高客房预订量。

长租业务：针对长期居住的客户，推出月租或季租优惠，增加稳定收入。

2. 餐饮收入

（1）主要来源。

餐饮收入是民宿的重要补充收入来源，通常占总收入的 10% ～ 20%，包括早餐、晚餐、下午茶、特色餐饮等收入。

（2）管理要点。

早餐服务：提供免费或收费早餐，提高客户满意度和收入。民宿可根据客户需求设计中西式早餐。

特色餐饮：结合当地食材和文化，推出特色菜品或主题晚餐（如农家菜、海鲜烧烤），吸引客户消费。

餐饮外包：如果民宿自身不具备餐饮服务能力，可与周边餐厅合作，提供餐饮代订服务并收取佣金。

3. 附加服务收入

（1）主要来源。

附加服务收入是民宿的增值收入来源，通常占总收入的 5% ～ 15%，包括接送服务、导游服务、活动策划、纪念品销售等收入。

（2）管理要点。

接送服务：为客户提供机场、车站接送服务，按次或按距离收费。

活动策划：根据客户需求，策划特色活动（如徒步旅行、手工制作、文化体验），收取活动费用。

纪念品销售：销售当地特产、手工艺品或民宿定制纪念品，增加收入的同时提升品牌形象。

4. 其他收入

（1）主要来源。

其他收入种类繁多，如场地租赁（如婚礼场地、会议场地）、广告合作（如与本地商家合作推广）等收入。

（2）管理要点。

场地租赁：将民宿的公共区域（如花园、露台）出租，用于婚礼、派对或商务会议，按小时或按天收费。

广告合作：与本地商家合作，在民宿内展示广告，收取广告费用或佣金。

（二）定价策略

定价策略是民宿收入管理的核心，直接影响客房的出租率和整体收入水平。科学的定价策略应结合市场需求、竞争环境和季节性因素，灵活调整价格以实现收入最大化。

1. 动态定价

（1）定义。

民宿应根据市场需求、季节性变化、竞争对手价格等因素，实时调整房价。

（2）实施方法。

旺季高价：在旅游旺季或节假日提高房价，最大化收益。

淡季低价：在淡季推出折扣优惠或特价房，吸引更多客户。

实时调整：使用价格管理工具（如 OTA 平台的智能定价功能），根据预订情况动态调整价格。

2. 套餐定价

（1）定义。

民宿将客房与其他服务（如餐饮、活动）打包销售，提高客单价。

（2）实施方法。

住宿 + 餐饮套餐：推出包含早餐或晚餐的住宿套餐，吸引客户选择更高价位的房型。

住宿 + 活动套餐：将客房与特色活动（如徒步、骑行）打包销售，增加附加收入。

家庭套餐：针对家庭客户，推出包含儿童活动或家庭晚餐的套餐，提升吸引力。

3. 会员制度

（1）定义。

民宿通过推行会员卡或积分制度，吸引回头客并增加长期收入。

（2）实施方法。

会员优惠：为会员提供专属折扣、免费升级房型或延迟退房等权益。

积分奖励：客户每次入住可累积积分，积分可兑换免费住宿或其他权益。

会员活动：定期举办会员专属活动（如品酒会、文化体验），增强客户黏性。

4. 差异化定价

（1）定义。

民宿根据房型、入住时间、客户类型等因素，制定不同的价格。

（2）实施方法。

房型差异：套房、家庭房等特殊房型定价高于标准房型。

入住时间：周末、节假日价格高于平日价格。

客人类型：针对学生、老年人等特定客户群体推出专属优惠。

（三）收入确认与核算

收入确认与核算是民宿收入管理的重要环节，确保收入的准确记录和及时入账，能为民宿的财务分析和决策提供可靠依据。

1. 收入确认

（1）确认时点。

客房收入：通常在客户离店后确认收入。

餐饮收入：在服务完成后确认收入。

附加服务收入：在服务提供后确认收入。

（2）确认方法。

预收款：对于提前支付的预订款，先计入预收账款，待服务完成后确认收入。

现收款：对于现付的款项，直接确认收入。

2. 收入核算

（1）核算方法。

分类核算：将收入按来源（如客房、餐饮、附加服务）进行分类核算，以便于分析各项收入的比例。

分时段核算：按月度、季度、年度进行收入核算，掌握收入变动趋势。

（2）信息化管理。

民宿可以使用财务软件或管理系统，实现收入的自动化核算，提高效率和准确性。

（四）应收账款管理

应收账款管理是民宿收入管理的重要组成部分，确保资金及时回笼，避免资金链断裂。

1. 信用政策

（1）制定原则。

针对长期合作客户或团体客户，民宿可以制定合理的信用政策，明确付款期限和违约责任。

（2）实施方法。

信用额度：根据信用评级，设定不同的信用额度。

付款期限：明确账款到期日，如“月结 30 天”或“周结 7 天”。

2. 催收管理

（1）催收流程。

提前提醒：在账款到期前，通过短信、邮件或电话提醒客户付款。

逾期催收：对于逾期未付款的客户，采取电话催收、上门催收等手段。

（2）催收工具。

民宿可以使用应收账款管理系统，自动生成催收提醒和催收报告，提高催收效率。

3. 坏账处理

（1）坏账预防。

民宿要通过严格的信用审核和账款催收，减少坏账发生的可能性。

（2）坏账确认。

民宿要对长期无法收回的账款，确认为坏账并进行核销。

民宿收入管理是民宿财务管理的核心环节，涉及收入来源的多样化、定价策略的灵活性、收入确认的准确性以及应收账款的有效管理。通过科学的收入管理，民宿运营者可以实现收入来源最大化、优化资源配置、提高运营效益，为民宿的长期发展奠定坚实基础。

四、民宿运营的主要财务指标

财务指标是衡量民宿运营状况和财务健康程度的重要工具。

（一）毛利率

（1）定义与计算公式。

毛利率是衡量民宿核心盈利能力的指标，反映每单位收入中扣除直接成本后的利润比例。其计算公式为：

$$毛利率=\frac{营业收入-营业成本}{营业收入}\times100\%$$

营业收入：包括客房收入、餐饮收入、附加服务收入等。

营业成本：包括客房清洁成本、餐饮原材料成本、水电费等成本。

（2）意义。

盈利能力：毛利率越高，说明民宿的核心盈利能力越强。

成本控制：毛利率的变化可以反映成本控制的效果。若毛利率下降，可能意味着成本上升或定价不合理。

（3）优化措施。

提高收入：通过优化定价策略、增加附加服务等方式提高收入。

控制成本：通过节能降耗、优化采购等方式降低直接成本。

（二）净利率

（1）定义与计算公式。

净利率是衡量民宿实际盈利水平的指标，反映每单位收入中扣除所有成本和费用后的净利润比例。其计算公式为：

$$净利率=\frac{净利润}{营业收入}\times100\%$$

净利润：营业收入扣除营业成本、管理费用、财务费用、税费等的净收益。

（2）意义。

运营效率：净利率越高，说明民宿的运营效率越高。

综合盈利能力：净利率综合考虑了所有成本和费用，能够全面反映民宿的盈利能力。

（3）优化措施。

降低费用：通过优化管理流程、减少浪费等方式降低管理费用和财务费用。

提高收入：通过增加收入来源、提高客单价等方式提升净利润。

（三）客房出租率

（1）定义与计算公式。

客房出租率是衡量民宿客房利用效率的指标，反映可供出租客房的实际使用比例。其计算公式为：

$$\text{客房出租率} = \frac{\text{实际出租客房数}}{\text{可供出租客房数}} \times 100\%$$

（2）意义。

资源利用：客房出租率越高，说明民宿的客房资源利用效率越高。

市场需求：客房出租率的变化可以反映市场需求的变化。若客房出租率持续下降，可能意味着市场竞争加剧或民宿吸引力下降。

（3）优化措施。

提高吸引力：通过优化客房设计、提升服务质量等方式提高民宿的吸引力。

灵活定价：在淡季推出折扣优惠或特价房，吸引更多客源。

（四）平均房价

（1）定义与计算公式。

平均房价是衡量民宿客房价格水平的指标，反映每间实际出租客房的平均收入。其计算公式为：

$$\text{平均房价} = \frac{\text{客房总收入}}{\text{实际出租客房数}}$$

（2）意义。

定价策略：平均房价反映了民宿的定价策略和竞争力。

收入水平：平均房价越高，说明民宿的收入水平越高。

（3）优化措施。

差异化定价：根据房型、入住时间、客户类型等因素制定不同的价格。

增值服务：通过提供增值服务（如免费早餐、接送服务）提高客单价。

（五）每间可供出租客房收入

（1）定义与计算公式。

每间可供出租客房收入是综合衡量民宿客房收入水平的指标，反映每间可供出租客房的平均收入。其计算公式为：

$$每间可供出租客房收入=\frac{客房总收入}{可供出租客房数}=平均房价\times客房出租率$$

（2）意义。

综合表现：每间可供出租客房收入能够全面反映民宿的客房收入能力，是评估运营状况的重要指标。

运营效率：每间可供出租客房收入越高，说明民宿的运营效率越高。

（3）优化措施。

提高客房出租率：通过营销推广、优化服务等方式提高客房出租率。

提高房价：通过差异化定价、增值服务等方式提高平均房价。

（六）现金流

（1）定义。

现金流是衡量民宿资金流动性的指标，反映民宿在一定时期内的现金流入和流出情况。现金流包括：

运营活动现金流：来自日常运营的现金流入和流出。

投资活动现金流：来自固定资产购置、投资等的现金流入和流出。

筹资活动现金流：来自借款、股东投资等的现金流入和流出。

（2）意义。

资金健康：充足的现金流是民宿正常运营的保障。

偿债能力：现金流状况直接影响民宿的短期偿债能力。

（3）优化措施。

加快回款：通过加强应收账款管理，加快资金回笼。

控制支出：通过优化采购、减少浪费等方式控制现金流出。

（七）资产负债率

（1）定义与计算公式。

资产负债率是衡量民宿财务风险的指标，反映总负债占总资产的比例。其计算公式为：

$$资产负债率=\frac{总负债}{总资产}\times100\%$$

（2）意义。

财务风险：资产负债率越高，说明民宿的财务风险越大。

偿债能力：资产负债率过高可能影响民宿的长期偿债能力。

（3）优化措施。

降低负债：通过加快回款、减少借款等方式降低负债水平。

增加资产：通过增加收入、优化资源配置等方式提高资产总额。

民宿运营的主要财务指标是评估民宿运营状况和财务健康程度的重要工具。通过分析这些指标，民宿运营者可以及时发现问题，调整运营策略，确保民宿的可持续发展。同时，优化财务指标需要从收入、成本、现金流等多个方面入手，综合提升民宿的运营管理水平。

本章小结

本章围绕民宿运营管理，全面阐述了民宿服务质量管理、安全管理和财务管理。在服务质量管理上，明确了服务特性、质量分析维度，构建了管理体系，涵盖人员、服务设计等多方面；在安全管理方面，介绍了日常管理内容以及安全事件处理的流程和方法；在财务管理方面，介绍了民宿收入管理、民宿成本管理和民宿运营的主要财务指标。这些内容为读者提供了民宿运营管理的知识框架，强调了服务质量、安全管理和财务管理在民宿运营中的重要性，它们共同保障民宿的稳定和发展。

实训活动

1. 选择一家当地民宿，运用卡诺模型对其服务进行分析，找出客户的基本型、期望型和兴奋型需求，并提出改进建议，形成分析报告。

2. 模拟民宿安全应急演练，如火灾、食物中毒等场景，分组制定应急预案并进行演练，演练结束后进行总结和反思。

3. 为一家新筹备的民宿设计服务蓝图，明确前台服务和后台支持活动，展示服务传递流程，并与他人进行交流和讨论。

课后习题

一、判断题

1. 民宿服务的四大特性包括无形性、异质性、生产与消费同步性和不可储存性。(　　)

2. 卡诺模型将客户需求分为基本型需求、期望型需求和兴奋型需求三类。(　　)

3. 民宿的安全管理仅包括消防安全和治安安全，不涉及食品安全和用电安全。(　　)

4. 民宿的财务管理主要包括收入管理、成本管理和民宿的主要财务指标分析。(　　)

5. 民宿的应急预案只需针对火灾和地震等自然灾害，无须考虑食品安全和客户突发疾病等情况。(　　)

二、单选题

1. 以下哪项不属于民宿服务质量管理中的基本型需求？(　　)

A. 基础设施完善　　B. 安全卫生达标

C. 提供个性化推荐　　D. 预订流程顺畅

2. 在民宿的安全管理中，以下哪项是消防安全的核心措施？(　　)

A. 安装监控摄像头　　B. 配备灭火器和烟雾报警器

C. 提供急救包　　D. 设置访客登记制度

3. 在民宿的财务管理中，以下哪项是衡量民宿核心盈利能力的指标？(　　)

A. 毛利率　　B. 净利率

C. 客房出租率　　D. 平均房价

4. 在民宿的应急预案中，以下哪项是处理火灾时的首要步骤？（　　）

A. 组织疏散　　B. 拨打火警电话

C. 使用灭火器灭火　　D. 切断电源

5. 在民宿的服务设计中，以下哪项是提升客户情感价值的关键？（　　）

A. 提供舒适的床铺　　B. 民宿运营者与客户的互动

C. 稳定的无线网络　　D. 客房内配备齐全的洗漱用品

三、多选题

1. 在民宿服务质量管理中，以下哪些属于期望型需求？（　　）

A. 快速响应客户咨询　　B. 提供个性化推荐

C. 赠送手作伴手礼　　D. 丰富的文化体验活动

2. 民宿的安全管理覆盖的领域包括（　　）。

A. 消防安全　　B. 食品安全

C. 信息安全　　D. 交通安全

3. 在民宿的财务管理中，以下哪些是常见的收入来源？（　　）

A. 客房收入　　B. 餐饮收入

C. 附加服务收入　　D. 场地租赁收入

4. 在民宿的应急预案中，处理食品安全事件时的步骤包括（　　）。

A. 立即停止相关食品的供应　　B. 将中毒患者送往医院救治

C. 封存可能导致中毒的食品及原料　　D. 配合相关部门进行调查取证

5. 在民宿的服务设计中，提升客户功能价值的关键是（　　）。

A. 提供舒适的住宿环境　　B. 安全的设施设备

C. 便捷的服务流程　　D. 民宿运营者与客户的互动

四、简答题

1. 请简述民宿服务的四大特性，并结合具体案例说明这些特性在民宿运营中的表现形式。

2. 卡诺模型在民宿服务质量管理中的应用有哪些？请举例说明如何通过满足客户的兴奋型需求来提升他们的忠诚度。

3. 民宿的安全管理主要涉及哪些领域？请结合实际案例，分析如何通过有效的安全管理措施预防安全事故的发生。

4. 民宿的财务管理中，收入管理的主要内容有哪些？请简要说明如何通过科学的收入管理提升民宿的运营效益。

五、案例分析题

1. 某民宿在旅游旺季时，客房出租率达到了90%，但在淡季时客房出租率仅为30%。请结合本章内容，分析该民宿在淡季时可能面临的挑战，并提出相应的解决方案。

2. 某民宿在一次台风来袭时，未能及时组织客户撤离，导致部分客户受伤。请结合本章内容，分析该民宿在安全管理中的不足之处，并提出改进建议。

第八章

民宿集聚区

本章导读

民宿集聚区作为文旅产业与乡村振兴深度融合的创新载体，正通过政策赋能、消费升级和技术重构实现多维突破。本章系统解析民宿集聚区的产生背景与核心概念，揭示其从零散运营向集群化发展的演化过程；结合实践样本，剖析民宿集聚区运营模式的创新机制；展现民宿集聚区在许多应用领域的融合发展图景，为新时代文旅产业转型升级提供理论与实践支持。

学习目标

1. 知识目标

掌握民宿集聚区的定义。

熟悉民宿集聚区规划原则与布局策略。

2. 能力目标

进行生态敏感区开发评估。

具备设计文旅融合方案的能力。

3. 素养目标

践行“绿水青山就是金山银山”理念，严守底线。

培养数据驱动的决策思维与精细化运营意识，杜绝“宰客”“刷单”等行为。

深化对国家政策的理解与执行能力。

明德学堂

践行“绿水青山就是金山银山”理念，助力乡村振兴与共同富裕

民宿集聚区作为文旅产业与乡村振兴深度融合的创新载体，不仅是经济发展的新引擎，更是践行生态文明建设、推动共同富裕的重要实践。通过学习本章内容，读者要掌握民宿集聚区的规划与运营知识，树立正确的价值观和职业素养。新时代的民宿从业者要牢固树立生态优先的发展观，将生态环境保护放在首位，杜绝以牺牲环境为代价的短视行为；在实践中，积极探索低碳环保技术的应用，推动民宿集聚区绿色化、智能化发展，为实现“双碳”目标贡献力量。

知识导入

民宿集聚区是为了实现从单体运营到集群共生的升级，是让专业知识服务于集群价值提升——既要有“标准化的底线（如安全、卫生）”，也要有“差异化的上线（如文化、体验）”，最终让集聚区从“一堆民宿的集合”变成“有温度、有特色、能共生”的生活空间。

第一节　民宿集聚区概况

民宿集聚区是指以特定地理空间为载体，由多家具有独立法人资格的民宿运营主体构成，通过设施共享、品牌协同、文化共生的组织形式，形成规模效应和差异化竞争优势的功能性区域。其核心特征体现在：

空间邻近性：民宿集聚区集聚半径通常不超过 3 千米。

业态互补性：民宿集聚区涵盖住宿、餐饮、文创等至少 5 类业态。

管理协同性：民宿集聚区建立至少包含消防联防、投诉处理、排污监管的联合管理机制。

民宿集聚区概况

一、民宿集聚区产生背景

（一）政策推动与城乡发展需求

民宿产业对农村经济具有引擎作用，通过土地点状供地、专项资金扶持、数字化平台建设等举措，推动民宿从零散运营向规模化、品牌化发展，形成“民宿 + 文化体验 + 在地产业”的多元业态融合模式。

（二）消费升级与市场选择驱动

行业数据显示，文旅消费已从景点打卡向深度体验加速转型。调查显示：目前大部分的客户倾向选择主题特色民宿集群区，核心诉求中“文化沉浸感”占比提升，“主题联动性”和“配套设施完备性”也是核心诉求。以束河古镇为例，茶马古道主题民宿集聚区通过非遗活态展示、夜间沉浸式演出等创新模式，印证了市场对文化体验型民宿集聚区的强烈需求。

近年来文旅消费呈现三大核心趋势：

（1）沉浸式体验全面普及：元宇宙、低空文旅等技术深度应用，使客户对虚实结合体验的需求不断增长。

（2）IP 与乡村深度融合：山西文旅借《黑神话：悟空》实现取景地客户量激增，带动周边民宿订单增长。

（3）消费结构持续升级：豪华型乡村民宿供给增长，部分携程度假农庄通过非遗工坊、在地文化体验项目，使非客房收入占比提升。

（三）产业生态优化内生要求

单体民宿面临运营成本上升与同质化竞争的双重压力。以云南沙溪古镇为代表的民宿集聚区，通过共享中央厨房、统一品牌营销平台和联合培训体系，将获客成本降低。行业研究数据表明：形成良性竞合关系的民宿集聚区，其综合利润率比单体运营民宿提高了 8% ～ 12%。

（四）技术赋能与空间重构

数据显示，依托数字技术的智慧民宿圈已覆盖分布式仓储系统、客流预测算法、环保监测平台等多项技术模块。杭州径山民宿集聚区通过运用区块链技术实现客源共享溯源后，客户复购率有所提升，验证了技术突破对空间组织形态的重构能力。

二、民宿集聚区与酒店集群的本质差异

（一）产权结构

民宿集聚区：以多元主体为主，大部分为民企或个体运营者，产权分散且灵活。这种结构有利于激发地方经济活力，促进社区居民参与，但也可能面临管理协同性不足的问题。

酒店集群：以集中产权为主，通常由连锁品牌主导，产权集中且管理标准化。这种结构有利于规模化运营和品牌统一管理，但可能缺乏地方特色和灵活性。

（二）空间形态

民宿集聚区：依托既有村落或自然景观，空间形态多样且与自然环境高度融合。虽然这种形态能够为客户提供独特的沉浸式体验，但也对规划和生态保护提出了更高要求。

酒店集群：以标准化建筑群为主，空间形态统一且功能明确。这种形态有利于提高运营效率，但可能缺乏地方特色和文化吸引力。

（三）文化渗透度

民宿集聚区：在地文化元素占比高，强调地方文化的传承与创新。通过文化基因解码与活态传承，民宿集聚区能够为客户提供深度的文化体验。

酒店集群：品牌文化元素占比高，强调品牌统一性和标准化服务。虽然酒店集群能够提供稳定的服务质量，但可能缺乏地方文化的独特魅力。

（四）环境承载力阈值

民宿集聚区：注重生态承载力优先原则，强调可持续发展。通过科学规划和生态保护措施，民宿集聚区能够实现经济发展与生态保护相平衡。

酒店集群：资源消耗相对较高。虽然通过技术手段可以降低环境影响，但在生态敏感区的开发中仍需谨慎。

民宿集聚区与酒店集群在产权结构、空间形态、文化渗透度和环境承载力阈值等方面存在显著差异。民宿集聚区以其具有多元主体、自然融合、文化传承和生态友好的特点，成为乡村振兴和文旅产业融合的重要载体；酒店集群以集中产权、标准化运营和品牌统一性为优势，适合大规模旅游需求。在实际开发中，民宿应根据区域特点和市场需求，选择适合的发展模式，实现经济效益、文化传承与生态保护的协调发展。

民宿集聚区与酒店集群的差异见表 8-1。

表 8-1 民宿集聚区与酒店集群的差异

对比维度	民宿集聚区	酒店集群
产权结构	多元主体	集中产权
空间形态	依托既有村落或自然景观	标准化建筑群
文化渗透度	在地文化元素占比高	品牌文化元素占比高
环境承载力阈值	生态承载力优先原则	资源消耗相对较高

三、民宿集聚区发展意义

（一）推进文旅产业升级

民宿集聚区通过“规模经济 + 范围经济 + 技术赋能”三维驱动，将单一住宿服务功能延伸为复合型消费功能；以“民宿 +”串联餐饮、文创、研学等业态，使住、游、购闭环。例如，浙江莫干山民宿集聚区通过引入咖啡馆、手作工坊、户外营地等配套设施，将客户停留时间延长，客单价提升；浙江安吉以民宿集聚区为支点，串联竹海、漂流、博物馆，形成全域旅游网络；福建武夷山民宿集聚区以在地茶文化为核心，打造“采茶制茶—茶道体验—茶山徒步”链条，既避免同质化，又强化地域 IP；甘肃敦煌民宿集聚区推出“数字孪生客栈”，客户可通过 VR 预览实景，并通过区块链认证、收藏非遗数字藏品。

（二）破解乡村空心化困局

巧妙利用乡村老建筑盘活乡村经济生态，能够有效破解乡村空心化困局。行业报告显示，许多乡村民宿集聚区已盘活多栋百年夯土建筑，村民年收入不断增长，形成“文化资本 - 经济收益 - 人口驻留”的良性闭环。

（三）构建文化生态保护区

《国家级文化生态保护区管理办法》（以下简称管理办法）的颁布具有里程碑意义，为保护区发展锚定方向。部分细则聚焦于解决文化生态保护区面临的核心问题，提出诸多具有建设性的建议。一方面，管理办法强调政府在财政投入方面的关键支撑作用，以及建设管理机构肩负的保护重任，以夯实文化生态保护区发展根基；另一方面，管理办法创新性地提出“依托区域内独具特色的文化生态资源，开展文化观光游、文化体验游、文化休闲游等多种形式的旅游活动”这一前瞻性旅游发展思路。此思路紧密贴合文化和旅游深度融合的国家政策导向，精准呼应时代发展需求，为保护区发展注入新动能。

文化生态保护区通过民宿集聚区实现遗产保护、环境维系、社区发展相协同，如莫干山民宿集聚区将竹林步道接入客房景观窗，形成“住进风景里，玩在文化中”的生态圈，使客户日均消费提升。

民宿集群化绝非简单的“抱团取暖”，而是通过生态重构实现“1+1>N”的效应。

第二节　民宿集聚区的规划与布局

一、民宿集聚区的规划原则

民宿集聚区的规划并非简单的物理空间排布，而是需要在生态、文化、经济、社会等多维度中寻找平衡点。基于政策与行业实践经验，民宿集聚区须遵循以下六大核心原则。

（一）生态承载力优先原则

根据《“生态保护红线、环境质量底线、资源利用上线和环境准入负面清单”编制技术指南（试行）》，民宿集聚区开发需严格遵循“三线一单”环境管控体系，即生态保护红线、环境质量底线、资源利用上线和环境准入负面清单。

（二）文化基因谱系传承原则

1. 文化要素的解码与转译

民宿应成为地域传统建筑与文化精髓的守护者与再现者。这不仅要求民宿依据相关文物保护法规，保存并活化历史文化遗产，还需融入当地生活习俗、艺术形式与社会实践，从室内营造到布局全方位反映地方文化的独特性。民宿规划还要将传统文化与现代理念深度融合，在保留文化特色的基础上，引入现代技术与元素，以满足客户日益多样化的需求。

案例：福建土楼民宿集聚区的规划路径。

- 基因提取：将多座土楼进行全息建模。
- 符号转译：将环形布局、水系等元素融入新建民宿，确保文化符号延续。
- 活态传承：设立土楼营造技艺研学营、参加高校课程项目合作、开设系列讲堂，由非遗传承人进行培训，使传统技艺应用率得到广泛提高。

2. 文化空间的场景化构建

文化空间的场景化构建是通过将文化元素与物理空间相结合，创造出具有沉浸式体验的文旅场景。文化空间的场景化典型案例见表 8－2。

表 8－2　文化空间的场景化典型案例

文化类型	空间载体	典型案例
生产文化	梯田劳作区＋农产品工坊	云南元阳哈尼梯田民宿带
节庆文化	露天戏台＋非遗展演中心	陕西袁家村民俗体验集群
建筑文化	历史建筑活化利用	江苏苏州平江路古宅改造民宿群

（1）生产文化：梯田劳作区＋农产品工坊。

空间载体：以梯田劳作区和农产品工坊为核心，将农业生产过程与文旅体验深度融合。

案例：云南元阳哈尼梯田民宿带。

场景描述：在云南元阳哈尼梯田民宿带，客户可以亲身参与梯田耕作、插秧、收割等农事活动，体验哈尼族传统的农耕文化。民宿周边设有农产品工坊，客户可以学习制作哈尼族特色食品，并参与手工艺制作。

文化价值：通过生产文化的场景化构建，客户不仅能够感受到哈尼族人与自然和谐共生的智慧，还能深入了解当地的生活方式和文化传统。

（2）节庆文化：露天戏台＋非遗展演中心。

空间载体：以露天戏台和非遗展演中心为核心，打造节庆文化体验空间。

案例：陕西袁家村民俗体验集群。

场景描述：在陕西袁家村民俗体验集群，露天戏台定期上演秦腔、皮影戏等传统表演项目，在非遗展演中心展示剪纸、泥塑、刺绣等作品及制作过程。客户可以参与节庆活动，体验传统民俗游戏，并品尝地方特色美食。

文化价值：通过节庆文化的场景化构建，客户能够沉浸式感受陕西地方文化的魅力，增强对传统文化的认同感和参与感。

（3）建筑文化：历史建筑活化利用。

空间载体：以历史建筑为核心，通过活化利用历史建筑，打造文化体验空间。

案例：江苏苏州平江路古宅改造民宿群。

场景描述：在江苏苏州平江路古宅改造民宿群，古建筑被改造为民宿、茶馆、书坊等文化空间。客户可以入住古色古香的民宿，体验苏州园林的精致美学；在茶馆中欣赏评弹表演，感受苏州的慢生活；在书坊中阅读古籍，了解苏州的文化历史。

文化价值：通过建筑文化的场景化构建，客户能够深刻感受到苏州古城的文化底蕴，体会历史建筑在现代生活中的独特价值。

文化空间的场景化构建通过将生产文化、节庆文化和建筑文化融入具体的空间载体，创造出具有沉浸式体验的场景。这种构建方式不仅能够增强客户的文化体验，还能促进地方文化的传承与创新，为乡村振兴和文旅产业发展提供新的动力。

（三）社区发展导向原则

1. 利益分配机制的顶层设计

民宿利益分配机制的顶层设计关乎多方主体的协同发展与行业可持续性，需构建兼顾公平与效率、平衡短期利益与长期价值的系统性框架。

案例：贵州西江千户苗寨模式。

民族文化保护奖励机制：村民通过保护自有吊脚楼建筑参与项目。

利润共享：部分门票收入作为民族文化保护奖励发放给村民。

就业保障：村民参与文旅产业，如餐饮、民宿、手工艺等，带动就业。

2. 公共服务设施的协同规划

公共服务设施协同规划是优化资源配置、提升城市综合服务能力的关键，其理论构建需融合多学科视角，以实现设施布局的科学性与服务效能的最大化。

（四）市场需求精准适配原则

通过对亲子家庭、银发群体和商务休闲客户群体的精准画像分析，民宿集聚区可以针对不同客户群体的需求特征，设计差异化的产品和服务。这种以客户群体需求为导向的规划实践，不仅能够提升客户满意度，还能为民宿集聚区的可持续发展提供有力支持。基于大数据分析的规划实践见表 8 - 3。

表 8 - 3　基于大数据分析的规划实践

客户群体类型	需求特征	产品规划重点
亲子家庭	安全设施、研学课程	儿童游乐区、自然教育基地等
银发群体	无障碍通道、医疗保障	24 小时医护站、防滑地面等
商务休闲	会议空间、私密性	共享办公舱、隔音庭院等

1. 亲子家庭

（1）需求特征。

亲子家庭客户群体的核心需求集中在安全性和教育性上。家长希望儿童在游玩的过程中能够获得知识，同时要求设施安全可靠，环境适合儿童活动。此外，亲子家庭还注重互动性，希望通过活动增进家庭成员之间的情感联系。

（2）产品规划重点。

儿童游乐区：设置安全、趣味性强的儿童游乐设施，如沙池、滑梯、攀爬架等，确保设施符合安全标准，并配备专人看护。

自然教育基地：结合当地自然资源，设计研学课程，如植物识别、生态观察、手工制作等，让儿童在游玩中学习自然知识，培养环保意识。

亲子互动活动：定期举办亲子工作坊、家庭游戏日等活动，增强家庭成员之间的互动性与情感交流。

2. 银发群体

（1）需求特征。

银发群体注重舒适性、安全性和医疗保障。他们需要无障碍通道、防滑地面等适老化设施，同时希望有专业的医疗保障以应对突发情况。此外，银发群体偏好安静、舒适的环境，注重养生和健康体验。

（2）产品规划重点。

无障碍通道：在民宿集聚区内设置无障碍通道、坡道和电梯，方便银发群体通行。

防滑地面：在公共区域和客房内铺设防滑地砖或地毯，降低银发群体摔倒的风险。

24 小时医护站：配备专业的医护人员和急救设备，提供 24 小时医疗保障服务，确保银发群体的安全。

养生体验项目：设计适合银发群体的养生项目，如太极课程、中医理疗、健康饮食讲座等，满足他们对健康生活的需求。

3. 商务休闲

（1）需求特征。

商务旅行者注重私密性、便捷性和高效性。他们需要在安静的环境开会或办公，同时希望设施现代化、服务高效，能够兼顾工作与休闲需求。此外，商务旅行者对网络速度和办公设备的要求较高。

（2）产品规划重点。

共享办公舱：在民宿集聚区内设置共享办公舱，配备高速网络、打印机、投影仪等办公设备，满足商务旅行者的办公需求。

隔音庭院：设计私密性强的隔音庭院或独立空间，提供安静的环境供商务旅行者进行会议或休息。

高效服务：提供快速入住、行李寄存、商务用车等高效服务，确保商务旅行者的出行便捷。

休闲设施：在办公区域周边设置咖啡厅、健身房等休闲设施，帮助商务旅行者在工作之余放松身心。

（五）产业融合聚合原则

民宿集聚区的产业融合聚合原则强调通过多产业联动，实现资源共享、价值共创和生态共建。遵守产业融合聚合原则不仅能提升民宿集聚区的核心竞争力，还能为乡村振兴和文旅产业转型升级提供可复制的实践路径。以下通过武夷山茶旅民宿集聚区全产业链生态圈的案例，具体描述产业融合聚合的四大聚合原则。

1. 茶宿体验圈：核心产业驱动，打造沉浸式体验

原则：以核心产业为基础，延伸产业链，提供深度体验服务。

通过茶宿体验圈，民宿集聚区将民宿产业与文旅产业深度融合，既提升了产业的传播力，又为民宿赋予了独特的主题吸引力。

案例：福建武夷山茶旅民宿集聚区依托当地茶产业，部分民宿提供茶园观光、岩茶品鉴、制茶研学等核心服务。客户可以参与采茶、制茶、品茶的全过程，深入了解茶文化，同时享受茶主题住宿体验。

2. 文化衍生圈：文化赋能，拓展产业链价值

原则：以文化为纽带，衍生多元业态，增强产业附加值。

民宿集聚区通过非遗技艺和传统手工艺的活化利用，丰富了客户的文化体验，同时为地方文化传承提供了新的载体。

案例：福建武夷山的大部分民宿配套茶膳餐厅，提供以茶入菜的特色餐饮服务，如茶香鸡、茶叶蛋等。非遗工坊开展建盏烧制、茶染手作等文化体验活动，客户可以亲手体验茶染工艺。

3. 健康创新圈：跨界融合，打造康养新业态

原则：以健康需求为导向，融合多领域资源，创新产品与服务。

健康创新圈通过茶产业与健康产业的跨界融合，满足了现代客户对健康生活的需求，为民宿集聚区开辟了新的经济增长点。

案例：福建武夷山茶疗中心融合中医理疗，开发茶汤浴、茶香冥想等康养产品，为客户提供身心放松的健康体验。茶疗中心还利用茶多酚的保健功效，推出茶饮调理、茶香 SPA 等特色服务。

4. 数字融合圈：科技赋能，实现线上线下协同

原则：以数字化技术为手段，打破时空限制，提升产业效率与体验感。

数字融合圈通过科技手段，扩大了民宿集聚区的影响力和服务范围，同时为客户提供了更便捷、更丰富的体验方式。

案例：福建武夷山民宿集聚区通过元宇宙茶空间，打造虚拟茶园和茶文化展示平台，客户可以在线体验茶文化；推出云制茶课程，客户可以线上学习制茶技艺、线下实地体验，达到线上线下协同。

（六）弹性生长与迭代原则

1. 模块化建设体系

民宿的模块化建设体系是融合工业设计、建筑学与运营管理理论的创新实践，旨在通过标准化、预制化和灵活组合策略，实现建设效率与空间体验的双重优化。

2. 数字化仿真预演

民宿的数字化仿真预演是依托计算机科学、建筑学、管理学等多学科理论，构建虚拟模型模拟民宿全生命周期运行状态的前沿技术。在计算机图形学与虚拟现实理论支撑下，通过三维建模、渲染技术，将民宿的建筑结构、室内装饰、周边环境等要素进行高精度数字化还原，构建沉浸式虚拟空间，为设计方案的优化提供直观可视化依据。

二、民宿集聚区布局策略

民宿集聚区需统筹资源禀赋、市场需求与技术条件，形成支持可持续发展的布局策略。

（一）空间结构优化策略

1. 核心—边缘辐射式布局

案例：浙江莫干山民宿集聚区整合多家民宿、宿集旅游综合体及艺术装置，形成“民宿＋文旅”融合示范区；联动片区，布局户外营地、生态农业园，延伸消费场景；划定功能板块，严控新建民宿，优先发展低碳产业。

2. 带状延伸式布局

案例：阳朔遇龙河沿岸民宿集聚区依托线性资源串联节点，以河道为轴线，打造多个节点。通过绿道衔接竹筏漂流码头，设计“隐逸式”游览路线，减少人工设施密度。

3. 组团镶嵌式布局

民宿集聚区的组团镶嵌式布局是指根据区域资源禀赋和功能需求，将不同类型的民宿组团有机组合，形成功能互补、资源共享的空间结构。组团镶嵌式布局类型及典型案例见表 8－4。

表 8－4　组团镶嵌式布局类型及典型案例

组团类型	功能定位	代表案例
文化体验组团	非遗工坊＋主题民宿	江西景德镇三宝陶艺聚落
康养疗愈组团	森林民宿＋温泉理疗中心	江苏南京汤山温泉民宿群
创意休闲组团	LOFT 民宿＋艺术家工作室	四川成都蓝顶艺术区

（1）文化体验组团：非遗工坊 + 主题民宿。

功能定位：以文化传承与体验为核心，将非遗技艺与主题民宿相结合，打造沉浸式文化体验空间。

案例：江西景德镇三宝陶艺聚落。

- 布局特点

江西景德镇三宝陶艺聚落以陶瓷文化为主题，将非遗工坊与陶艺主题民宿镶嵌布局。非遗工坊内设有陶艺制作区、烧制区和展示区，客户可以参与陶艺制作的全过程。主题民宿以陶瓷元素为设计灵感，客房内陈列陶艺作品，营造浓厚的文化氛围。

- 功能联动

客户在非遗工坊体验陶艺制作后，可在民宿内继续欣赏陶瓷艺术，形成“制作－展示－住宿”的完整体验链条。

- 价值体现

通过文化体验组团的布局，江西景德镇三宝陶艺聚落不仅传承了景德镇的陶瓷文化，还为民宿赋予了独特的文化吸引力。

（2）康养疗愈组团：森林民宿 + 温泉理疗中心。

功能定位：以健康疗愈为核心，将自然景观与康养设施相结合，打造身心放松的疗愈空间。

案例：江苏南京汤山温泉民宿群。

- 布局特点

江苏南京汤山温泉民宿群依托森林资源和温泉资源，将森林民宿与温泉理疗中心镶嵌布局。民宿建筑融入自然环境中，采用木质结构和落地窗设计，客户可以近距离感受自然。温泉理疗中心提供温泉浴、SPA、中医理疗等服务，满足客户的健康需求。

- 功能联动

客户在森林民宿中享受静谧的自然环境后，可前往温泉理疗中心放松身心，形成“自然体验－健康疗愈”的闭环。

- 价值体现

通过康养疗愈组团的布局，江苏南京汤山温泉民宿群为客户提供了独特的健康体验，成为都市人群的疗愈胜地。

（3）创意休闲组团：LOFT 民宿 + 艺术家工作室。

功能定位：以创意与休闲为核心，将艺术创作与民宿体验相结合，打造充满活力的创意空间。

案例：四川成都蓝顶艺术区。

- 布局特点

四川成都蓝顶艺术区以 LOFT 民宿和艺术家工作室为核心，将艺术创作与民宿体验镶嵌布局。LOFT 民宿采用工业风格设计，空间开阔且充满艺术气息，适合年轻人和创意人群。艺术家工作室定期举办展览、工作坊和沙龙活动，客户可以近距离接触艺术创作。

● 功能联动

客户在LOFT民宿中感受艺术氛围后，可前往艺术家工作室参与创作或欣赏展览，形成“住宿–创作–交流”的互动链条。

● 价值体现

通过创意休闲组团的布局，四川成都蓝顶艺术区成为成都的文化地标，吸引了大量艺术爱好者和年轻客户。

（二）市场细分导向策略

民宿将消费场景分级配置，具体可分为基础层、体验层、创生层。

案例：浙江安吉鲁家村家庭农场集群模式。

基础层：标准化民宿+农家乐覆盖15分钟步行圈，提供土灶餐饮、农产品展销。

体验层：差异化农场，非遗工坊。

创生层：研学基地、农业实验室等产业融合创新载体。

（三）交通网络协同策略

三级路网体系构建，具体包含主干道、次干道、巷道系统建设。

主干道：连接区外交通枢纽，规定时速，控制噪声与扬尘。

次干道：串联各功能组团，可设置自行车专用道。

巷道系统：保留巷道原生状态，做好生态规划设计。

（四）生态安全格局策略

敏感区识别：结合生态保护红线、水源地、居民区等多维度划定管控单元。

动态避让：差异化设置缓冲距离。

用地评估：纳入环境准入清单、社会影响评估。

（五）文化空间叙事策略

文化空间叙事策略要考虑自然、历史、文化等元素，合理地融合。

首先，安徽民宿集聚区的徽派建筑元素民宿设计理念体现了对自然环境的尊重与融合。徽派建筑讲究“天人合一”，追求建筑与自然的和谐共生。在民宿设计中，设计师会充分考虑周边环境，利用地形、植被等自然元素，打造出与自然环境相协调的建筑景观。比如，在选址时，设计师会优先选择山水相依、风景秀丽的地方，让客户在享受舒适住宿的同时，领略到大自然的美丽与宁静。其次，徽派建筑元素民宿注重历史文化的传承与发扬。徽派建筑作为中国传统建筑的重要流派，其独特的建筑风格和文化内涵是民宿设计的重要灵感来源。设计师在保留传统建筑元素的基础上，结合现代审美和居住需求，进行创新设计，让客户在住宿中感受传统文化的魅力。比如，在民宿的外观上，设计师会运用马头墙、小青瓦等传统建筑元素，打造出具有徽派特色的建筑风格；在内部装饰上，设计师会运用木雕、砖雕等传统工艺，营造出浓郁的文化氛围。最后，徽派建筑元素民宿还注重与周边旅游资源的整合。在民宿设计中，设计师会充分考虑周边旅游资源的特点和客户的旅游需求，将民宿打造成为旅游资源的重要组成部分。比如，在旅游资源丰富的地区，设计师会将民宿与周边的景点、景区进行有机整合，为客户提供一站式的旅游服务；在文化资源丰富的地区，设计师会将民宿与周边的文化景点、文化活动进行融合，让客户在住宿中感受浓郁的文化氛围。

三、民宿集聚区基础设施建设

基础设施建设是民宿集聚区的“骨架”与“血脉”，需要以系统性思维统筹功能、生态与人文需求。

通过隧道贯通与道路升级打破地理阻隔，如采用无人机吊装技术修建山间石板路，并同步治理地质灾害隐患，既保障通行安全，又为山区民宿集聚区建设奠定基础。

集镇景观化改造是提升民宿集聚区吸引力的重要手段。有的民宿集聚区改造主干道，整合管网铺设、外立面修缮及绿化工程，并设置统一旅游标识系统，使自身与周边古树群、云海景观形成联动。这种“外修颜值、内提素质”的模式，不仅优化了客户动线，还通过文化广场、夜景灯光等设施激活夜间经济，提升民宿溢价能力。

生态治理方面，污水集中整治与垃圾分类成为关键。有的民宿集聚区针对民宿污水直排问题，推动雨污分流改造并新建污水处理设施，确保排放达标；有的民宿集聚区建立“积分兑换＋定时收集”机制，厨余垃圾通过“绿色能源站”转化为有机肥反哺农田，形成“分类－回收－利用”机制。这些实践将环境治理与社区利益绑定，实现生态效益与经济效益的双赢。

在美丽乡村与景区化升级层面，有的地方行政村全域景区化，通过拯救老屋、植入艺术工坊等举措，将废弃矿坑改造为“网红”打卡地，建设示范村，打造风情带，使村庄从“环境美”向“产业美”跃迁。此类项目注重保留乡土肌理，让传统村落焕发新活力。

全域视角下，大花园核心区建设成为统筹的重要抓手。这种全域美丽框架下，基础设施不再是孤立工程，而是成为生态价值转化的载体，最终绘就现代版“山居图”。

第三节　民宿集聚区运营管理

一、民宿集聚区运营模式

民宿集聚区
运营模式

民宿集聚区运营模式的选择需综合考虑所有权结构、资源禀赋与市场定位。以下深度解析政府主导型、企业连锁型、社区自治型、混合运营型四大模式的关键机制与实施效益。

（一）政府主导型：政策驱动与资源整合

政府通过顶层设计统筹规划，整合财政、土地、生态等资源，以公共品牌和产业基金撬动社会资本。例如，有的地方设立民宿专项发展基金，通过“母子”品牌体系实现规模化发展，并推动产业准入、联勘联审等制度创新。此模式适用于生态敏感区或需快速形成产业集聚的区域，但需警惕过度行政干预导致的同质化风险。

（二）企业连锁型：资本驱动与品牌输出

以龙头企业为核心，通过标准化产品输出和供应链整合实现跨区域扩张。有的地方引入专业运营公司，采取“运营前置 + 对赌协议”模式，确保项目建成即盈利。此模式需平衡资本收益与在地文化保护，避免“千宿一面”。

（三）社区自治型：村民共治与利益共享

民宿集聚区可以依托村集体组织或合作社，通过闲置农房入股、积分制分红等机制实现利益捆绑。有的地方推行“村民自治积分制”，要求村民每年志愿服务方可享受民宿分红，并建立“红格子”党小组监督卫生与服务质量。此模式强调社区参与，但需解决专业化运营能力不足的问题。

（四）混合运营型：多元主体协同共生

政府、企业、村民三方共建治理架构。例如，有的地方由国有资本投资基础设施，社会资本运营高端民宿，村民提供在地服务与农特产品供应链。此模式需通过动态股权分配来平衡各方诉求。

二、民宿集聚区运营管理的策略

民宿集聚区的运营管理需要构建多维协同的生态系统，通过数据驱动、标准引领与社区共治实现可持续发展。以下从收益优化、服务标准化、社区治理、智慧管理系统等维度解析策略。

（一）收益优化：动态定价与全渠道营销

1. 数据驱动定价

民宿集聚区利用历史入住率、季节性波动及竞品价格数据，建立动态定价模型。

2. 营销渠道整合

民宿集聚区搭建智慧平台，实现 OTA 平台预订、在地体验产品打包销售。

（二）服务标准化：全流程质量管控

1. 在地化服务创新

民宿集聚区可以建立“民宿管家”培训基地，课程涵盖茶道、园艺、应急救护等。

2. 品牌认证管理

下面以浙江省民宿分类认证体系为例进行说明。

根据《民宿基本要求与评价》，浙江省民宿实行分类认证体系，见表 8–5 至表 8–7。

表 8－5 白金级认证（最高等级）

环境与建筑	设施设备	服务和管理	文化特色和其他
应拥有优质的自然生态环境和地方特色文化资源	客房应专业设计，体现当地特色和文化，整体氛围温馨协调	民宿主人应密切关注每位宾客的合理需求	应有原创性强、地方特色鲜明的文化主题

续表

环境与建筑	设施设备	服务和管理	文化特色和其他
所在社区（乡村）公路边、河边、山边等区域宜全面达到洁化、绿化、美化要求	客房宜提供高品质床垫、布草、毛巾和客用品，布草应符合GB/T22800标准规定，可提供二种以上规格枕头，整体感觉舒适度高	民宿主人宜组织多种宾客乐于参与的活动	应有深受宾客喜爱的特色产品或服务
建筑装饰宜特色鲜明，风格突出、内外协调	客房照明宜专业设计，效果好，并有遮光效果好的窗帘	宜提供品种丰富的营养早餐和特色餐饮服务，或附近有多处餐饮点	市场知名度高，客源辐射面广
宜设置交通工具停放场地和导引标识系统，方便抵达。场地设置不影响周边居民生活	客房宜采取防噪声及隔音措施，效果好	宜设置醒目、准确、美观的导引标识或提供周到的接送服务，方便客人抵离	平均房价、客房出租率应在同地区名列前茅
	客房宜提供充足的电源插座等设施，位置合理，方便使用	宜建立完备的规章制度，定期开展员工培训，效果好	应提供线上预定、支付服务，利用自媒体宣传、营销，效果好
	客房卫生间宜专业设计、装修精致、高档，干湿分离，24h供应冷热水，安全性、舒适性高	宜建立水电气管理制度，有完备的设施设备维保记录	应积极参与当地政府和社区组织的集体活动
	公共空间宜专业设计，突出地方特色和文化，效果好	安全意识强，宜开展和建立消防演习和安全巡查制度，有记录	运营活动应对地方经济、社会、文化产生明显的促进作用
	宜有值班房，晚间有值班人员和电话		宜投保宾客人身意外伤害险

表 8－6 金宿级认证

环境与建筑	设施设备	服务与管理	文化特色和其他
应有优质的自然生态环境，或有多处体验方便、特色鲜明的地方风物和景点	客房应专业设计，体现当地特色，符合基本服务要求，整体效果好	民宿主人应关注每位宾客的合理需求	应有地方特色的文化主题

续表

环境与建筑	设施设备	服务与管理	文化特色和其他
建筑装饰宜风格突出、内外协调	客房宜使用高品质床垫、布草、毛巾和客用品，布草应符合GB/T22800标准规定，可提供二种以上规格枕头，整体感觉舒适	民宿主人宜组织宾客乐于参与的活动	应有宾客评价较高的特色产品或服务
宜设置交通工具停放场地，方便抵达。不影响周边居民生活	客房宜有较好的照明、遮光效果和隔音措施。电源插座等配套设施应位置合理，方便使用	宜提供早餐和特色餐饮服务，或附近有多处餐饮点	应有较高的市场认可度
	客房卫生间宜专业设计、装修高档，干湿分离，有防滑防溅措施，24h供应冷热水	宜设置导引标识或提供接送服务，方便客人抵离	平均房价、客房出租率应高于同地区平均水平
	公共空间宜专业设计，风格协调，效果良好	宜建立有关规章制度，定期开展员工培训	应提供线上预定、支付服务，利用互联网技术宣传、营销
		宜建立水电气管理制度，有设施设备维保记录	应积极参与当地政府和社区组织的集体活动
		安全意识强，宜开展和建立消防演习和安全巡查制度，有记录	运营活动应有助于地方经济、社会、文化的发展
			宜投保宾客人身意外伤害险

表8－7　银宿级认证（基础等级）

环境与建筑	设施与服务	特色与其他
应拥有较好的自然生态环境，或有多处方便体验的地方风物	客房装饰体现当地特色，整体效果较好	可为宾客的合理需求提供相应服务
建筑装饰有特色、内外协调	客房宜提供较为舒适的床垫、布草、毛巾和客用品，布草应符合GB/T22800标准规定，可提供二种以上规格枕头，整体感觉较好。	宜提供线上预定、支付服务，利用互联网技术宣传、营销

续表

环境与建筑	设施与服务	特色与其他
	客房应照明充足，有窗帘和隔音措施，电源插座等配套设施方便使用	
	客房卫生间应有淋浴设施，并有防滑防溅措施。宜使用品牌卫浴，24h 供应冷热水	
	宜为宾客组织相关活动	
	宜提供早餐和特色餐饮服务，或附近有餐饮点	

（三）社区治理：主客共享与矛盾调解

（1）利益分配机制：例如，将部分停车费收入注入社区道路维护基金。

（2）纠纷调解网络：例如，建立“民宿运营者－行业协会－文旅局”三级投诉响应机制。

（四）智慧管理系统

（1）物联网应用：部分民宿集聚区部署环境传感器、智能门锁与能耗监测设备，通过云端中台实现远程运维。

（2）区块链存证：部分民宿集聚区将非遗数字藏品与民宿预订绑定，客户可通过 VR 预览实景并获取区块链认证证书。

三、民宿集聚区融合发展

民宿集聚区正从单一住宿载体升级为产业聚合平台，通过产业交互、文化叙事、技术渗透实现价值倍增。

（一）产业交互：从住宿节点到生态网络

（1）纵向链式延伸：有些地方以民宿集聚区为支点，串联漂流、工坊、生态博物馆，形成“宿集－景区－产业园”全域旅游网络。

（2）横向跨界融合：有些民宿集聚区将废弃矿坑改造为崖壁酒店，配套星空剧场与探险营地，提升客单价。

（二）文化叙事：空间活化与 IP 赋能

1. 非遗转化技术

非遗转化技术分级开发策略是指根据非遗类别的特点，结合现代技术手段，设计差异化的转化形式和技术赋能工具，以实现非遗资源的商业化开发。表 8－8 是非遗转化技术分级开发策略。

表 8－8　非遗转化技术分级开发策略

非遗类别	转化形式	技术赋能工具
技艺类（竹编）	非遗工坊体验	3D 打印辅助编织教学
表演类（傩戏）	沉浸式夜游剧本	全息投影＋定位音响系统
饮食类（酿造）	非遗认证产品特许运营	低嘌呤酿造工艺专利应用

（1）技艺类（竹编）。

转化形式：非遗工坊体验。通过开设竹编非遗工坊，客户可以亲身体验竹编技艺，学习编织技巧并制作简单的竹编作品。

技术赋能工具：3D 打印辅助编织教学。

技术应用：3D 打印技术制作竹编模型可以帮助客户更直观地理解编织结构和工艺步骤。AR（增强现实）技术使客户可以在虚拟环境中模拟编织过程，降低学习难度。

商业化成功率：通过技术赋能，竹编工坊体验的转化率非常高，客户参与度高且满意度显著提升。

（2）表演类（傩戏）。

转化形式：沉浸式夜游剧本。将傩戏表演融入夜游剧本中，客户通过角色扮演和互动参与，沉浸式体验傩戏的文化内涵。

技术赋能工具：全息投影＋定位音响系统。

技术应用：全息投影技术可以还原傩戏表演场景，增强视觉冲击力。定位音响系统使客户在不同位置可以听到不同的音效，提升沉浸感。

商业化成功率：沉浸式夜游剧本的票价溢价率非常高，客户愿意为独特的文化体验支付更高费用。

（3）饮食类（酿造）。

转化形式：非遗认证产品特许运营。

将传统酿造技艺转化为非遗认证产品，通过特许运营模式进行市场化推广。

技术赋能工具：低嘌呤酿造工艺专利应用。

技术应用：低嘌呤酿造工艺可以开发适合现代客户健康需求的新型产品。区块链技术的应用实现产品溯源，确保非遗认证产品的品质和真实性。

商业化成功率：非遗认证产品的复购率非常高，客户对产品的认可度和忠诚度较高。

非遗转化技术分级开发策略通过结合现代技术手段，为不同类别的非遗资源设计了差异化的转化路径。技艺类非遗通过工坊体验和技术教学实现高转化率，表演类非遗通过沉浸式体验实现高溢价率，饮食类非遗通过特许运营和专利技术实现高复购率。这种策略不仅推动了非遗资源的商业化开发，还为非遗的传承与创新提供了新的可能性。

2. 文化 IP 孵化

将文化与民宿体验深度融合，民宿集聚区可以打造独具特色的文旅品牌。这种文化 IP 孵化模式不仅提升了民宿集聚区的核心竞争力，还为客户提供了多维度的文化体验，为民宿集聚区的可持续发展提供了新的路径。

九华山民宿集聚区通过文化 IP 孵化，将文化与民宿体验深度融合，打造了独具特色的文旅品牌。

（1）智。

IP 内容：与学校联动开发 6 阶体系。

课程设计：6 阶体系包括不同课程，满足不同层次客户的需求。

技术赋能：通过线上直播和录播课程，客户可以在民宿内或回家后继续学习。

价值体现：提升了民宿的文化内涵，为客户提供了深度的精神体验，增强了品牌吸引力。

（2）境。

IP 内容：聘请团队设计“枯山水”院落。

设计理念：以美学为核心，采用“枯山水”设计风格，打造简约、宁静的院落空间。院落内布置石景、苔藓等元素，营造出“一沙一世界”的氛围。

功能布局：院落分为茶室区和冥想区等，客户可以在不同区域进行体验。

价值体现：通过设计，民宿空间成为文化的载体，吸引了大量追求高品质体验的客户。

（3）味。

IP 内容：申请素食预制菜发明专利。

产品开发：以本地食材为基础，开发了素食预制菜，如素火腿、素鸡、素鱼等。每道菜品均申请了发明专利，确保其具有独特性和市场竞争力。

技术赋能：采用低温冷冻和真空包装技术，延长预制菜的保质期，方便客户购买和携带。

价值体现：满足了客户对健康饮食的需求，成为民宿的特色伴手礼，提升了品牌附加值。

（4）礼。

IP 内容：打造香道 / 茶器系列。

产品设计：设计了一系列香道和茶器产品，如香炉、茶壶、茶杯等。产品采用环保材料，设计简约，符合现代客户的审美需求。

技术赋能：通过 3D 打印技术制作样品，确保产品设计的精准度和美观性。

价值体现：文创衍生品不仅获得了设计奖，还成为民宿的重要收入来源，增强了品牌的文化影响力。

（三）技术渗透：元宇宙重构体验场景

技术渗透在民宿集聚区的发展中扮演着重要角色。民宿集聚区不仅通过元宇宙技术重构了客户的体验场景，还通过低碳技术实现了可持续发展。以下技术的结合，不仅提升了民宿集聚区的竞争力，还为文旅产业的转型升级提供了新的方向。

1. 虚拟现实融合：元宇宙重构体验场景

通过元宇宙技术，民宿集聚区重构了客户的体验场景，提供了沉浸式的文化体验和创新的商业模式。

案例：甘肃敦煌民宿集聚区推出“数字孪生客栈”。

技术应用：利用虚拟现实（VR）技术，甘肃敦煌民宿集聚区打造了“数字孪生客栈”，客户可以通过 VR 设备预览莫高窟壁画主题客房，提前感受入住体验。通过元宇宙平台，客户可以在虚拟环境中游览莫高窟，欣赏壁画艺术，并与虚拟导游互动。

数字藏品：甘肃敦煌民宿集聚区推出定制版飞天数字藏品，客户可以通过非同质化代币技术收藏独特的敦煌文化艺术品。每件数字藏品都附带专属权益，如免费入住、专属导览等，增强了客户的参与感和归属感。

价值体现：元宇宙技术的应用不仅提升了客户的体验感，还为民宿集聚区开辟了新的商业模式，增强了品牌的文化吸引力。

2. 低碳技术应用：绿色发展与可持续运营

通过低碳技术，民宿集聚区实现了绿色发展和可持续运营，为行业树立了标杆。

案例：陕西宁陕民宿集聚区。

技术应用：陕西宁陕民宿集聚区供应温泉与供暖，减少对传统能源的依赖，降低碳排放。光伏板覆盖率高，年发电量可满足陕西宁陕民宿集聚区约一半的用电需求。

价值体现：通过低碳技术的应用，陕西宁陕民宿集聚区实现了能源的高效利用，成为绿色旅游的典范。

案例

民宿集聚区典型案例——莫干山

莫干山通过“民宿 +”模式，验证了民宿集聚区在破解乡村空心化、重构文化生态中的战略价值。其核心经验包括：

政策支持：莫干山的民宿正是因为规范化制度化做得早、行业准入门槛高、政策引导到位、行业监管与村民自治结合得比较好，所以实现快速健康发展，逐步成为全国民宿发展的标杆。

科技赋能：数字化是未来乡村发展的必然趋势。莫干山通过构建乡村治理数字化平台，实现了乡村治理的现代化。通过数字技术，莫干山的民宿提升了乡村治理效率，改善了公共服务水平。

产业融合：虽然乡村旅游是乡村产业振兴的重要抓手，但乡村旅游不能仅仅局限于旅游本身，必须与乡村的其他产业相融合。莫干山的“民宿 +”模式，将民宿与农业、文化、体育、教育、健康等产业深度融合，形成了“民宿 + 农业”“民宿 + 文化”“民宿 + 体育”“民宿 + 教育”“民宿 + 健康”等多种业态，让客户在莫干山不仅能享受高品质的民宿服务，还能体验到丰富多彩的乡村生活。

人才回流：人才是莫干山发展乡村旅游宝贵的资源，外来高端人才、返乡创业人才、专业人才、跨界人才以及其他各类人才结构合理，让莫干山的乡村旅游既能保持高端化、国际化，又能保持特色化、乡土化。

生态优势：莫干山拥有丰富的自然生态资源，森林覆盖率高。这些独特的自然和人文景观为民宿产业发展提供了得天独厚的条件。通过硬化道路、拆除违建、整治河道等一系列生态补偿机制，莫干山的生态环境得到显著改善。

主客共治：莫干山施行“国有平台 + 村股份合作社 + 创业户”互助模式，通过国有平台、村股份合作社和创业户的紧密合作，实现资源共享、风险共担、利益共赢。

本章小结

本章系统构建了民宿集聚区的理论框架与实践体系。通过政策文本解读与大数据分析，揭示了民宿集群化发展的必然性：在乡村振兴战略背景下，政策推动释放土地要素红利，消费升级催生深度体验需求，技术赋能重构空间组织形态。民宿集聚区通过产业、文化、科技三维融合，实现了从住宿载体向文旅生态平台的跨越式发展，为破解乡村空心化、推动绿色共富提供了可复制的方案。

实训活动

- 实训任务

选定长三角某村，基于其资源禀赋设计混合运营模式方案。

- 成果提交

15 分钟路演视频 +30 页商业计划书，重点说明文化保护与商业收益的平衡策略。

课后习题

一、判断题

1. 民宿集聚区的核心特征包括空间邻近性、业态互补性和管理协同性。(　　)

2. 民宿集聚区的规划原则中，生态承载力优先原则要求污水排放量不得超过流域纳污能力的 80%。(　　)

3. 民宿集聚区的运营模式中，政府主导型模式适用于市场自发形成的民宿集聚区。(　　)

4. 民宿集聚区的文化 IP 孵化可以通过非遗转化技术和元宇宙技术实现。(　　)

二、单选题

1. 以下哪项是民宿集聚区的核心驱动逻辑？(　　)

A. 政策推动　　B. 资本垄断

C. 单一业态　　D. 高能耗发展

2. 在民宿集聚区的规划原则中，文化基因传承原则的核心是（　　）。

A. 生态保护　　B. 文化要素的解码与转译

C. 市场细分　　D. 动态定价

3. 以下哪项没有体现民宿集聚区与酒店集群的本质差异？(　　)

A. 集中产权　　B. 在地文化元素占比≥50%

C. 标准化建筑群　　D. 人均生态足迹 1.5 ～ 2.0

4. 在民宿集聚区的运营模式中，社区自治型的典型特征是（　　）。

A. 政府主导　　B. 村民共治与利益共享

C. 资本驱动　　D. 品牌输出

三、多选题

1. 民宿集聚区的规划原则包括（　　）。

A. 生态承载力优先　　B. 文化基因谱系传承

C. 社区发展导向　　D. 市场需求精准适配

2. 民宿集聚区的运营模式包括（　　）。

A. 政府主导型　　B. 企业连锁型

C. 社区自治型　　D. 混合运营型

3. 民宿集聚区融合发展的技术渗透可以通过哪些方式实现？（　　）

A. 非遗转化技术　　B. 元宇宙技术

C. 低碳技术　　D. 动态定价模型

四、简答题

1. 请简述民宿集聚区的定义及核心特征。

2. 在民宿集聚区的规划原则中，生态承载力优先原则的具体内容是什么？请结合案例说明。

3. 请简述民宿集聚区文化 IP 孵化的四大 IP 矩阵，并结合案例说明其应用。

五、案例分析题

浙江莫干山民宿集聚区通过“民宿 +”模式，成功实现了从单一住宿载体向文旅生态平台的跨越式发展。其核心经验包括政策支持、科技赋能、产业融合、人才回流、生态优势等。

问题：

请分析莫干山民宿集聚区成功的关键因素。

结合莫干山的经验，你认为其他地区在发展民宿集聚区时应注意哪些问题？

第九章

民宿发展与乡村振兴

本章导读

本章系统探讨民宿发展与乡村振兴的协同路径及保障机制。通过解析实践案例，阐明民宿在激活乡村经济、传承乡土文化、优化生态治理中的关键作用。本章聚焦民宿对乡村振兴的推动作用，结合典型案例，展现民宿对乡村现代化转型的核心驱动力；从空间布局核心原则等角度，提炼民宿发展与乡村振兴的实践路径；构建政策支持、人才培养、金融服务、环境保护“四位一体”的保障体系，结合创新经验，阐释制度设计对民宿可持续发展的赋能作用。本章注重理论与实践相结合，通过实训任务与案例分析，引导读者探索民宿与乡村振兴的共生共荣模式。

学习目标

1. 知识目标

理解民宿对乡村振兴的推动作用。

掌握民宿与乡村共建共享机制与模式。

认知生态保护与经济发展的平衡机制。

2. 能力目标

基于典型案例，分析民宿空间布局核心原则与动态调控机制的实际应用。

结合实训任务要求，针对生态敏感区域，设计包含污染防治、资源循环、村民分润机制的民宿生态化运营方案。

运用绿色金融工具解决民宿项目资金瓶颈问题。

3. 素养目标

树立“生态优先、共建共享”的乡村发展理念，理解民宿在文化传承与社区治理中的社会责任。

形成合规运营意识，提升资源统筹与多方谈判能力。

感知民宿产业对共同富裕、美丽中国建设的实践贡献。

明德学堂

文化传承：守护乡土文化，增强文化自信

民宿通过文化基因解码与活态传承，将乡土文化融入民宿设计与运营中。例如，福建土楼民宿集聚区通过非遗技艺展示文化体验活动，增强客户对客家文化的认同感。通过文化 IP 孵化，民宿集聚区不仅提升了品牌吸引力，还为地方文化传承提供了新的载体。文化是一个民族的灵魂，文旅从业者要坚定文化自信，深入挖掘地方文化资源，推动传统文化的创造性转化与创新性发展；在实践中，坚决杜绝破坏文化遗产的行为，严守文化保护底线，让文化遗产在新时代焕发新生。

知识导入

民宿发展与乡村振兴的深度绑定，核心在于打破民宿仅为住宿载体的局限，让民宿

成为激活乡村产业、文化、人才、生态的催化剂。这绝非简单的民宿运营技巧传递，而是围绕“五个振兴（产业、人才、文化、生态、组织）”，构建一套让民宿与乡村共生共荣的体系。

第一节 民宿发展与乡村振兴的内在联系

一、民宿对乡村振兴的推动作用

民宿发展与乡村振兴

民宿作为乡村振兴的重要抓手，通过经济激活、文化保育、生态优化和治理升级四大维度，形成“产业－文化－生态－社会”四位一体的发展动能，成为乡村现代化转型的核心驱动力。其中，经济激活是民宿推动乡村振兴的首要维度。

（一）经济激活：产业融合效益凸显

1. 经济贡献

民宿产业通过与其他产业的深度融合，显著提升了乡村经济的活力。民宿已成为乡村经济的重要组成部分。

民宿对地方经济有直接贡献，带动了相关产业链的发展，如农产品销售、手工艺品制作等，形成了“民宿＋”的多元业态融合模式。

2. 带动就业

民宿产业的发展为乡村创造了大量就业机会，尤其是为返乡青年和低收入农户提供了新的生计来源。

返乡青年创业：民宿产业的兴起吸引了大量返乡青年创业。这些年轻人不仅带来了新的运营理念和创新模式，还通过民宿平台推广地方文化，增强了乡村的文化自信。

低收入农户帮扶：民宿通过开发公益性岗位，覆盖低收入农户，帮助他们通过参与民宿相关服务（如餐饮、保洁、导游等）实现增收。这种“民宿＋公益”的模式，不仅提升了低收入农户的生活水平，还增强了社区的凝聚力。

3. 产业融合效益

民宿产业通过与农业、文化、旅游等产业的深度融合，形成了“1+1>2”的协同效应。

农业融合：民宿通过推广本地农产品（如有机蔬菜、土特产等），帮助农户拓宽销售渠道，增加收入。例如，有些地方的民宿通过“民宿＋茶叶”模式，将当地茶叶产业与民宿体验相结合，既提升了民宿的文化吸引力，又带动了茶叶销售。

文化融合：民宿通过展示地方非遗技艺、传统手工艺等，推动了文化的活态传承。例如，有些地方的民宿通过非遗工坊和手工艺体验活动，吸引了大量客户，提升了地方文化知名度和经济价值。

旅游融合：民宿通过与景区、户外活动等旅游资源联动，延长了客户的停留时间，提升了旅游消费水平。例如，有些地方的民宿通过“民宿＋户外运动”模式，吸引了大量户外运动爱好者，带动了周边餐饮、交通等产业的发展。

民宿通过经济激活，不仅直接贡献了乡村经济收入，还通过产业融合和就业带动，推动了乡村经济的多元化发展。返乡青年的创业热情和低收入农户的就业帮扶，进一步增强了乡村的社会活力。民宿产业的经济激活作用，为乡村振兴提供了坚实的物质基础，也为实现共同富裕探索了可行的路径。

（二）文化保育：重构乡土精神共同体

民宿不仅是乡村经济发展的引擎，也是乡村文化振兴的重要载体。通过文化遗产的活态传承和新乡贤的返乡引力，民宿重构了乡土精神共同体，增强了乡村的文化自信与凝聚力。

1. 文化遗产活态传承

民宿通过将文化遗产转化为可体验、可消费的文化产品，实现了文化遗产的活态传承。民宿文化转化机制示例如表 9－1 所示。

表 9－1　民宿文化转化机制示例

文化资源类型	开发路径	转化效能（以松阳县为例）
物质遗产	古宅修复（针灸式改造）	古宅再利用
非物质遗产	非遗工坊（限量接待）	年传承活动超千场
生产技艺	农具体验（犁耙使用教学）	青少年参与率显著提升

案例：浙江松阳古宅修复。

浙江松阳通过“针灸式改造”的方式，对古宅进行修复，并将其改造成民宿。这种改造方式不仅保留了古宅的历史风貌，还赋予了其新的功能，成为客户体验传统文化的窗口。

案例：非遗工坊。

浙江松阳的非遗工坊每日限量接待客户，年组织传承活动超千场。客户通过参与非遗工坊活动，如竹编、剪纸等，不仅学习了传统技艺，还增强了对地方文化的认同感。

案例：农具体验。

浙江松阳通过农具体验活动，如犁耙使用教学，吸引了大量青少年参与。这种体验活动不仅让青少年了解了传统农耕文化，还增强了他们对乡村的归属感。

2. 新乡贤返乡助力

民宿产业的发展吸引了大量新乡贤返乡创业，为乡村注入了新的活力。浙江省实施的“百县千宿”工程，鼓励设计师和艺术家返乡，推动了乡村文化的复兴。

案例：浙江安吉民宿管家培育。

浙江安吉通过培育民宿管家，推动了民宿品牌化发展。这些民宿管家不仅具备专业的服务技能，还深入了解地方文化，能够为客户提供深度的文化体验。

案例：设计师返乡。

浙江省通过“百县千宿”计划，吸引了大量设计师和艺术家返乡创业。这些新乡贤通过将现代设计理念与传统乡村文化相结合，打造了独具特色的民宿品牌，提升了乡村的文化品位和吸引力。

文化遗产的活态传承不仅保护了地方文化，还将其转化为可体验、可消费的文化产品，提升了乡村的文化吸引力。新乡贤的返乡创业为乡村注入了新的活力，推动了乡村文化的复兴。民宿与文化的相互作用，既为乡村振兴提供了坚实的文化基础，也为实现乡村现代化转型探索了可行的路径。

（三）生态优化：打通 GEP（生态系统生产总值）向 GDP（国内生产总值）转化通道

1. 低碳循环样板

民宿通过绿色节能改造和低碳技术的应用，推动了乡村生态的可持续发展。

案例：浙江省星级民宿。

在浙江省星级民宿中，绝大部分已完成污水处理系统改造、采用光伏发电设备。这些绿色节能改造措施不仅减少了民宿的碳排放，还提升了资源利用效率，落实了“双碳”行动。

案例：浙江民宿的绿色节能改造。

浙江民宿通过采用太阳能热水器、节能灯具、雨水回收系统等绿色技术，大幅降低了能源消耗和环境污染，成为低碳循环的样板。

2. 生物多样性保护

民宿通过参与生态保护项目，推动了乡村生物多样性的恢复和保护。

案例：浙江舟山花鸟岛民宿。

浙江舟山花鸟岛的民宿主将部分营业利润投入珊瑚礁修复项目。这一案例表明，民宿不仅可以通过运营活动创造经济价值，还可以通过生态保护项目实现生态增值。

（四）治理升级：重塑乡村社会资本

1. 社区共治机制

民宿通过建立社区共治机制，提升了乡村的社会治理水平。

案例：“民宿主－协会－政府”三级议事会。

通过成立“民宿主－协会－政府”三级议事会，民宿集聚区提升了纠纷办结率，缩短了项目落地周期。这种共治机制不仅提高了决策效率，还增强了社区的凝聚力。

案例：“三统三共”模式。

推行“三统三共”模式（统一规划、统一运营、统一品牌），村集体年均分红大幅提升。这种模式通过整合资源、统一管理，实现了利益共享，增强了村民的参与感和获得感。

2. 标准化认证

民宿通过标准化认证，提升了服务质量和文化体验，增强了市场竞争力。

案例：浙江德清《乡村民宿服务认证要求》。

浙江德清发布了《乡村民宿服务认证要求》，内含多项指标。这一标准化认证体系的发布不仅提升了民宿的服务水平，还增强了客户的满意度，为民宿的可持续发展提供了保障。

案例

安徽肥西“民宿 +”模式激活乡村经济

【核心举措】

安徽肥西通过盘活“两闲”资源（闲置房屋、闲置土地），以“农户 + 社区 + 公司”三方联营模式，将破旧农房改造为集民宿、康养、田园观光于一体的综合示范项目。例如，有的社区引入设计公司，打造白墙灰瓦的庭院式民宿集聚区，并联动音乐节、马拉松、传统节庆等，形成“民宿 + 音乐 / 体育 / 节庆”多业态融合模式。

【成效亮点】

经济激活：投入乡村振兴衔接资金，撬动投资，建成多间民宿，带动村民增收。

就业带动：提供本地就业岗位，村民通过接待客户、销售土特产等实现收入多元化。

治理升级：建立民宿运营企业库和评价体系，将考评结果与奖补政策挂钩，推动规范化发展。

湖南深渡“水韵苗寨”生态民宿

【核心举措】

深渡以“修旧如旧”原则改造荒废农舍，保留苗族建筑风格，融入现代化设施，并同步整治人居环境（如拓宽硬化道路、打造生态步道）。通过“村支两委 + 驻村工作队”联合推动，将民宿与农产品销售、文化体验相结合。

【成效亮点】

生态优化：水质改善，河岸景观提升，吸引客户前来体验田园生活。

集体经济：已运营多间民宿，为村集体增收，带动野生菌、蜂蜜等农产品销售。

社会活力：常住人口回流，客户量显著增长，实现宁静乡村与活力经济相平衡。

二、乡村振兴对民宿发展的支撑作用

乡村振兴战略通过基础设施升级、政策体系完善、资源活化利用等多维支撑，为民宿发展提供系统性保障。以浙江省为例，绝大部分民宿受益于乡村振兴，民宿产业集群对县域经济贡献率有所提升，形成“战略赋能—市场激活”的良性循环。

（一）基础设施提质，打通发展动脉

1. 交通网络下沉

福建泰宁依靠政府投入完善基础设施，实现民宿集聚区全年运营。

2. 数字基建迭代

大部分浙江的民宿都接入“浙里好玩”等智慧平台，实现客流预测、能耗管理的全

域数字化。携程集团通过“智慧农庄”项目提升乡村民宿数字化水平，乡村民宿订单量同比有所增长，高端民宿供给增幅大。

（二）政策体系完善，优化营商环境

1. 分级扶持机制

浙江建立分级政策，对非遗主题民宿、文化主题民宿等给予定向补贴。

2. 主体培育计划

浙江实施返乡人才创办民宿可获贴息贷款的政策。

（三）产业协同发展，拓展市场空间

1. 三产融合纵深推进

浙江乡村旅游业与农业融合项目已形成“民宿＋采摘”“民宿＋研学”等新业态。有些民宿联动万亩茶园开发茶旅课程，现已接待多支研学团队。

2. 品牌溢价释放

“诗画浙江·百县千宿”省级品牌矩阵覆盖多个县区，认证民宿平均房价较未认证民宿高，带动县域农产品包装升级率提升。江西靖安推行“靖安人家”民宿 IP，加速村镇三产融合。

（四）文化资源活化，注入差异基因

1. 非遗沉浸式开发

浙江省内建立多座“非遗工坊＋民宿”示范基地，龙泉青瓷主题民宿“问瓷”提供拉坯体验课程，单日附加消费比房费收入高。

2. 乡土记忆重构

浙江江山利用传统夯土房改造“归园田居”民宿集聚区，配套乡村记忆馆、方言剧场等项目，客户停留时长延长。

（五）生态治理优化，筑牢可持续根基

1. 双重红线约束

浙江省内严格实施生态保护区和历史文化名村保护，民宿建设审批需通过“生态账户”评估，审核单位会驳回不符合环保要求的民宿项目申请。

2. 绿色技术普惠

装配式建筑、生物降解污水处理系统已广泛运用于民宿产业。浙江德清民宿集聚区单位能耗较传统建筑有所降低；福建泰宁将“生态颜值”转化为经济价值，通过光伏系统、生物降解技术实现低碳运营，民宿集聚区成为“人与自然和谐共生”典范。

三、民宿与乡村产业的融合发展

民宿作为乡村三产融合的超级链接点，要通过资源整合、业态创新和价值重构，形成“农业为基、文化为魂、消费增值”的全产业链生态。民宿催化乡村产业升级的乘数效应进一步凸显。

（一）农业资源多维赋能

1. 订单农业激活生产端

民宿集聚区与农业合作社等联动，形成“民宿订单 + 农户生产”模式。民宿集聚区通过定向采购、研学合作等方式激活农业生产端。许多案例已验证了增收实效。例如，有些民宿联动周边村庄规模化种植茶叶、竹笋等农产品，带动农产品销售。

2. 场景化加工提升附加值

花艺、茶旅等沉浸式项目有效提升农产品附加值。有些民宿通过“沉浸式戏剧 + 农产品体验”模式，将本地蜂蜜、茶叶融入剧情互动，民宿入住率高，衍生品销售额约占民宿总营收的 1/3。

3. 政策驱动可持续

省级政策与地方实践形成合力，推动三产融合纵深发展。

（二）手工业复兴与价值重塑

1. 非遗商品化路径

非遗工坊与民宿达成定点合作，走非遗商品化路径。有些古镇民宿开辟“匠人直播间”，便于非遗商品走进千家万户。

2. 在地材料创新应用

在地材料创新应用可以降低民宿运营成本、充分利用本地材料。有些民宿利用废弃根雕、陶瓦打造民宿艺术空间，在提高材料本地化率的同时降低了建设成本。

案例：浙江开化根雕艺术民宿聚落。

浙江开化根雕艺术民宿聚落利用废料再生奇迹，收集废弃树根、陶瓦，由本土雕塑师创作主题装置，降低建设成本；开设七日木工课，根雕体验课程转化率高，学员作品参与拍卖；配套根雕主题房，较普通房型有所溢价，年均入住率高。

（三）服务业能级跨越提升

管家经济标准化革命：民宿通过提升服务业的专业化水平，推动了乡村服务业的能级跨越。

案例：浙江民宿管家职业认证体系。

浙江建立了民宿管家职业认证体系，通过“带薪培训 + 星级评定”模式培养专业人才。这一体系不仅提升了民宿管家的服务水平，还增强了民宿的市场竞争力。通过标准化培训，民宿管家掌握了茶道、园艺、应急救护等技能，能够为客户提供更优质的服务体验。

（四）文化创意深度嫁接

1. IP 跨界开发模式

民宿通过与知名 IP 合作，提升了文化创意的影响力。

案例：浙江莫干山民宿集聚区与《国家地理》联名。

浙江莫干山民宿集聚区与《国家地理》联名推出主题路线，客户可以通过这一路线深入了解当地的自然地理和文化历史。这种跨界合作不仅提升了民宿的品牌影响力，还增强了客户的文化体验。

2. 夜经济场景营造

民宿通过打造夜间经济场景，延长了客户的停留时间，提升了消费水平。

案例：浙江乌镇民宿“枕水剧场”。

浙江乌镇民宿联合戏剧团队打造“枕水剧场”，通过夜间戏剧表演吸引大量客户。夜间消费突破日间消费，显著提升民宿的经济效益。

3. 文化增值

民宿通过将文化元素融入体验活动，创造了新的经济价值。

案例：浙江泰顺廊桥民宿“非遗剧本杀”。

浙江泰顺廊桥民宿开发“非遗剧本杀”，将木拱桥营造技艺融入推理游戏。这一创新活动吸引许多研学团队参与，创造了衍生收入。通过文化增值，民宿不仅提升了客户的参与感，还增强了地方文化的传播力。

（五）绿色循环体系构建

1. 碳普惠机制落地

民宿通过碳普惠机制，推动了绿色循环体系的构建。

案例：浙江湖州“民宿碳账户”。

浙江湖州首创“民宿碳账户”，将节能改造、垃圾分类纳入积分体系，积分可兑换景区门票等权益。参与民宿的平均节能率有所提升，显著减少了碳排放。这一机制不仅增强了民宿的环保意识，还提升了客户的参与感。

2. 废弃物资源化利用

民宿通过废弃物资源化利用，实现了绿色循环发展。

案例：浙江嘉兴民宿餐厨垃圾资源化利用。

浙江嘉兴民宿将餐厨垃圾经生物发酵转化为有机肥，返田用于蔬果种植，形成闭环。这种资源化利用模式不仅降低了垃圾处理成本，还提升了农产品的品质，实现了经济效益与生态效益的双赢。

第二节　民宿发展与乡村振兴的实践路径

一、民宿在乡村地区布局的原则和策略

乡村民宿布局需遵循“生态优先、文化传承、供需匹配”的基本原则，通过科学选址、分类引导和动态调控，实现经济效益与乡村资源承载力的长效平衡。本节以浙江民宿实践为例，探讨民宿发展与乡村振兴的实践路径。根据《浙江省民宿高质量发展三年行动计划（2024—2026）》，通过系统性规划优化的区域，民宿综合收益提升，资源利用率提高。

（一）空间布局核心原则

1. 生态红线约束下的择优开发

（1）环境容量评估：浙江要求民宿开发符合《浙韵千宿建设导则》，禁止在生态保护红线、地质灾害隐患区等敏感区域建设。浙江会驳回生态敏感区民宿项目申请，动态监测能耗与碳排放。

（2）低碳建造规范：部分地区要求民宿采用装配式建筑技术，配套太阳能光伏覆盖率高，单位能耗较传统建筑降低。

2. 文化基因导向的主题聚落

（1）历史肌理延续：有些地区对多个传统村落实施“修旧如旧”改造，通过保留夯土墙、木结构等传统元素，外立面风貌相似度非常高。

（2）非遗活态融入：有些地区的根雕艺术民宿将非遗技艺融入客房设计与体验课程，配套根雕展馆。

3. 市场供需精准适配的梯度分布

（1）消费能级分级：浙江主要将民宿划分为高端定制型、品质度假型、大众体验型三类，形成差异化供给。

（2）案例实证：有些地区的民宿集聚区通过大数据分析，核心区布局高端民宿，外围公路沿线发展中端民宿，带动周边农户增收。

（二）差异化布局策略

1. 山水资源型区域：保育式开发策略

（1）低影响介入模式：有些景区推行“悬浮式建筑”技术，民宿主体采用架空钢结构，控制地表硬化率，缩短绿植恢复周期。

（2）季节性调控机制：有些地区的民宿集聚区实施动态客房调配机制，旺季开放 85% 房源，淡季保留 15% 房源运营，配套茶旅、渔猎等体验项目维持客户黏性。

2. 文化古镇型区域：织补式更新策略

（1）街巷格局修补：有些古镇通过“微改造”串联分散院落，形成“前店后坊”民宿群落，容积率提升，单位面积营收效率提高。

（2）功能复合植入：有些地区的民宿整合非遗工坊、主题客房与 AR 虚拟场景，推出沉浸式演出。

3. 城郊融合型区域：共享式配套策略

（1）基础设施联建：有些地区建立“民宿合作社”，集中投资污水处理站、客户中心，降低单店建设成本。

（2）服务网络共享：有些地区创建“民宿服务云平台”，整合多家布草洗涤企业、食材供应商，使配送时效缩短、损耗率降低。

（三）动态调控机制

1. 监测预警系统构建

承载力阈值模型：浙江推行动态监测民宿密度、垃圾清运负荷，触发预警后启动分时预约系统。

2. 政策工具包迭代

（1）正向激励清单：浙江对雇用本地员工的民宿给予一定税收减免的优惠，有些地区为低碳民宿提供利率优惠。

（2）负面约束清单：有些地区明确民宿禁止使用一次性塑料制品，违者罚款，促进民宿平均节能率提升。

3. 社区利益联结被强化

（1）股权合作模式：有些地区的民宿群推行“村民土地入股 + 企业运营”机制，农户年分红收益是土地流转费的几倍。

（2）技能辐射体系：有些地区建立“民宿管家培训基地”，使民宿员工中的本地员工占比有所提升。

二、民宿与乡村共建共享机制与模式

乡村民宿的可持续发展亟须构建“政府引导、市场主导、村民参与”的协同机制。浙江通过利益联结、资源共享、风险共担的制度设计，实现民宿带动村集体增收，村民工资性收入占比有所提升。

（一）利益联结机制创新

（1）土地入股：有些地区的“整村运营”模式推动村集体、村公司、村民三方合作，村民以闲置农房入股，户均年分红提升。

（2）劳务合作：有些地区的“共富工坊”培训村民从事非遗竹编、茶艺服务，村民的月均收入高于当地务工收入。

（二）协同运营模式取得突破

1. 联营共管机制

（1）风险共担基金：有些地区的鱼塘实行“生态补偿基金”模式，即政府联合企业设立专项基金，对生态保护型民宿项目提供风险补偿，带动数百名村民参与。

（2）动态议价制度：有些地区将农产品采购价与碳排放指标挂钩，农户通过低碳种植获得溢价收益。

2. 文化共生实践

原住民 IP 孵化：有些地区的古镇整合非遗技艺，开发沉浸式餐饮体验。

（三）公共资源共享体系

（1）基础设施共建：浙江建设集中处理系统、共享智慧平台。

（2）服务网络共联：浙江建立急救响应联盟、建立人才培训矩阵。

案例

“古镇共生计划”

1. 运作逻辑

客户可在浙江南浔体验辑里湖丝缫制、双林绫绢织造。

2. 数据成效

（1）古镇民宿平均房价提升。

（2）原住民通过“前店后坊”模式，运营茶馆、手工艺店，商铺空置率降低。

第三节　民宿发展与乡村振兴的保障

本节以浙江民宿实践为例，探讨民宿发展与乡村振兴的保障情况。

一、政策支持

（一）土地供给政策创新

1. 混合用地审批

实际案例中，有些地区通过整合闲置宅基地和集体建设用地，节约用地成本，释放开发空间。

2. 闲置资源活化

有些地区推行“民宿标准地”政策，通过拆旧建新、复垦置换等模式，每年安排一定数量的集体建设用地用于高端民宿集聚区建设，有效带动就业。

（二）财政资金引导机制

1. 定向补贴政策

浙江对“浙韵千宿”认证民宿给予奖励。有些地区对投资超 1 000 万元的主题民宿，通过评定后最高奖励 100 万元；民宿示范村可获 300 万元专项资金。浙江山区多县享受生态补偿基金。

2. 税收减免梯度

有些地区的民宿聘用本地员工占比≥70%，可享受税收减免；有些地区的民宿采用绿色技术，可叠加享受利率优惠及碳排放补贴。

二、人才培养

（一）职业化教育体系

1. 产教融合模式

浙江某高校开设“民宿运营定制班”，联合多家民宿开展“学期项目制”教学（理论 1 学期 + 实践 2 学期）。有些地区的民宿管家培训中心联合高校开展技能认证，对“金牌管家”给予购房、租房补贴。

2. 乡土人才认证

有些地区培训民宿运营人才、导游员等，带动增收。

（二）数字化技能培训

浙江依托“游浙里”平台开展民宿数字化运营培训，学员订单量增长，浙江民宿人才培育矩阵见表 9－2。

表 9－2　浙江民宿人才培育矩阵

培育路径	实施主体	核心内容
校企订单班	高校＋民宿联盟	理论＋实践双轨制培养
乡村振兴学堂	县级农业农村局	管家、厨师等工种培训
导师陪跑计划	行业协会＋头部民宿	1 对 1 带教

三、金融服务

（一）专项信贷产品创新

1. 信用贷款普惠化

浙江推出“民宿贷”，基于运营流水数据实现“扫码测额＋线上申贷”，利率较传统贷款低。有些地区的农商银行推出“运营权质押贷款”。

2. 供应链金融延伸

有些地区通过“生态账户”体系为低碳民宿提供供应链融资服务，资金周转效率提升。

（二）担保保障体系完善

近年来，浙江金融系统用足各项政策工具，有效破解“资金流向民宿产业”这一核心难题。以某市为例，在人民银行 ×× 支行指导下，该市进一步挖掘可担保的权利类型，结合两地民宿产业发展特点，创新推出民宿运营权抵押贷款和民宿收益权抵押贷款，从根本上解决了民宿产业无抵押物、融资难的问题。民宿金融服务工具见表 9－3。

表 9－3　民宿金融服务工具

工具类型	适用场景	操作模式
民宿信用贷	初创期资金需求	线上极速审批
供应链融资	产业链协同发展	订单质押＋多方分险

案例

“三位一体”保障体系

政策集成：将 ×× 县民宿纳入“两山银行”生态产品交易体系，民宿可通过碳排放权交易获得收益。

人才赋能：高校在 ×× 县设立“科技小院”，开展白茶智慧种植等技术服务；开展

“民宿管家培训”，带动本地就业率提升。

金融支撑：银行推出“运营权质押贷”，支持民宿扩建项目；“两山农林贷”以订单质押为核心，资金周转效率提升。

四、环境保护

浙江乡村民宿的可持续发展以“绿色规划约束、技术治理驱动、循环经济反哺”为核心机制，通过制度创新与技术赋能实现生态保护与经济发展的平衡。全省民宿集聚区水质达标率有所提升、植被覆盖率有所增长、固废综合利用率高。

（一）守护自然的创新举措

1. 生态保护红线动态监测

在浙江的竹林深处，民宿集聚区布设了智能监测设备，实时追踪客户活动对野生动植物的影响。过去客户过多可能惊扰鸟类栖息，如今通过动态限流，生物多样性扰动率有所降低。浙江针对民宿推行“生态积分”制度，比如每间房需种植一定数量的绿植、夜间保持安静，达标者可优先参与碳汇交易。

2. 污染防控联动机制

部分湖泊沿线的民宿统一接入智能污水处理站，将生活污水、厨房废水净化到可养鱼的标准。过去导致湖水富营养化的磷含量，如今降低到接近纯净水的水平。在一些地区，一旦检测到民宿集聚区的土壤重金属超标，系统会自动禁止种植农作物，直到土地恢复健康。

（二）绿色技术的巧妙应用

1. 低冲击开发模式——盖房子不伤山的智慧

有些地区的民宿采用“隐形桩基”技术，用细钢柱固定山体，减少对地貌的破坏。这些建筑与竹林、茶园融为一体。

有些山区要求民宿七成建材取自本地，用老木头、夯土墙替代水泥，既保留了乡土风貌，又降低了运输污染。

2. 智能监测赋能——环境透明化赢得信任

有些民宿在小程序上实时公示海水质量数据。

有些地区试点“空气管家”系统，客户在客房电视上就能查看 PM2.5、负氧离子浓度，许多客户因此更愿意续住。

（三）生态价值转化实践

1. 从“卖风景”到“卖空气”

有些村将民宿集聚区森林的“吸碳能力”打包出售，收益由村民、民宿和村集体共享。户均增收被用于修建生态步道和古树保护。

有些地区发展“萤火虫经济”，夜晚带客户探访萤火虫栖息地，以门票收入反哺生态修复，种植了数千亩蜜源植物，萤火虫数量稳步恢复。

2. 环保教育融入生活

民宿与学校合作开展“自然课堂”，学生跟着村民学种有机菜、用竹编做手工艺品。

民宿推出“环保任务卡”，客户完成“垃圾分类”“节约用水”等挑战，可兑换免费下午茶或抵扣房费，一次性用品使用量减少。

民宿生态价值转化模式见表 9-4。

表 9-4 民宿生态价值转化模式

转化路径	核心载体	分配机制
碳汇交易	森林、湿地生态系统	村集体 + 民宿 + 农户三方分成
生态研学	自然教育课程 + 实践基地	部分门票收入用于生态修复
资源特许运营	萤火虫观赏区	门票分红 + 种植补贴

案例

绿色共生

1. 治污与增收并行

有的民宿将厨房废油加工成肥皂，剩菜剩饭发酵成为沼气发电。有些地区成立“生态基金”，用于河道清理和鱼苗放生，客户可参与活动并获得纪念证书。

2. 生态优势转化为经济价值

依托优质环境，有些民宿集聚区开发出“观星民宿”“森林疗愈房”等特色产品，虽然房价比普通房高，但很多客户都非常感兴趣。村民说：“以前砍竹子卖钱，现在守着竹林就能挣旅游收入，这才是真正的‘靠山吃山’。”

本章小结

本章围绕民宿产业的乡村振兴价值，构建了“实践路径—保障体系”双轮驱动框架。本章揭示了民宿与村民、村集体利益共享的创新机制；阐释了政府、市场、社群协同保障民宿可持续发展的闭环逻辑。浙江民宿的案例表明：民宿需通过技术治理、生态价值转化实现开发与保护平衡，并依托职业化教育体系、特色信贷产品破解人才与资金约束。最终，民宿成为“产业兴、生态美、百姓富”的乡村振兴关键触媒。

实训活动

- 任务名称

乡村民宿生态化运营方案设计

- 要求

(1) 案例选址：选择一处具有生态敏感性的乡村，调研其环境承载阈值。

(2) 技术适配：针对选址制定污染防治方案，估算投资成本与减排效益。

（3）模式创新：设计生态价值转化路径，明确村民参与分润机制。

（4）可行性评估：制作汇报 PPT（10 分钟），重点说明生态保护与经济效益的协同性。

（5）成果形式：小组提交《××村民宿生态化运营方案》文本，并进行模拟路演答辩。

课后习题

一、判断题

1. 民宿作为乡村振兴的重要抓手，经济激活是民宿推动乡村振兴的首要维度。（　　）

2. 民宿通过标准化认证，提升了服务质量和文化体验，增强了市场竞争力。（　　）

3. 乡村民宿的可持续发展只需要民宿主的努力，不需要“政府引导、市场主导、村民参与”的协同机制。（　　）

二、单选题

以下不属于乡村民宿布局需遵循的基本原则的是（　　）。

A. 生态优先　　B. 文化传承

C. 供需匹配　　D. 商业利益至上

三、多选题

从浙江省民宿实践来看，保障民宿发展与乡村振兴的要素有（　　）。

A. 政策支持　　B. 人才培养

C. 金融服务　　D. 环境保护

四、案例分析题

1. 在少数民族村落开发民宿时，如何兼顾传统文化保护与客户体验升级？请结合具体案例提出 2 条策略。

2. 浙江如何破解民宿用地难题？对比传统整片开发模式，浙江的政策在生态保护方面有何优势？

参考文献

1. 张晓军. 这就是民宿 [M]. 北京：中国旅游出版社，2023.

2. 赵益民，黄耀裔，叶颖. 乡村民宿运营与管理 [M]. 北京：经济管理出版社，2023.

3. 程雯. 民宿运营与管理 [M]. 武汉：华中科技大学出版社，2024.

4. 杨彦锋，刘丽敏，李林霏，等. 民宿管理与运营 [M]. 北京：中国旅游出版社，2021.

5. 吴文智. 民宿概论 [M]. 上海：上海交通大学出版社，2018.

6. 马进峰，李文举. 民宿概论 [M]. 武汉：华中科技大学出版社，2023.

7. 张苗荧. 多视野下民宿发展问题研究 [M]. 杭州：浙江大学出版社，2021.

8. 黄和平. 民宿产业发展路径研究：以上海为例.[M]. 武汉：华中科技大学出版社，2021.

9. 巩慧琴. 民宿管理理论、实践与案例 [M]. 哈尔滨：哈尔滨工程大学出版社，2024.

10. 伍卫军，阳淑瑗，赵永红. 民宿安全管理实务 [M]. 北京：旅游教育出版社，2022.

11. 王伟彬，陈丽思，黄欣桐，等. 基于乡村发展的民宿规划与营销途径研究 [J]. 管理观察，2019（26）：47–48.

12. 刘婧媛，徐菲菲，何云梦，等. 共享经济影响下民宿的演变、发展模式及展望 [J]. 资源开发与市场，2022，38（7）：883–889.

13. 张欣. 地域特色文化在民宿装饰中的应用 [J]. 社会科学家，2023（6）：62–69.

14. 张锐，张燚，周敏. 论品牌的内涵与外延 [J]. 管理学报，2010，7（1）：147–158.

15. 周宣辰，黄明理. 新质生产力赋能文化消费升级的逻辑框架、价值旨归与实践进路 [J]. 经济问题，2025（3）：21–28.